大樂文化

大樂文化

大樂文化

# 心理解剖書

潛意識裡的傷，只有自己知道。
用他們的故事，讓自己重新活一次！

曾奇峰◎著

# CONTENTS

第3章

# 越本能的越可靠，活著實際上是一門專業

**推薦序一**

# 不經意的一瞥，重新詮釋司空見慣的人生

清華大學心理諮詢中心副主任　劉丹

某年九月，德國資深精神分析師舒爾茨博士來到北京，我前往參加他的督導培訓，而他也是我個人的心理治療師。結束一整天辛苦的集體督導後，我開始接受他的精神分析。

當時我對他說：「這真是很辛苦的工作，所有的個案都非常困難。」他點頭表示讚許，然後我笑著說：「但我想我應該是容易處理的個案。」他只是微笑著輕輕地說：「別竭力做個容易處理的個案。」

那一瞬間我彷彿被閃電擊中般，微笑凝固在臉上。這句話的重量如此輕微，幾乎沒有攪動現場空氣，卻在我的腦中掀起狂風巨瀾。

我從事心理治療工作十五年，經手的個案高達數千，自我分析的歷程也不短，但從來沒有如此清晰意識到，自己其實是個避免給別人添麻煩的人。即使在心理治療師面前，我也放不下自己的倔強，總是想自己扛起所有問題。

我處理任何事情時，其實不如想像中靈活，卻總是認為應該自己面對、解決問題。過於相信自己具有靈活性，本身就是不靈活的表現，這是我的侷限，而我直到這不經意的一刻，才知道它的存在。

因為對侷限一無所知，我從來沒有辦法超越它。只有資深的心理治療師才會幫你看到你不知道的自己，並在不經意中幫你認識自我。就像智者四兩撥千斤的手法精確，若不留神就覺察不到他「撥弄」的動作。

心理治療師正成為社會日益追捧的對象，越來越多人對此行業感到好

奇。資深的心理治療師不需要使用藥物，只憑藉三寸不爛之舌就可以進入中產階級。人們常常質疑，只是坐著說話，是否真的值那麼多錢？

如果不親自體驗專家的工作，你很難欣賞到其中的精妙之處，可是心理治療偏偏多是「非誠勿擾」的態度。

想要瞭解他們和心理學中的精彩奧妙，還有一種方法是閱讀治療師所寫的手記、隨筆、雜文和小說等，可以讓你略見一斑。這些文章就像他們的治療過程一樣，反映出他們的價值觀、個性特點、處事風格，且這個方法的最大好處是，你不必成為諮商者。

我熟悉的心理治療師都是凡夫俗子，他們喜歡吃美食、喜歡「頭疼醫腳」（為泡腳所找的合理藉口）、喜歡聊天唱歌、喜歡旅遊拍照，唯一不同的是他們喜歡對自己、對他人、對生活投去不經意的一瞥，用全新的角度詮釋司空見慣的人事物、喜怒哀愁、悲歡離合。

他們超過二十年的專業訓練和經驗，全部濃縮在這不經意的一瞥中，讓人回味無窮、受益綿長。

## 推薦序二
# 有淩厲的山峰、綠草樹木，生機盎然且祥和

中國心理衛生協會理事　肖澤萍

中國臨床心理治療的發展，與「中德高級心理治療師連續培訓項目」（以下簡稱中德班）有很大的關聯。這個計劃培養了一批中國心理治療師的種子隊員，「武漢四才子」就是其中的佼佼者，而曾奇峰更以其勤奮執著建樹頗豐。

心理世界被認為比宇宙更浩瀚無垠，要成為心理治療師，並不如想像中輕鬆隨意，難度甚至超出我們的估量。

到寫這篇序時，才意識到與奇峰相識多年，他卻不曾細聊過自己，我也無法在心中勾勒出他從過去到現在的清晰脈絡。為什麼不曾聊呢？明明應該有很多機會，或許是因為他沒有給任何人機會。

在德國時，他認為語言能力還不足夠，因此非常努力學習德文，甚至讓近視加深一百度，卻在德語幾近過關時回國。在中國時，他認為與同行關係太近而不接受分析。其實奇峰的英文一開始就不差，德國同行的英文也很好，我認為語言不是理由。

是什麼力量讓這位同濟醫科大學的才子選擇精神科，之後又毅然辭職，創辦武漢中德心理醫院，甚至遠渡重洋赴德深造？而且，當他真正面對治療師訓練時，他並沒有開始自我分析。

其實，若不曾深切體會心靈的跌宕起伏，便無法體會人類靈魂在煉獄掙扎般的苦難，也不會有解救他人痛苦為己任的長久動機。有同樣經歷的人之中，心靈麻木者無從感受，心智羸弱者糾纏沉淪、難以自拔，唯有

靈性敏感而堅韌自強者，方可越出桎梏、抽身回溯，且救他人於水深火熱，這也是成為優秀心理治療師的潛質。造成這個轉變的捷徑是接受自我分析。

一九九九年我在德國讀奇峰對《風中黃葉》的點評時，同時閱讀吳和鳴對同一本書的評論，他們的視角不盡相同。奇峰入木三分地刻劃分析，以犀利練達的文字乾淨俐落地表達，如張家界凌厲的山峰拔地而起；他咄然的語氣全面而準確，令人過目難忘。

相較於當時吳和鳴柔軟體恤的評論，我認為奇峰是瞭解的，卻讓我留下這樣的印象：為什麼看不到他的感情？是因不堪而隔離自己與他人嗎？

後來他的網頁開始刊載各式各樣的文章。我體會到他內心緩緩變化，開始用機警、睿智的語言表達心理現象和人生經驗，如同寓言般將心理學常識由淺入深、生動活潑地娓娓道來。

有些能量無疑昇華至更高的境界：那些凌厲的山峰間多出厚土，長出綠草樹木。這讓我想起乘坐巴士從舊金山到洛杉磯的途中，看見起伏的山巒蓋著如綠絨毯般的草木，生機盎然卻平靜祥和。

很高興這些文章能結集出版，曾奇峰無疑是優秀的科普作家。不僅如此，其文章內容涉獵古今中外，以小見大、由遠而近，文筆淋漓盡致，完全是優秀的作家。但我更願意把他看作心理治療師，欣喜看著他成就中國心理治療事業。

## 推薦序三
# 文學和心理學，都是人類精神的建造者

湖北大學文學院院長　劉川鄂

生活必須適當地隱藏，過度流露自我的人容易展現出脆弱，因為絲毫不知道後退或給彼此留餘地。人與人之間有時需隔一道牆或一扇門，有時候只需隔一叢花、一株柳隱約相望，但不能更接近。

人若對距離的界限模糊不清，容易傷害別人和自己。每個人都各自為營地生活著，都一樣自私、空虛、恬不知恥地愚蠢，卻都是孤獨的。我們曾在命運的面前落荒而逃，最後才發現，人生最曼妙的風景竟是認識、寬忍、原諒自己後，從內心散發出淡定與從容。

《心理解剖書》是牽引我們內心深處每寸裂縫的作品，溫潤且清淡，如一條生生不息的河流汩汩湧動著悲憫。

每一個精神病患者赤誠地敘述或自我解剖前，都充滿困頓。他們因人格缺陷，被迫面對生活中的意外情節，卻措手不及、陷在自身際遇裡難以抽身。然而，曾奇峰用凌厲深情的手一層層揭下患者的面具，儘管過程對患者來說應是慘烈無比，他仍然明眸皓齒地對他們微笑、安慰。

人生可能曾經百般艱難，驀然回首才發現原來已經飛渡千山。那一瞬間你不再毫無方寸，而發現這是上帝藏得最深的祕密。但有一天我們會突然覺察到，曾經前仆後繼狂奔的道路是環形的，生命最後會回到原處。

我不喜歡看起來過於圓滿、容顏完美無缺或性格堅不可摧的人，生命應該是豐盛而滿佈瘡痍。人若想擁有在工作與生活中迴轉自如的真實性情，得要經歷多麼繁複艱難的修練？曾奇峰的可愛之處就在於此。面對患者和讀者，他不是諱莫如深的醫師，更不是道貌岸然的存在。他言語中顛簸而舉重若輕的飽滿，是聽者苦修等待的相逢。

「無所貪愛，每一刻卻貫注深情」，我想他能真正領會精神分析的含義。聽他講課、看他的書，你不需要附和，卻能心照不宣地妥協、信服。像牆角盛開的白色小花，不驚動周遭，卻收不住流連的眼光，使長久被拘禁在心底的寂靜與陽光，耀武揚威地在時間裡盈湧。

他懂得如何對抗自身弱點，而大多數的人往往自恃且無知無覺，一次次走入同一種困局、尋找同一種快感、接受同一種失落，這個現象稱作「強迫性重複」。不過，他認為人只要打敗控制自己命運的力量，未來也會是一部英雄史詩。也許路太遠、沒有歸宿，但他為我們找到出路，我們只能奮不顧身地前往。

《心理解剖書》文風樸素，引援許多案例詮釋心理學概念，深入淺出、化難為易。寫作不是攀爬高山，也不是深潛海溝，而只是在一張床上睡出你的身形，傳達你的觀念。

我讀這本書時，常常有一種類似獨立於生命的喜悅，猝不及防地把我推到光天化日之下，讓我在某個瞬間和任何人化干戈為玉帛。而這無關諒解與寬容，只是豁然開朗。

每個人身上都存在光明和晦暗，執障與覺悟也是一體同源。在心理治療中，傾訴最終會以沉默、祈禱、懺悔、救贖的方式渡船過岸。它幫助我們收起激蕩的感情，變得內斂從容，不再遇到風吹草動就草木皆兵，而是逐漸趨於和解。

詩人海子寫道：「你來人間一趟／你要看看太陽／和你的心上人／一起走在街上／瞭解她／也要瞭解太陽。」然而，每個人都有太多不知道的自己，我認為在瞭解太陽前，必須先瞭解自己，學會活潑喜樂地和自己相處。

我和奇峰是同鄉，也是小學、中學的同學，雙方的父母又是同事，所以我們兩家算是世交。我一直在文學教育和研究的圈子裡打轉，對奇峰在心理學領域的成就也時有耳聞，近年來拜讀過他的論著，請他做過學術報告，也向他介紹一些文學界的朋友，逐漸有些交流。

事實上，我從不覺得跟他有什麼隔閡，他科學、理性地面對人的精神狀態，或是積極治療精神可能有問題的人，我則是更虛擬、感性地面對情感世界、人性糾結，我們兩人可說是殊途同歸，都是人類精神世界的建造者。

## 推薦序四

# 走近一個人，才能真實感受和理解他

上海精神衛生中心心理諮詢部主任　張海音

二十多年前，我在中德高級心理治療師連續培訓項目上初識奇峰，他在中途才加入，讓我對他的第一印象是「來踢館的」，像是來了一個內心肩負著重大使命，又身懷武功的憤青。

他的目光大多冷峻，他的文字、談吐風格也犀利、極具洞察力。當時我也還年輕，讀不懂背後的柔軟和深情。我和奇峰的情誼從中德班開始，我們在學習之餘互動，必然經常四處吃喝，天南地北地聊天。

一次，他說到在做武漢中德醫院院長時，因為工作需要，經常和三教九流打交道，感覺是很會社交的人。我初聞時有一點敬佩，年紀輕輕就當上院長，還很有做院長的素質。但我同時看著他，內心疑惑：「感覺不像啊？」一個文弱書生的年輕憤青，怎麼都不像練達世故的社會人。

我始終認為，奇峰屬於文藝學者型，他在這方面肯定無法達到俗人的水平，因為風格不一樣。

二〇〇三年，全國心理諮商師培訓開始啟動。我因為負責醫院的工作，也想把這項培訓工作做得與眾不同，於是在其中加入幾天精神分析的理論、技術及小組體驗，邀請奇峰和其他朋友來分享授課。

那幾年，我們還去全國各地傳播精神分析和心理治療。奇峰給我的印象是有團隊合作精神，注重開心做事。看見大家開心、充滿氣勢的樣子，我獲得相當大的成就感。

他感覺是個獨特、有才華的人，更適合一個人孤獨遠行，我總擔心他和其他人在一起時會不會委屈自己？他真的喜歡和我們在一起嗎？有時看到他一個人抽煙，感覺他很孤獨，不確定我是否應該走近他，還是讓他一個人待著。那些和奇峰稱兄道弟的人真的理解他嗎？能達到他的境界嗎？這也是我所不知道的。

一次，奇峰和朋友在上海東方商廈買了一個煙斗送我，煙斗一度成為精神分析的標誌。奇峰傳授我如何使用煙斗時的專注、痴迷、沉浸和欣賞的神態，深深地吸引我。怎麼開斗、裝菸絲，如何慢慢吸、啜和品味，做到始終保持煙斗微溫，菸絲行將熄滅的狀態。但我經常猛吸，把每一個煙斗都抽得燙燙的。

我因為心肌梗塞，痛定思痛減肥，每天長時間快走，朋友們紛紛表達擔憂、關切、勸阻，或理解、支持。奇峰沒多說，只是有一天突然告訴我：「想送你一台跑步機，如果刮風下雨，你在家裡也可以持續鍛鍊。」我不但感到非常溫暖，也覺得只有他能理解我的追求、情懷和苦衷。

這是他照顧、呵護人，而又不露聲色的細膩風格，或者他也渴望能被這樣對待？我因為喜歡室外快走的感覺，不想要跑步機，但也不想放棄被他照顧的機會，於是對他說：「你送我一台筆記型電腦吧。我正好缺。」於是他送我一台最好的電腦。

這些年，我認為他越來越能放鬆，越來越有滋潤的感覺。看著他和他妻子，好像看到他找到最終的歸宿，由衷感到欣慰。走近一個人，才能更真實感受和理解他寫的東西。同樣地，看了他寫的東西，會不由得想接近他。

自序

# 不可言說？……說吧！

凡事到了最高境界，都有點不可言說、難以表達的特性。習禪是如此，藝術是如此，我想心理治療也是如此。

難以言說的原因有兩個：一是內容過於龐大和複雜，不可能全部說完，也不可能全部表達清楚。而且，說出來的內容經常遠少於沒說出口的話，或者說出一部分後，造成人們的扭曲和誤解。盲人摸象的故事，講的就是這個道理。

第二個原因在於表達方式的侷限。有太多東西無法僅用語言和文字表達，因為文字和語言既是高度抽象的工具，又是人們討論的對象，所以經常讓言說的過程失去焦點。我本人正是這一特性的受害者，常常對一篇文章的內容不太感興趣，卻對文章如何寫成極感興趣。

不管一篇文章的內容是什麼，如果文字不好，我也不會喜歡。為了不破壞事物的整體感、為了防止工具搞鬼，很多人都反對言說。這不僅是人類因噎廢食的證據，也是精神分析中，抑制自我防禦機制的表現形式之一，是為了避免之後帶來的自責和焦慮。

人是需要依靠關係生存的動物，每個人因關係而存在，同時又是其中的環節。因此，不管是人或是人體驗到的任何東西，如果不靠言語或文字展現，則彼此孤立，也沒有價值。

每個人都需要將心靈的東西呈現在外在或一段關係中，所以必須言說。其意義不在於完整、清晰地表達想法，而在於手段和目的，而言說就是生命本身的進行。

威爾弗雷德・比昂（Wilfred Bion）說：「世界上沒有被稱為你、

我、他的個體存在，有的只是他們之間的關係。」表現這種關係的形式就是言說。失語者或文盲等無法用語言和文字表現自己的人，一樣可以藉由圖畫、歌唱、音樂或哭泣，向別人表達內心的愛恨情仇。

廣義而言，人活著就是言說的表現。以語言或其他任何方式，例如：眼神、表情、姿勢，或習慣、愛好、個性，以及愛情、婚姻、事業，甚至疾病，都展現一個人的內心。

「桃李不言，下自成蹊」，是因為桃李用色澤和豐滿展現出美味，吸引很多人前往。每個人以自己的方式表現感興趣的內容，讓世界變得豐富和有趣。很難想像，如果每個人都以不可言說的高深態度處世，這世界會變成什麼樣子。我想那大概是個荒涼孤獨的世界，每個人都像座孤島，且中間沒有海水相連。

本書集結我這十年來發表、展現自我的文章，對一個曾經有過作家夢的人來說，不羞愧已經很不錯了，也不會特別感到絲毫的欣喜。本書內容幾乎都跟心理諮商和心理治療有關。當然，一切涉及人的事情，都與我的專業有關，心理治療師的確是一個「管得寬」的專業。

有位朋友在網上看到某篇文章，感覺與我的文風相同，便問我是不是執筆人。我想，形成自己獨特的言說方式，也許是每個人一生的任務。

然而，風格是一把雙刃劍，成熟的風格一方面能使人在敘說特定內容時得心應手；另一方面，固定的風格會製造死角，讓人忽略一直以來未曾注意到的東西，卻不自知。就像盲人摸象的故事中，摸到大象尾巴的盲人一樣，高喊著像一條蛇。

我們曾經認為錯的事物，現在可以說是部分正確，只是不全對而已。不過，即使明眼人也不會全對，例如：明眼人不一定清楚大象臟器的獨特結構。

摸到並指出是大象尾巴，下一步就是摸大象的身體、腿、頭和牙齒。摸索及言說的過程，就是讓生命慢慢走到注定要去的方向。

最讓人欣喜的是，一路上還有許多同行的人們，我可以從他們對生命的展示中，知道自己沒有摸到的部分可能是什麼樣子。更重要的是，這讓我知道自己並不孤單。

# 第 1 章 我們內心的衝突，心靈深處的噪音

## 孤獨讓人產生內心的衝突

馬克思說：「人是所有社會關係的總和。」現代心理學的客體關係理論（Objesct Relations Theory）認為：人是由所處的關係造就，若一段關係不存在，就不可能有人，也不可能有人類社會。

一個個體可以處於兩種完全不同的關係中：一種是與人享受情感交流和交換觀念的愉悅，另一種是沒有與他人交流的特殊關係，稱為孤獨。

**渴望交流是人的本質，沒有交流，心靈就會像沒有養分的植物一樣枯萎。相反地，孤獨雖然看起來不是好的狀態，但是從更深的層面來說，孤獨也是人的本質。**

生物從低分子物質進化到單細胞生物，開始出現細胞膜，因此隔離了個體與外界。從這一刻起，交流和孤獨就成為個體截然不同、又缺一不可的狀態。

作為個體也是孤獨的，首先是軀體上的孤獨，皮膚像是人與人的邊界。其次是心理上的孤獨，如果不借助語言、文字、手勢等工具，便無法得知別人的想法。相對於大自然，人既是大自然的一部分，又是獨立於其中的存在。

既然孤獨是人的本質，處於孤獨也能滿足人的需求並帶來好處。這些好處可以歸納成以下幾點：

**第一，一個人既被關係所創造，也會被關係限制，不利於個人發展。**適時的孤獨可以擺脫關係中的限制，不僅讓你成為「自己」，更得以擁有獨立人格。

**第二，孤獨可以使人置身事外地審視一段關係，使交流變得更融恰、**

**流暢。**有些企業的最高決策者或國家領導人，總會找機會讓自己獨處，以減少對人的影響，並主動控制關係。

長時間處於複雜的關係中，難免受其左右，容易導致判斷和決策失誤。孤獨可以使人重新找回智慧和力量，掌控與他人的關係。沒有時間享受孤獨的決策者或領導人，可能會在形形色色關係中，成為他人的傀儡或犧牲品。

**第三，從心理發展的過程來看，接納並能享受孤獨，是成熟的重要標誌。**孩子不具備這種能力，因為孤獨可能使他們受到肉體和心靈的創傷。但成熟的人會在孤獨中整合內心的力量，為更有效的交流做準備。

**孤獨大致可以分為主動和被動，前者是必需和有益的，後者則不必要且沒有益處。**

有兩種情況會使人處於被動的孤獨之中。一種是外界強加，例如某種原因被困於孤島，無法與外界聯繫；另一種情形是明明希望與人交流，但內心的問題使他缺乏交流的勇氣和能力。有社交障礙的人因為害怕跟他人相處時產生不良情緒，因此迴避一切有人的場景。如果是這種情況，則應尋求專業幫助。

當一個人進入青春期，特別是青春期中期時，會出現難以遏制的孤獨感。隨著生理和心理的成熟，當渴求獨立的願望增長到一定程度，會想擺脫對父母的依賴。但另一方面，由於尚未完全社會化，沒有固定的交際圈，經濟上還無法獨立。

在兩頭都碰不著的狀況下，他像一個被拋在空中的皮球，既不在原地，也沒有落在他處，因此不可避免地產生孤獨感。隨著逐漸成長，孤獨感會慢慢減弱。

另外，有些人即使在人群中也會感到孤獨，如果偶爾有這種感受並不是大問題，但若經常如此，可能是心理出現問題。

一般說來，有兩種人容易在人群中感到孤獨，一種是自傲的人，另一種是自卑的人。心理學上，自傲和自卑是相同本質、不同表現形式的兩種心理狀態，都是過度關注自己、不善於與人交流所引起。換句話說，自卑和自傲既是不與他人交流的原因，也是結果，如此便離人群越來越遠。

能充分與他人交流的人，既不可能自傲，也不可能過分自卑。他會把自己當作人群中的一員，這樣怎麼可能在人群中感到孤獨呢？

如果一個人所做的事情，不論在孤獨或公眾場合都相差不大，可以說他是個內在和外在和諧、真實的人。相反地，如果一個人孤獨時的所作所為，與在公共場合的反差太大，則可能是一個內外不和諧、不真實，甚至喜歡欺騙的人，也許會活得很辛苦。

中國傳統文化中，修身要求「慎獨」。君子即使在獨處時，行為也要符合倫理道德的規範，這個要求是具有心理學意義。

有他人在場時，由於行為會被評判，我們自然會讓行為符合道德倫理規範，而且絕大多數人都可以輕鬆做到這一點。但獨處時失去他人的監督，我們只能靠自我約束來管理自己的行為，因此容易在獨處時做出不符合規範的行為。

我們也許可以告訴自己：「別人不知道，所以沒關係。」但並非所有人都不知道，至少自己是知道的。也許你可以永遠欺騙別人，但能永遠欺騙自己嗎？

**每個人一生都在追求內外和諧，這股力量遲早會攻擊那些不符合慎獨的行為，因而產生內心的衝突。**慎獨是不讓這種衝突產生的準則，「君子不欺於暗室」是不給自己攻擊自己的機會。

無法應付孤獨的人，注定不會與人交流融洽。無法與自己相處的人，怎麼能好好跟別人交流呢？而且孤獨時產生的內心衝突，遲早會重現在與他人的關係中。

舉例來說，內心充滿衝突的人希望透過愛情緩解，結果經常在愛情開始不久後，與愛人產生碰撞，最後導致兩敗俱傷。渴望友誼和愛情的人，只有能妥善處理孤獨後，才可能得到高品質的情誼。

孤獨是一種特殊的關係，我們也可以說，孤獨其實就是與自己的關係、與自己交流。對於一個內心和諧的人來說，這種交流是很愉快的。

**內心和諧是指各種心理力量沒有發生激烈的衝突**，或是指看法、情緒和行為之間，沒有出現互不相融的狀況。對一個內心不和諧的人來說，孤獨可能是異常艱辛和痛苦的勞役，心理力量的戰爭可能會把他折磨得疲憊不堪。極端的情況下，甚至會置人於死地。

不能忍受孤獨的人總是需要生活在熱鬧之中，實際上是在迴避孤獨導致的內心衝突。適當、健康的孤獨常會帶點淡淡的憂傷，有些人喜歡這種感覺，特別是情感豐富的天才和歷盡人間滄桑的智者。

遺憾的是，有些人太沉醉於高貴的憂傷，以至於他們無法再回到與人的交流中，於是進入終極的孤獨，尋短便成了最後的歸宿。

如果寫出這些人的名字，我們會發現有許多熟悉的哲學家、藝術家或詩人。也許孤獨可以比喻為美酒，偶爾品嚐能使人生增加美好，但如果經常大量狂飲，美酒會變成傷害身體和心靈的毒藥。

# 恐懼，來自我們的想像

某天，妻子帶著四歲的女兒和同事一起去公園玩，而我留在家做自己的事。那天傍晚開始下大雨，妻子打電話來，說她們被困在馬路對面的停車場，讓我送幾把傘去。

我心想：「現在是夏天，從停車場走回家只需要七、八分鐘，回家後可以再換衣服和洗澡，淋雨回家應該沒什麼關係」，便回答：「淋雨回來吧，女兒肯定會高興的。」妻子知道我不是想偷懶，想徵求其他同事的意見，但其他人都不同意，我只好送傘去。

我穿上拖鞋，拿了四把傘下樓。大馬路邊站滿躲雨的人，他們看到一個男人手裡拿著四把傘，卻一把也不打開，竟然還不慌不忙地在大雨中走著。我到了停車場便把傘分給別人，抱著女兒朝雨中走。

別人看到送傘的人反而淋雨，有些過意不去。我說：「沒關係，就想淋淋雨。」豆大的雨滴打在臉上和身上有點疼，也有點冷。女兒剛開始有些驚慌，大聲叫：「我的頭髮濕了，我的衣服濕了。」我說：「別怕，淋雨就像洗澡玩水一樣好玩呢。」

哪有小孩不喜歡玩水的？片刻後她變得像我一樣鎮靜，在我身上像雨點一樣歡騰。街邊躲雨的人看到這一幕，一定想著：「有傘不撐的瘋子，現在還讓一個小孩淋雨，真是害人啊。」

如果我走過去跟他們說，淋雨並沒有想像中那麼可怕，洗澡也是要把身上打濕，他們會怎麼想？或許他們會同意我的看法，但真正願意淋雨回家的人並不多。

這個世界上真正值得恐懼的事其實很少，我們大多是自己嚇自己。舉例來說，有人害怕在公共場合講話。但對一千個人講話跟對一個人講話，在本質上其實沒有區別，都是你一邊思考，一邊讓神經支配你的聲帶震動，並讓聲波傳到別人耳裡，因此把話傳給一個人和傳給一千個人，都是一樣的方式。

如果在公共場合講話搞砸了，最壞的結果難道會致人於死地嗎？不會。既然如此就不值得恐懼，就像淋雨不值得恐懼一樣。

還有，考試本身跟平常做作業沒什麼不同，不同之處僅在於作業做不好沒關係，但考試結果可能與升學、家長老師的臉色相關。不過，不能升學、家長和老師臉色難看，也並非天塌地陷的大事。如果把考試當成平常做作業，至少不會因恐懼而無法發揮平常的學習水平。

其實，大多數的恐懼來自於我們的想像。在我們的想像中，淋雨的後果比實際結果嚴重得多，所以很多人選擇等雨停。但在街邊躲雨的人，可以享受泡在游泳池裡數小時的快樂。這樣相比之下，是不是有些奇怪？

面對想像的恐懼，我們可能永遠都是失敗者，因為**恐懼由自己製造，而且會被不斷加工放大。所以，若想要對付恐懼，最好的辦法是拋開想像，看透事情的真實結果。**

有時候，當真實的結果顯現時，我們可能啞然失笑，覺得當初的害怕沒有道理。即便實際上的結果可能很嚴重，但如果已經有所警覺，就可以想辦法應付，也比和想像的後果對抗更容易。

當夏雨再次來臨時，你是否會去雨中走走，看一看淋雨的結果是不是跟你想像的不同？

## 成就感是對抗煩惱的良藥

女兒一歲左右時已經能辨認出家裡幾個大物品，如冰箱、微波爐。每當她指認出那些物品時，我們都會用掌聲和歡呼聲予以讚揚和鼓勵，她也會因此高興得嘿嘿笑，甚至手舞足蹈。

之後，她開始能扶著硬物慢慢走，不過學走路時，摔跤大哭也是必然的過程。每當此時，我和她母親總會抱著她百般勸慰，但她總要哭上幾分鐘才能慢慢停止。

有一次，她又因為摔跤大哭，我抱起她後突然靈機一動，問她：「微波爐呢？」她立即停止哭泣，目光四處尋找，抬起手準確地指出微波爐的所在，同時發出聲音，好像在告訴我：「那裡、那裡」。

她從我的表情中得到肯定後得意地笑了，和著淚水的燦爛笑容讓我心疼，也驚喜無比。她忍著痛完成任務，而且摔倒後豈止是疼痛而已，肯定伴隨著恐懼、緊張、煩躁等負面情緒。

但完成任務的成就感不僅使她忍住疼痛，還可以使她的心情迅速變好。我一向認為：疼痛和成就感相比，前者更為真實。因為人的表現會先以生物性為主，之後才會漸漸出現社會性。但女兒卻證明這種看法不一定正確，一歲的孩子向我們展示更真實的人性。

這讓我想到戰場上的英雄們，明明身受重傷，還用盡最後的力量向敵人射出子彈，或引爆手榴彈與敵人同歸於盡。對他們而言，完成任務的成就感不僅超越疼痛，而且超過生命本身的價值。

**軀體的疼痛可以靠成就感減輕，心靈的痛楚也是如此。**辛勤付出後的收穫，除了物質以外，還有無法估量的精神收穫。對很多人來說，後者可能更有價值。

當我們煩惱時，做一點能快速獲得成果的易事，並享受其中帶來的成就感，也許是對抗煩惱的一劑良藥。

有人說：「煩惱即人生。」**如果人們想要使人生變得不那麼煩惱，則需要用大大小小的成就果實鋪滿人生道路**。對人而言，成就感比疼痛和負性情緒更真實。

用大大小小的成就鋪滿道路，人生就不那麼煩惱。

# 偷窺成癮源於安全感的缺失

前些日子，有幾本涉及隱私的書賣得非常好、閱者無數。另外，還有一部名為《銀色獵物》（*Silver*）的好萊塢電影風靡全球，內容討論與隱私相關的議題，賣座原因也許比隱私本身更有趣。

這部電影敘述一名偷窺者的故事，男主角名叫柴克，年齡約在二十五到三十歲之間，是一棟出租大廈的主人。他花費巨資在大廈每一戶的客廳、臥室，甚至廁所內祕密安裝攝影機鏡頭，他則坐在自己的房間裡，從數十個電視機螢幕將每個家庭發生的事盡收眼底。

雖然主角為典型心理變態者的形象，但如果說偷窺是柴克個人的愛好，實在是冤枉他。偷窺其實是每個人都具備的興趣或需求。

看起來不像喜歡偷窺他人隱私的女主角卡莉，在用望遠鏡看見別棟屋裡一對夫妻的「寫實」鏡頭時，竟興奮得驚叫，其他人也蜂擁而上搶著觀看。雖然此時有人高喊不妥當，但這種情形下，此人的表現反倒顯得不正常。

另一段情節是當卡莉像柴克一樣，坐在數十個螢幕前目睹芸芸眾生的生活時，她的表情時而憂傷、時而喜悅、時而憤怒，但她始終投入其中。

偷窺的內容是決定偷窺者動機強弱的關鍵，如果看到的全是吃飯聊天、洗臉刷牙等瑣事，對於偷窺的期望就會大打折扣。**只有能偷看到每個人都會做，但不會在別人面前做，甚至不會在別人面前談論的事情時，偷窺者才會樂此不疲。**

偷窺的內容往往隨著時代改變。據說過去由於生活清貧，只有過年才有好東西吃，一些無事可做的老太太，常常把目光聚焦在左鄰右舍的爐灶和餐桌上。

她們會或大或小聲地互相轉告：「李家又在煨湯」或「張家又在做燒

雞」。語氣中混有羨慕、嫉妒、驚奇，甚至仇恨等情感，彷彿要將這些情感加到湯或雞中。但在現今社會，若餐桌上擺得不是珍稀動物，沒有人會對你吃什麼感興趣。

但人對性的偷窺興趣，卻從來沒有減弱過。從人的需求層次來看，性位於最底層的生理需求，接著依序為安全、愛與歸屬感、尊重，最高層則為自我實現的需求。

越底層的需求則越接近生物性，也就是說，人對性的需求是由生理結構決定，也是人類能夠繁衍至今的最直接原因。但是性不只是生理結構的一部分，由於時代和文化在性的問題上打下烙印，因此性比任何事物都鮮明、深刻。

偷窺也可能產生積極的社會效果。電影中柴克因為揭露男子調戲未成年妓女的行為，而阻止男子犯下罪行。但是，不論偷窺具有什麼人性基礎，不論能產生多少積極的社會效果，刻意的偷窺都不被社會所接受。因此影片的最後，卡莉用手槍打碎所有電視螢幕，她在偷窺和保留隱私之間，果斷地選擇後者。

柴克會成為病態的偷窺者，原因出於他的母親。他母親是一名肥皂劇演員，由於長期在外演出，很少有時間陪伴他。柴克成年後愛上的女性都很像他的母親，這是他潛意識裡想找回母愛的表現。

柴克認為他偷窺的事情是世界上最真實的肥皂劇，從這一面反映他對母親的關注。從這些情節，可以看出編劇和導演深受佛洛伊德（Sigmund Freud）的精神分析理論影響。

試著從安全感的角度來理解偷窺的成因，偷窺者通常處於主動、安全的位置，而被偷窺者則處於被動、不安全的位置。安全感的需求僅次於性，因此缺乏安全感的人會想不顧一切取得。

柴克獲得安全感的手段就是偷窺。面對大樓所有的男人、女人和孩子，他可以在心裡安全地說：「我知道你們的一切，而你們對我卻一無所知，我可以在任何時候利用這點達到目的，你們都是我鏡頭下的臣民。」

現代精神分析理論認為：每個人一出生就與世界建立主體與客體的關係，他面對的第一個客體，就是母親和母親的乳房。這是現代精神分析理論用另一種方式理解偷窺的成因。

如果在成長的過程中太早與客體分開，成年後會下意識、強迫性地尋找幼年失去的客體。對大多數人來說，尋找客體的方式被限定在社會允許的範圍內，例如：追求金錢、地位、權力，來替代童年喪失的客體。

但對柴克來說，這些滿足不了他的需求。他選擇超越社會規範，並透過數十個電視螢幕，與其他人的家庭生活產生關聯，讓他感覺重新找回童年時期的客體。

人性太過複雜，心理變態的種類多不勝數，而我們每個人身上都存在這些種子，可能在適當的條件下發芽、生長。換句話說，沒有任何一種心理問題是某個人或某些人獨有。

理解這一點會增加對他人的同情和愛，而最重要的標準，是看一個人的行為是否符合所處時代的道德規範。我希望這些規範有一天能變得寬容，給人性更大的自由空間，同時也希望人為的悲劇會隨著對人性更加瞭解而減少。

## 神情內斂，東方對健康人格的描述

根據《現代漢語詞典》，「神情」指的是顯露在臉上的內心活動，而「斂」有兩種解釋，一是收起、收縮，二是約束。如果形容一個人「神情內斂」，則表示顯露在他臉上的內心活動向內收縮。

神情內斂一詞經常出現在武俠小說裡，用於武林中的絕頂高手，不過顯然不是用來描寫武功高強，而是描述心理狀態的詞語。**我們可以說：一個人神情內斂，表示他有著極佳的心理狀態。**

神情內斂是透過整體的觀察，獲得整體、直覺的感受，具有典型的東方神祕主義色彩。雖然要把它解釋清楚不是一件易事，但我認為應該讓更多人對這個詞有更深入的理解。

首先要引出一個信念：我們不相信任何具有神祕色彩的東西，例如：禪、開悟等不可解釋的事物。如果想讓他人或是其他文化背景的人理解這些東西，一定有方法讓它們具有可以理解的合理性。

東方的體系缺少分析，這可能是東方文化具有神祕色彩的主因。如果不把某個對象拆開來看，它將永遠保持神祕。因此，分析是打破神祕的好辦法，而西方的精神分析技術，可能是打破東方解釋心理現象的最佳工具。

一個人神情內斂，會給人什麼感覺呢？**這樣的人格高度統一，而且若將人格形容為一件物體，我們甚至可以感受到其質感光潔、沉穩宜人的溫度。**他可以輕鬆調動內心的一切能量去完成事情。

與這樣的人相處，如同他可以收縮自己的內心活動一樣，我們的心也會被他吸引，這就是個人魅力的來源。史書上描寫周瑜：「與周公瑾交，如飲醇醪，不覺自醉。」形容周瑜的人格魅力像一罈好酒，跟他交往就像喝酒一樣，不知不覺會受到感染並陶醉其中。

但是，精神官能症患者的人格並不統一，可能會給人質感粗糙、鬆散、不均勻，以及忽冷忽熱的溫度，與神情內斂的人恰恰相反。而且他們在做事時，不容易調動內心的能量。

如果將神情內斂的人格比喻成中央集權的國家，精神官能症患者的人格就像國家處於諸侯紛爭的狀態。我們跟精神官能症患者交流時，會因為他的情緒和變化莫測的行為而感到不知所措，所以會有意或無意地可憐或疏遠。由於精神官能患者的內心活動沒有向內收縮，所以不會產生吸引力，其他人當然也不會靠近。

交往的不穩定感，可能因為沒將過去經歷和現在狀態聯結，會獨立影響人的行為，因此永遠無法預料誰會在此時此刻對他產生影響。換句話說，跟一名精神官能症患者相處，很難掌握是跟現在的他，還是過去的他對話。

精神分析的人格結構理論（Theory of personality structure）認為：**人格是由三個層面組成，最底層是本我，代表一切生物性衝動，中間是自我，是每個人與周圍社會環境互相適應後產生的部分，而最上層是超我，代表父母、老師、社會等各方面對於倫理道德的要求。**

本我和超我之間隨時存在著衝突，而自我則負責協調衝突。如果自我無法協調本我和超我，則人格無法統一。這樣的人被認為是精神官能症患者。相反地，神情內斂的人格則是一種和諧狀態。

然而，向內收縮的感覺有一點良性的不協調。為什麼會造成不協調的感覺？或者，什麼使內心活動向內收縮？

我認為內心活動向內收縮的力量，是人格各個部分高度統一後產生的整體功能。為了敘述方便，我將這種統攝人格各層面的力量稱為「超超我」。超超我有點像是超我、自我和本我選出來的統治者，並不與它們在同一個水平。

超超我對三者的統治，與超我對本我的壓抑不同。超我與本我是在同一水平上對抗的矛盾體，而超超我是更高層的整合力量。進一步來說，超超我的力量是舒適，以及被三個人格層面認可的壓抑。因此，超超我是使所有的心理活動向內收縮的力量。

如果我們把這樣人放在人際關係中，會發現他的超超我對其他人也產生統攝和整合的作用。別人會因為與他交往而感到寧靜和喜悅，受到吸引，並把他的目標當成是自己的目標。

具有強大超超我的人，在西方被稱作「具有人格魅力（Charisma Personality）」。從客體關係理論看，神情內斂的人與原始客體完全分離，是具有獨立人格的人。

或許有人會問：「什麼樣的人是神情內斂的人？」如果我舉出宗教領袖、政治家或藝術家，可能有人同意，也有人反對。但我認為：**神情內斂的人是所有健康、沒有先天的生理缺陷、沒有成長於惡劣環境的嬰兒和兒童。**

嬰兒和兒童符合上述的所有標準，他們的人格高度統一，且一舉一動都讓人陶醉。也許有人會說：嬰兒和兒童不具獨立人格，他們要依賴成人才能生存。但這樣的依賴具有合理性，我認為不足以作為沒有獨立人格的依據。

嬰兒和兒童是神情內斂的人，意味著我們曾經都是神情內斂。每個人本來內斂的神情，是在成長過程中遇到干擾才變得散漫。

精神官能症患者不是神情內斂，而是散漫、不專注。舉強迫症來說，患者內心的強迫性和反強迫性相互衝突，沒有足夠強大的超超我進行整合，造成症狀和徘徊不定。

我們無法斷定超超我是否有相應的生物基礎，或者相當於更高的神經中樞功能？此外，當它被抑制時，是否因為低層的神經中樞興奮，導致強迫症狀？以抑鬱症來說，是否因為更高層的神經中樞被抑制，而讓低層神經中樞之間相互抑制？

從動力學治療角度看，治療的過程和治療師溫和的態度，是為患者提供退化至嬰兒狀態的條件。換句話說，治療師讓患者回憶起曾經神情內斂的狀態，並且努力保持。那些破壞超超我的干擾力量，則在治療中減弱、消除或取代。

從上面提到的生物學角度來看，關注潛意識可能增加主動注意力，激發高級神經中樞的作用，進而消除症狀。

**精神分析的最終目的不是要拆解心理狀況，而是把相互衝突的部分連成整體，恢復內心的和諧與寧靜**，因此用「精神分析」一詞或許不太恰當。

想要整合人格的相關話題，必須先統一心理治療各個學派的理論與方法。長期以來，人們一直努力尋找能統一現有各種心理治療學派的理論和方法。但我認為這是不切實際、虛妄的行為。

統一任何理論和方法，都必須先整合每個治療師的人格。換句話說，不可能只純粹統一理論與方法，你只能先整合使用這套理論和方法的治療師人格。

## 厚道的聰明，更容易取得不凡的成就

在任何時代、任何社會中，聰明人其實並不稀奇。聰明意味著具有良好的觀察力、記憶力、思考力、想像力與操作力。可能你身邊就有許多這樣的人，或者說不定你自己就是絕頂聰明。

**跟聰明人相處是令人愉快的事情，看到他們發揮自己的才智並取得好成績，你也會跟著高興。**最近網路上出現這樣的資訊：心理學家經研究證明，跟笨的人一起工作可能致死。原來「笨死了」不是說被罵的人太過愚笨，而是愚笨可讓其他人致死。也不知道是笨得把別人氣死，還是笨得把別人累死。

反過來說，跟聰明人一起工作是不是可以長壽呢？我認為光是聰明還不夠，它經常是一把雙面刃，可以給自己帶來好處，也可能製造麻煩；可以讓別人愉快，也可能難受。

我與一個朋友認識近二十年，對他的聰明實在佩服得五體投地。他好像無論何時何地，都在對任何事情動腦筋。沒有他不知道的知識、辦不成的事，也沒有哪個人的弱點和毛病躲得過他的火眼金睛，最後一點特別讓我嘆為觀止。

在人際關係中，一個人把別人的心思和行為琢磨到這種程度，評論他人時完全沒有惻隱之心，反而變得有些惡毒和可怕。如果跟他共事，大概不僅無法長壽，反而會比與愚笨的人共事死得更早，因此別人都怕他。

我在人際交往中是個隨意的人，卻謹慎地跟那位朋友保持距離，只能一起喝酒作樂，不但無法一起做事，也不交心。他幾乎沒有一個真心的朋友，我想大家也許像我一樣躲著他。最近，聽說他妻子受不了他的明察秋毫而與他離婚，獨自帶著兒子去南方的城市。

我的另一個朋友也是公認的聰明，知識淵博、才華橫溢，但在為人處世上卻有點憨直。雖然明察秋毫，卻時時呵護他人尊嚴，吃一點小虧或受一點欺負也不吭一聲，經常過於輕信別人，有一點天真和幼稚。**但我認為那其實不是真的憨，而是一種厚道，是聰明到極致後不再仰仗聰明的從容、自信和真實。**

他的厚道不僅沒有讓他失去任何東西，反而使他擁有更多朋友，能關注自己認為值得的事情。一個人若事事計較，即使再聰明，也不可能在某方面取得不凡的成就。

**聰明易，厚道難，既聰明又厚道更難。對聰明的人來說，努力做個厚道的聰明人，應該是更上一層樓的聰明。**

## 守住生活的基礎，未來就不那麼艱難

如果我們將生活畫成一條線，每個人的生活都是一條曲線。生活的曲線大致可以分為兩種：一種是有波動，但會在相對平直的線上下起伏，另一種波動則毫無規律可言。

很顯然，前一種人的生活比較令人羨慕，那條相對平直的線是生活的基線。有了這條基線，生活更穩定、從容，即使外界風吹雨打、山崩地裂，他都不會受到太大的干擾，而我認為這就是健康的心靈。

如何創造這條基線呢？首先，必須養成規律的作息習慣，讓你有健康的軀體和心靈。**習慣的力量相當強大，可以幫助你抵禦多數外界和內心的變故**。如果你在任何情況下都能按時吃飯和睡覺，基本上不用擔心會出什麼大問題。

其次，至少擁有一個好朋友，這可以當作是心靈的出口。從古至今，沒有人不需要他人就能活得健康和幸福。每個人都應該有個朋友，即使對方不在身邊，但光是想到朋友的存在就不會覺得孤單。

再者，擁有一、兩種興趣愛好。人生有許多看不見的心理負荷，有時候要藉由興趣或愛好慰勞自己。最後是盡力做好分內的事，若是少年便為將來而學習，成年人則為養家糊口而工作，不必抱怨，行動便是。

如果能堅守以上元素組成的基礎，不必花太多時間和精力，就能實現簡單的目標，生活也不會是艱難和不安的事情，**如果能好好維持住自己生活的基線，代表已經將生活和全部的未來建立在堅固的磐石上。**

## 恐懼，是一種潛意識的逃避

我在一家醫院擔任心理治療師。某天下午，一位三十多歲的男性走入診間，表示想談一談。

他大學畢業後在政府機關工作，由於能力出眾、工作勤奮，深受主管賞識而不斷升職，現在是一個部門的最高行政領導人。一年前，他與十幾年沒見的高中同學相見，兩人在一家酒店喝得爛醉如泥。只模模糊糊記得之後進出聲色場所，直至第二天凌晨才回家。

一覺醒來，他對前一天晚上的荒唐感到悔恨。他認為朋友是生意場上的人，也許對於這些事情司空見慣，但他對自己要求相當嚴格，既不會參加一般的宴請，聲色場所更是不用說。

他結婚十幾年，夫妻感情很好，還有一個女兒，因此絕不允許自己做出對不起她們的事情。過了幾天，雖然悔恨的感覺減少，但他開始懷疑自己得了愛滋病。

他看遍網路上關於愛滋病的文章，越看越害怕。事後一個月，因為怕別人發現，甚至用假名去另外一個城市做檢查。結果證明是陰性，卻絲毫沒有減輕他對罹患愛滋病的疑慮。

他總擔心會不會是化驗單拿錯，或化驗的人隨便寫一個結果？或是醫院的水準太差，檢查不出愛滋病？愛滋病關乎一個人的品行、前途和聲譽，他擔心妻女必須面對他人的議論和歧視，更擔心將愛滋病傳染給她們。

他每天提心吊膽，生活過得一場糊塗。有時候想乾脆向妻子坦白，但實在無法鼓起勇氣。即使妻子願意原諒，也無法減輕自己的恐懼。由於成天焦慮不安，上班完全沒有精神，經常丟三落四。他有時候想像部門的主管若知道那天的事，總是不自覺心跳加快、大汗淋漓。

由於部門的老前輩即將退休，他認為自己可能再被拔擢，但對自己是否值得被提拔而感到忐忑不安。他想知道自己到底出什麼問題，因此讀了不少心理學方面的書，認為自己患了強迫症、焦慮症、抑鬱症、疑病症等多種心理疾病。

我聽完他的敘述，再問幾個相關問題，建議他做心理諮商。他問藥物能不能解決問題，我說：「**藥物也許可以緩解焦慮，但不能消除對自己罹患愛滋病的懷疑和恐懼，更無法解決這一系列症狀的問題。**」他想了一會兒，便同意做治療。

在前七、八次的談話中，我要他談談小時候的經歷。他問：「這些事與小時候有什麼關係？要是像過去一樣，沒有愛滋病，我哪會變成現在這個樣子？」

我說：「即使沒有愛滋病，你也會把其他的病往自己身上扯，哪一樣不會讓你覺得愧對妻兒、斯文掃地？小時候的回憶，可以幫助我們理解你在做了那種事情後，為什麼會懷疑自己患上某種疾病。」他沉思良久，最後同意我的說法。

他出生於知識分子家庭，沒有兄弟姐妹，父親是工廠的高級工程師，母親是中學老師。在他的印象中，父親對他很嚴厲，很少看到父親笑，對課業也管得相當嚴格，並認為「萬般皆下品，唯有讀書高」。他父親甚至對他說過：「人與動物的區別就在於人會學習，動物不會。」

雖然這句話有兩種解釋：**狹義的是指學習課本上的知識，廣義則是泛指一切學習**，但他當時的理解肯定是狹義的。

他的父親認為除了學習，其他事情都是浪費光陰。有時候他玩樂的時間稍長一點，父親就會嚴厲地責備。如果考試因粗心被扣分、說髒話、與別人打架等，責罰會更加嚴厲。

雖然父親沒打過他，但那些批評有時比挨打更令人難受，而母親則對他一味嬌縱，會設法滿足任何要求。

從第九次談話開始，我試著對他的症狀做出解釋。

我問：「你認為跟小姐發生性行為是犯錯嗎？」

他說：「這還用問，我都後悔死了。」

我又問：「在你的標準中，哪些錯誤比這個更輕，哪些錯誤比這個更嚴重？」

他想了一下才說：「輕一些的有小偷小摸、打架罵人。嚴重的有貪污受賄、殺人放火等。」

我接著問：「你認為自己的錯誤該受什麼懲罰呢？」

他說：「如果被警察抓到，大約會被罰款或者拘留。」

我說：「你沒被警察抓到，是不是就不會受懲罰呢？」

他猶豫了一下，反問道：「你的意思是不是說，我現在面臨的問題相當於懲罰？」

我說：「如果不是懲罰的話，你認為是什麼呢？」

經過反覆解釋，他終於明白是他腦中的警察不同意自己的做法，便讓他產生精神症狀來懲罰自己。犯錯必須受到懲罰，這是他從父親身上學會的原則。

他又問我：「這個懲罰會持續到何年何月？」

我說：「你覺得呢？」

他說：「就算要坐牢，也該刑滿釋放了。但我這一年比坐牢還難受，如果坐牢一年可以沒有這些問題，我寧願坐牢。」

我告訴他：「有這些問題或許是一件好事。因為如果你以後繼續做出同樣的行為，雖然感染愛滋病的可能性沒有想像中的大，但還是有機會。你的恐懼感恰好阻止你重蹈覆轍，在某種程度上保護你的生命和前途。」

他說：「即使那些事情會帶來快樂，但帶來的痛苦更大，我無論如何都不會再做了。」

我繼續解釋：「你那位同學也做了同樣的事，但他的恐懼比較少，所以你內心的恐懼可能不只是那件事情引起。我想你的內心深處其實已經累積一定的恐懼，這件事只是導火線，激發隱藏在內心深處的龐大能量，所以你感受到的是疊加後難以忍受的恐懼。」

他說：「我怎麼沒感受到自己累積了這股情緒？」

我說：「例如你與部門主管相處時，是否感受到恐懼？」

他想了一會兒才說：「我的確會害怕部門幾位不苟言笑的主管，總擔心做錯事會被批評。雖然年紀都這麼大了，又是一個中階主管，也不能承認怕誰。你說穿我自己迴避的心思，反而不那麼害怕了，起碼讓我工作變得輕鬆一些。」

到第十五次談話，他依然害怕把愛滋病傳染給妻子，於是我開始處理這個問題。

我問：「你說跟妻子關係很好，是否曾經吵架過？」

他說：「夫妻哪有不吵架的？吵架一是曾經在雙方長輩的關係上意見有過分歧，二是因為教育孩子的方法上有衝突。有幾次吵得很厲害，甚至想過離婚，但我明白不到萬不得已，既不能說也不能做。」

我問：「你們討論過吵架的原因嗎？」

他說：「沒仔細討論，時間一長就會自然淡化，有些事情也討論不出結果。」

我問：「這是否表示你對妻子有些怨氣？」

他說：「我想是的。」

我又問：「你找小姐是不是對妻子的攻擊和報復？」

他說：「我怎麼可能這樣報復她，那只是酒後失控而已。」

我反問：「失控是不是證明，你沒喝酒可以控制自己的行為，但喝酒後就控制不了？」

他似乎不敢相信我說的話，雙眼直直盯著我。他想了一會兒，嘆氣說：「也許你是對的，不過只有一部分對。」

我說：「我也認為只有一部分對。」

這次治療後，他與妻子花一整天的時間交換意見，談話結束後，他害怕傳染愛滋病的恐懼消除了大半。

**心理學認為，一旦揭開潛意識中被壓抑的攻擊性想法，潛意識就不會在背後搞鬼。**他不承認對妻子的攻擊，於是用很愛妻子、怕她得愛滋病的藉口掩飾自己的攻擊性，但產生的矛盾使他焦慮不安。

我向他分享我自己的故事。高中時有一次突然心跳加快，感覺心臟好像要從喉嚨裡蹦出來，十分恐懼。家人帶我去看醫生、做了心電圖，但檢查結果沒有任何問題。

那時候，我先是感到高興，接著出現失落的感覺。我當時不明白為何會出現失落感，難道我希望自己罹患心臟病嗎？他聽完這個故事說：「拿到檢驗結果時，也有種失望的感覺。」

我解釋：「我們希望自己生病，是因為內心殘留一些兒童心理。小時候生病能得到父母的關心，生病後犯一點小錯也會被原諒。但長大後，我們不允許自己裝病，不過潛意識會留下希望自己生病的想法，以獲得病人的特權。我上高中時課業壓力大，如果生病就可以順理成章不讀書、不參加考試。同樣地，如果認為自己生病，即使做錯事也可以被原諒。」

到第二十二次治療，他的症狀基本上已經消失。即使偶然想到愛滋病會感到恐懼，但程度已經變得相當輕微。

最後一次治療，他問我：「你是否也認為跟小姐發生關係是一件不道德的事？」我說：「我是醫生，不是道德評判者。你已經是成年人了，為什麼要我告訴你道德標準？」他聽後哈哈大笑說：「按照你的分析，我問這個問題表示還有一部分兒童的心理，總要別人告訴我對錯。」

這段治療於二〇〇一年年底結束，隔年的春節我收到他寄來的賀卡和一封信。信中說他現在很好，對我的幫助表示感謝。

# 人生最難受的是<br>發生在自己內心深處的戰爭

在民間機構和政府部門的支持下，十四年前我與幾位中國、德國的朋友，一起創辦一家福利性質的精神康復醫院，免費收治轄區內無家可歸、無依無靠、無固定收入的「三無」精神病患者。

為了讓病人每天有事可做，康復醫院展開工療活動（編按：具有就業和康復活動，安排精神、智力等殘疾人員參加適當生產勞動，並實施康復治療），出售產品也可以讓病人獲得些許收入。

我上班第一天，夏毛就被送來醫院。他跟我同齡，小時候因為失去雙親，被親戚朋友和街坊鄰居帶大。初中畢業後就開始工作，但兩年前出現精神異常，不是把別人打得遍體鱗傷，就是被別人打得頭破血流。工廠裡的主管不知道他是生病，不僅沒讓他看醫生，還批評他違反規矩。於是夏毛一氣之下辭職，成了典型的三無。

夏毛入院後，精神狀況很快得到控制，因此也參加工療活動。他工作相當勤奮，每個月可以賺得五百多元人民幣，夠買煙和零食，用不完的錢則由護士幫他存起來。

工療工廠後來因諸多原因關閉，夏毛雖然失去這筆收入，但醫院還是按月給他一點零用錢。他除了參加醫院的活動外，大多無事可做，最多看電視、打乒乓球或與其他病友閒聊，倒也過得平靜愜意。

我當時的工資大約中等，但用在吃喝、交際、買書、購物、旅遊等方面的開銷不小，月月入不敷出。尤其女兒出生後，我認為自己必須為她創造一個舒適的物質環境，否則忝為人父。因此，除了醫院的工資外，還必須在業餘時間賺一點外快，才能維持一家人的基本開銷。

我當時每天平均工作十二小時以上，總有做不完的公事和私事，覺得生活浮躁、慌亂，但經濟上遲遲未能翻身。工作那麼多年竟然沒有存款，我的大學同學們大多經商，當聚餐時談到收入，多數人一個月賺的比我一年還多。我雖然不喜歡跟別人比，但心裡難免不平衡。

夏毛每天三餐都在醫院的食堂吃飯。食堂的伙食還算可以，至少比他入院前飢一頓、飽一頓好得多。他一年中總有幾次會說肚子痛、頭暈、食慾減退等，其實護士們知道只要給他弄點好吃的，問題就全消失了。

我告訴護士：他需要的不只是食物，更重要的是背後的關心和愛護，並囑咐護士，只要夏毛開口就盡可能滿足他。他是個懂分寸的人，不會提出過分或無理的要求。

夏毛的生活空間絕大部分就在醫院裡，雖然偶爾會安排幾次外出活動，但最遠不會超過二十公里。我一直都很好奇，那個院落怎麼容得下一顆年輕的心呢？

我從大學時期開始愛好旅遊。工作後因出差、學習和私事等，飛行的哩程加起來可以繞地球十幾圈。二十歲時認為外出是件讓人興奮的事，一段時間不出門就會覺得煩悶。如今到了中年，內心逐漸增加的滄桑感使出門變成苦差事。**以前不相信「在家千日好，出門時時難」，現在覺得能不出門的人是福人**，而夏毛就是這樣一個福人。

夏毛除了間歇的精神異常外，是個健康的年輕人，當然有基本生理需求。但對他來說，結婚似乎離現實很遠，我甚至不敢問他對婚姻的打算。

我曾經想過，若醫院有跟他年齡相當、需要終身住院的女性患者，是否可以在醫院撮合、雙方自願和不違反法律的前提下，讓他們結為伴侶？但這關係到過於複雜的醫學、倫理、道德、法律和經濟等各個方面的問題，我也只能想像。

但夏毛有自己的辦法，他常和女病友談笑，甚至跟一些大膽的女病友動手動腳地鬧著玩。我即使看到，也睜一隻眼閉一隻眼，只要不對他人構成騷擾。

直到有一天，一位住院的女高中生向我反應，夏毛曾對她說騷擾的話，我把他狠狠訓斥一頓，阻止類似的言行，從那以後他真的沒再犯。儘管我必須那樣做，但內心深處還是有一點不安，總覺得我或這世界欠了夏毛，但又說不清具體的心情。

反觀我工作後不僅交了女朋友，還結了婚。身為精神科醫生（心理治療師），我從自己、朋友，甚至是數以千計的患者身上，深刻體會到靈魂與軀體發生衝突時的強烈力量。

**人生在世，最難受的是發生在自己內心深處的戰爭，讓人做好人也不是，做壞人也不是**。人類一向自詡比其他動物高貴，但誰敢說人類比其他動物幸福？

上次見到夏毛，是一週前的星期天早上。我在家睡覺時突然被電話鈴聲吵醒，是康復醫院的值班醫生打來，說住院的老太太突然暈倒不省人事，我立即穿上衣服直奔醫院。

進入大門時，看見夏毛悠閒地對我微笑，說我長得像某著名外交官之類的話。一般情況下我會跟他說笑幾句，但那天想到自己如此忙碌，他還用無聊的話煩我，因此有些惱怒。我明知他是無辜的，卻止不住對他的反感。

處理完事情後，我靜下心找到夏毛，遞給他一支煙，我們互相看著對方吞雲吐霧的樣子，都一言不發。我心裡感受到的東西，或許比他複雜一千倍。我們將來會是什麼樣子呢？夏毛估計還會住在醫院裡享受寧靜和閒適，而我隨著在專業領域成功，日子可能變得更加忙亂。想過安靜的日子，幾乎跟夏毛想結婚一樣困難。

我知道彼此生活的道路不一樣，但都會在某一天與這個世界徹底告別。我也許永遠也想不清楚，他和我誰更幸福？

## 把過去的痛苦和懲罰與現在分開

某一次，一位記者朋友跟我約好在我的辦公室談事情，約定時間過了十五分鐘後，只見她神色慌張、滿頭大汗地出現在辦公室門口，連連向我道歉。我看出她對遲到有很深的自責。

談完事後，這位朋友告訴我遲到時的心情。她說自己明明提前出門叫了一輛計程車，認為時間絕對足夠，沒想到路上塞車。一開始還不著急，但眼看快要遲到，不停催促司機抄近路，差點跟他吵起來。雖然遲到一點沒什麼大不了，但當時感覺彷彿天要塌下來，或面臨滅頂之災。

我說：「在你過去的經歷中，可能因為一些小過錯受過懲罰。你逐漸累積這些經歷，所以此刻一個小小的失誤，也會勾起那些記憶，使你感覺像是犯下大錯，會受到很嚴厲的懲罰。因為你沒有把過去和現在分開。」她若有所思，似乎在回憶遙遠的往事，後來才點頭說：「你說得對。」

這就像一根稻草壓死一頭牛的故事。如果不停往牛身上堆稻草，最後總有一根草會把牛壓死。**這並非因為最後一根稻草特別重，而是因為已經累積許多重量，累積是世界上很可怕的事情之一。**

情感也是可以逐漸堆積，如果只是單純觀察考試失利、失戀、失業、人際衝突等個別經驗，每件事都不會導致一個人精神崩潰，但如果這些事件與過去體驗過的痛苦疊加起來，後果可能變得嚴重。

佛認為：覺悟者的特點是活在當下。過去的痛苦會加深當下的痛苦，過去的幸福可能遮擋感受現實的目光，而一個為將來而活的人可能從來沒有真正活過。

只有「當下」才是真實的，活在當下的人會客觀看待身邊一切事物，不會把事件好壞的後果任意疊加、誇大或縮小。

**朋友，請睜大眼睛清楚看著現在，把過去和現在分開，把以前的稻草**

**扔掉，只考慮和承受眼前的那根稻草**。不就是遲到一刻鐘嗎？不就是沒考好考試嗎？不就是失去戀人或幾個朋友嗎？不就是暫時沒有工作嗎？

讓自己願意承擔這些事件帶來的痛苦和懲罰，但請對那些無關、過分、多餘、不恰當、不相稱、不公平的痛苦和懲罰，大聲地說：這與我無關！我不要！

睜大眼睛清楚看著現在，把過去和現在分開。

## 充實與空虛在一念之間

林河念中學那年暑假，他的父親帶他一起去北京開會，說要讓他見見世面。這趟北京旅程中，讓他經歷生命中許多的第一次。第一次坐火車、第一次住旅館、第一次看見如此寬的馬路上有如此多的車和人。

在北京的一個晚上，林河一個人外出。他看到在某個十字路口向北的路上立了禁止通行的牌子，路邊站著幾名警察。有幾名行人和騎自行車的人想往北，都被警察攔下來。

這時又有人騎車從南邊來，是一名二十歲左右的漂亮女孩。當車行至路口，林河注意到警察想攔阻她，但那女孩從容地從口袋裡掏出一張紅色的牌子，警察便讓她通行。這一幕刀刻斧鑿般地印在林河的腦海。

當天晚上，林河第一次失眠，腦子裡全是漂亮女孩的影子和紅色的通行證。他猜想那張通行證可能有特別意義，持有者的身份也非一般。想到最後，那女孩彷彿成為帝王之都的高貴公主，拿著可以直接見到皇帝的通行證。

和這一通行證相比之下，北京行的所有經歷似乎都變得不重要。在他內心深處甚至產生自己都沒有意識到的強烈願望，希望有朝一日要像那個女孩，擁有一張紅色通行證。在他的想像中，這個證件不只可以通往北方的路，還能夠去到一般人去不了的地方。

周遭的親友覺得林河從北京回來後有些改變，他的生活全部被學習佔滿，以便考上好的大學。林河的成績在那個小鎮的中學是年級第一名，後來更在所有科目上遙遙領先其他同學，大家只認為出去見過世面的人確實不一樣，沒有人知道那十幾天的所有經歷，都比不上那張通行證。

對林河來說，那張紅色的通行證像小旗般插在山頂，指引著他的方向，並鼓勵他持續向上攀登。他考上一所醫學院，後來又成為北京一所醫科大學的研究生。

他在北京時偶爾會去那個十字路口，回憶多年前的那一幕。不過，此時此刻的他已不是當時的國中生，心裡有很多旗幟，紅色的通行證僅是其中之一。

後來他到北京一所醫院工作，在高級官員病房工作的期間，認識北京交通部門的副局長。他告訴副局長想拜訪十多年前在某某路工作的交通警察。儘管沒有說明理由，副局長還是聯絡上一名已退休的警察。

林河找到那位警察的家，問及十多年前紅色通行證時，警察告訴他：當時那條路正在修路，人車禁止通行，但更前方有一塊住了四、五十戶居民的住宅區，只有這個通道。

於是，交通部門發放紅色通行證給該區的居民，只有持證者才能自由進出。儘管在林河心裡，那張通行證已經漸漸不重要，但知道通行證的真相與自己的想像如此不同後，仍感到前所未有的空虛。

**我們心中可能都有幾張那樣的紅色通行證，擁有它們時覺得充實，沒有卻覺得空虛，這與它們本身的價值無關。**

## 嫉妒產生於「不能欣賞」

有一則笑話說，一個喜歡甜食的女孩很嫉妒螞蟻，別人問她為什麼，她氣呼呼地回答：「哼！那個小東西那麼喜歡吃甜食，腰卻還那麼細！」這女孩對毫無關係的昆蟲尚且嫉妒，對與自己同種女性產生的嫉妒心，就可想而知了。

在一切能夠比較出好壞、高下的領域，例如：能力、地位、財富、知識、容貌、身材等，都可以引發嫉妒的心情。覺得自己不如他人時，**嫉妒就像泉湧一樣從心底冒出來，滲透到心靈的每個角落。可惜冒出來的並不是清澈的山泉，而是令人難受的毒藥。**被嫉妒之毒浸透的心靈，可以讓人做出任何事情。

嫉妒雖然是一種情緒體驗，但它變得強烈時，可以直接引起身體的感受和反應，具體的描述像是「心彷彿被利刃刺穿，劇痛無比。」更難過的是，這樣的痛苦通常被認為不應該表達出來。所以，即使嫉妒還要強顏歡笑，內外反差的折磨簡直如地獄裡的酷刑。

嫉妒是人類普遍具有的情感，如果一個人說自己從來沒有嫉妒過別人，基本上可以肯定他在說謊。有趣的是，嫉妒往往被認為是自私、狹隘和品德低下的象徵，因此沒有人會輕易接受自己嫉妒別人的事實。

其實，對嫉妒加上過多的道德色彩是一種狹隘。人類像是對道德判斷成癮的動物，若不加上道德眼光，判斷事情時彷彿遺漏重要的東西。但嫉妒跟一個人的道德修養沒有太大關係，而是與欣賞他人的能力有關。簡單來說，嫉妒是因無法欣賞而產生。

要恰當欣賞，前提是與被欣賞的對象保持距離。**我們無法在欣賞某人的同時產生嫉妒，因為我們與對方的距離太近或太遠。**

舉嫉妒他人的才能為例，一個人在遠處表現自己的才華洋溢，我們不太會感到危險。但當關係太近，像是他貼著我們的身體那樣表現時，難免會感到威脅。

與他人比較時，人們不知不覺會把別人拉近自己，甚至拉到自己的心裡。**當別人的能力比我們強，反而讓我們有被侵入的感覺，自然產生嫉妒的情感**。這也是為什麼我們會嫉妒才華洋溢的同事，卻不會嫉妒愛因斯坦的原因。同事近在咫尺，而愛因斯坦遠在天涯。

如果是本來關係很近，但情感上疏遠的情況下，例如：同事之間關係應該很近，卻因相互仇視而讓心理距離變得如同敵人般遙遠，那麼敵人強大當然不是一件好事。

一個俄國農民的鄰居因為家裡有一頭牛，而比較富裕。有一次，一條神魚欠了這個農民一個人情，於是答應滿足農民一個心願。這個農民指著鄰居的樓房說：「因為他家有一頭牛，所以比我富裕」，神魚以為自己明白農民的意思，便說：「那我給你十頭牛。」哪知道農民咬牙切齒地說：「不，我要你去把他家的牛殺死。」

典型應付嫉妒的方式，不是讓自己變得比對方更好，而是採取打壓的行動。嫉妒的情感雖然與道德規範關係不大，但產生的行為則與道德直接相關。

嫉妒並不是洪水猛獸，從人的本能來說，反而是對危險的預示，讓人能夠在生物競爭中存活下來，因此這種競爭意識是人性不可分割的一部分。

特別是在物質匱乏、社會規則不完整的時代，強者有更多生存的機會。嫉妒告訴你：別人比你強，你的處境很危險，如果不努力就會失去很多東西，甚至丟掉生命。這也就是為什麼一定程度的嫉妒能使人奮發。

實際上，適度表達嫉妒並不是羞恥的事。曾經有位聽眾在精彩的演講後，表明自己相當敬佩演講者，又表示自己感到嫉妒，將來一定要努力超越演講者。這位聽眾的話音未落，聽眾席上便爆發雷鳴般的掌聲，且持續的時間超過對演講者的喝彩。

**嫉妒是對人性的讚美和鼓勵，既然人人都會嫉妒，我們只需要尊重其存在。**表達不太光彩的情感本身就是一種可貴的能力，更重要的是，人性還有永不服輸的雄心壯志，而後者的光輝足以照亮前者的陰暗。

沒有人能在所有方面贏過任何人，所以嫉妒是不可避免的。調整你與嫉妒對象的距離，直到可以把他作為欣賞對象的程度。**欣賞會使人產生美好、敬佩、喜悅的情緒，它們都是治療心靈傷痛的良藥。**

下次嫉妒來訪時，在十分鐘內告訴自己：「我比不過你，但我可以欣賞你！」能夠做到這點，就是戰勝真正的對手，也就是自己。你比任何人都勇敢和強大，也用不著嫉妒，因為你只跟自己比較，而迄今為止，從來都沒有人會嫉妒自己。

## 父母與孩子距離過遠或過近，都會損害建立親密關係的能力

我曾寫過幾篇關於人際交往的文章，強調在人際關係中保持適當距離的重要性。一位朋友讀後問我：「你怎麼老是要人保持距離？」其實我本來想說的是：高質量的親密關係，應該是以兩個人相互獨立為前提，重點應該放在親密關係，我反而在保持人際距離上著墨過深。

**擁有親密的人際關係，特別是愛情，是一個人在世界上能擁有的最大財富**。遺憾的是，不少人沒有這筆財富。

每個人在生命開始時便處在一段親密關係中，胎兒跟母親就是最完美的親密關係，母親呼吸為胎兒提供氧氣，胎兒與母親血脈相連。

嬰兒出生後，長時間在心理上與母親處於「共生狀態」，會把母親想像成自己的一部分，或者把自己想像成母親的一部分。不過，如果父母在孩子成長過程中，用錯誤的方式對待孩子，可能會損害孩子天生與人建立親密關係的能力。

父母可能犯的錯主要有兩個：一是跟孩子太疏遠，二是距離太近。疏遠又可分為兩種，一種是空間上，可能在孩子年幼時沒有生活在一起。另一種是心理上，雖然生活在一起，卻缺少對孩子必要的照顧與關愛。這兩種疏遠從後果來看其實沒有差別。

如果年幼時跟父母關係疏遠，成年後也沒有能力建立親密關係，在治療時也會重複這種狀態。患者容易不自覺地破壞與醫生的關係，讓治療無法繼續進行。

曾有位二十五歲的女性患者，幾年來談過不下十次戀愛，但最終都沒有好的結果。雖然與每個男性剛開始交往時感覺都很好，然而一旦論及婚嫁，她就有強烈衝動想離開對方。這樣的事反覆發生，讓她隱約覺得可能

是心理的問題。

經過幾次諮商，我得知她的童年經歷許多不幸，而影響她最深刻的是沒有跟父母一起生活。由於她的父母工作忙碌，沒時間照顧孩子，她在六個月大時就被送到舅舅家寄養，因此心裡根本沒有父母的概念。她的舅舅家是農村中的大家庭，小孩人數眾多，她能得到的關愛也可想而知。直到十三歲上中學時，她才回到父母身邊。

這些經歷讓我理解她為什麼在感情上會出現問題。人格形成的關鍵時期在六歲前，若這個階段與父母分離，孩子會覺得自己最信任、最依賴、最需要的人拋棄自己。

這種感覺深植在她心中，使她無法相信任何親密關係。即使成年後可能與他人發展親密關係，也會引發害怕被拋棄的恐懼感，使她用逃避來避免重蹈覆轍。

**從某種意義上來說，患者和治療師也屬於一種親密關係。雙方共同探討心的最深處，所以親密程度甚至會超過治療外的一切關係。**

當然，這種親密的目的是讓心理治療師幫助患者，屬於純精神和象徵的關係，不允許醫生從中滿足任何私慾，因此一旦治療結束，關係也隨之結束。多數國家的法律規定：心理治療師不得與患者在治療室外發展任何私人關係。

那名患者明明需要醫生的幫助，但在治療關係中卻避免對我產生信任和依賴，最具體的表現是她連基本的治療規則都無法遵守。例如：我們約定每週諮商一次，她卻經常兩、三週才來一次。我們也說好如果要終止治療必須事先告知，但我們最後一次諮商已經是一年多前，她在那之後再也沒有出現，讓我嚐到她曾經「被拋棄」的滋味。

但我知道她的問題正是無法跟其他人走得太近，現在只要一想到她或是類似的患者，心裡總會湧起陣陣傷感與無奈。

除了距離疏遠，**父母可能犯的另一個錯誤是與孩子距離過近，給予過**

**多的關注和關愛。雙方關係過度親密，會缺少各自的空間，危害程度不亞於疏遠。**人對於獨立的需求強大，特別對成長中的孩子來說，獨立是他們內心最強烈的願望，過近的距離會扼殺孩子的獨立性。

換句話說，過近的距離會使父母把對孩子的愛變成控制。而且愛和控制會成正比增長，愛越多，控制的欲望越強，孩子難免在其中受到傷害。遺憾的是，很多父母不明白這點，以為愛越多，對孩子越有利。**在親密關係中受到過多控制和傷害的人，可能被愛所傷，將來自然會逃避建立親密關係。**

舉個真實案例，我的同事是一名護士，不僅是名優秀員工，在家還是賢妻良母，無微不至地照顧兒子。據說他兒子高中畢業前連手帕都沒有自己洗過，更不用說煮飯、洗碗等家事。兒子對她相當依賴，在學校甚至沒有知心朋友，任何心事都只跟母親談。

她對這一點一直感到相當滿意，認為自己盡到母親的責任，也認為自己做得比孩子的父親更好。但她沒想到，兒子被她照顧得像寵物，上大學後開始出現問題。他考上某個遙遠城市的大學，進入大學後幾乎每天打電話回家，與母親聊學校和同學的事。剛開始說的事情無謂好壞，但情況慢慢地變得糟糕。

有時候說同寢室一位來自鄉下的同學不注重衛生，有時候又說一位當地的學生有優越感、很霸道等，人際關係開始出現問題。最後問題越發嚴重，書也讀不下去，只能休學回家。

這個孩子是被愛所傷的典型案例。不僅傷害他獨立解決問題的能力，還有與母親以外的人建立親密關係的能力，他無法在同學中找個能替他包辦一切的人，所以乾脆找理由拒絕來往。

從更深的層面來說，他拒絕更多的人以愛之名控制自己，畢竟除了學習，連交朋友、談戀愛或遊戲都由母親一手包辦。哪怕是溫柔的控制，哪個十八、九歲的男孩子會同意呢？

除此之外，**距離過近也可能扼殺孩子的獨立性，以至於只習慣跟他人處於近距離關係，無法畫清界限**。當他試圖跟所有人建立親密關係，這樣的危害更顯而易見。

有一名女孩在成長過程中跟父母的距離過近，並把這份近距離的關係帶到所有人際關係中，容易跟人走得很親密。她曾經與許多女性朋友形影不離，但最後都反目成仇。她對別人要求太多，因此在被拒絕時產生怨恨。她也曾談過多次戀愛，但都是男方主動離開她。

站在旁觀者的角度來看，男生離開她是因為她太糾纏，離不開別人的關注與呵護。她在二十七歲那年失戀後選擇自殺，遺書上寫道：「這個世界上沒有可以真正信賴、依戀的人。」也許她是對的，因為幾乎沒有人能承擔她沉重的信賴和依戀。

前面已經提過，父母與孩子的關係太近或太遠，都可能會損害孩子與他人建立親密關係的能力，不近不遠的中庸之道或許才是最好。

英國一位著名心理治療師創造的一個名詞，能幫助我們掌握親子間的分寸，叫作「足夠好的媽媽」。意思是母親應該在孩子需要時陪伴在側，滿足孩子的需求。把孩子送到別人家寄養的母親顯然不符合標準，但把心思百分之百放在孩子身上，要求自己盡善盡美包辦一切的母親，顯然也不符合。

**許多人都強調父母的態度如何影響孩子，但也不要忽視孩子成長和自我學習的作用。成長是一輩子的事，自我學習是最重要的教育。**

很多人的童年雖然不幸，但他們一樣擁有健全的人格，並且獲得傲人的成就。世界上沒有不犯錯的父母，但如果把自己的問題完全歸咎於父母，只是在推卸責任，同時拋棄成長機會。

元代大書畫家趙孟頫的夫人寫過一首《我儂詞》，這首詞具體地描述親密關係：「你儂我儂，忒煞情多；情多處，熱似火；把一塊泥，捻一個你，塑一個我。將咱兩個一齊打破，用水調和；再捻一個你，再塑一個我。我泥中有你，你泥中有我：我與你生同一個衾，死同一個槨。」能將感情如此深刻、全面地投入到關係中，真值得羨慕。能遇到值得如此投入情感的人，更值得羨慕。

**全面投入感情除了需要足夠的自信，相信自己配得上他人投入的感情，更需要極大的勇氣。因為必須無懼於血肉相融後可能出現的分離，以及分離時撕肝裂肺的心痛**。在那樣愛過的人心裡，毀滅也許已不是件大不了的事。

除了愛情外，友情也可以發展得親密。友情跟愛情相近，只是前者沒有肉體上的親密。一個發展良好的人可以同時擁有和享受這兩種情感，使自己的情感生活深沉厚重且絢麗多彩。

## 學習困難是被父母的「好心」所培養

如果有人問：「對家庭來說什麼最重要」，或許絕大部分的人會異口同聲地回答：「孩子的學習最重要」。

**孩子的學習不僅事關前途，還關係到家庭的安定團結。**學習成果良好，大家都高興，矛盾自然就少；學習成果差，可能一點雞毛蒜皮小事便釀成極大衝突。

以下這個案例可以看出，父母如何「培養」出一個學習困難的孩子。一對夫妻帶著十五歲的兒子龍偉來諮商，夫婦倆進入諮商室後一臉陰沉憂鬱，而龍偉表面雖然看起來滿不在乎，卻不斷搓著手，心裡應該相當緊張。例行寒暄後，由父親開始說明情況。

龍偉小時候是個聰明的孩子，在幼兒園裡是最受老師喜愛的小朋友，老師總把發飯、領讀課文、帶操等的事情交給他做，這對小朋友來說是很大的榮譽。他學習能力強，任何事一教就會，但我們後悔的是沒有讓他養成良好的讀書習慣，應該讓他專心致志地學習，不要總是想著玩。

從小學一年級開始，他的課業成為家庭的中心。我和太太有兩個原則，「凡是有利於孩子學習的事情，都要不遺餘力地去做；凡是不利於孩子學習的事情，我們堅決不做。」相信別的家長也會這樣，但可能不像我們堅持得那麼好。

當他在做作業時，我們就不看電視以免影響他，在家裡說話也輕言細語，生怕讓他分心。我和他媽媽一定會有個人在旁邊督促他，或是解答他不懂的問題。從他上國中二年級還專門請了家教。

我們很早就認為孩子的學習很重要，對我這樣沒什麼背景的家庭來說，只有考上大學、維持良好的課業成績，今後才有出路。若是找不到好的工作，日常生計可能都會成問題。

但這些道理他就是聽不進去，成績總是中下等。但也不能說他不認真，他很少出去玩，放學回家吃完飯就到自己的房間裡讀書，只是學習效率不高，成績也沒有提升。我們從報紙上看到，孩子的學習出問題多半是心理的原因，所以就帶他來了。希望您能幫幫忙，讓他意識到學習的重要性。

當心理治療師這麼多年，實在見過太多這樣的案例，不僅在諮商室裡，即使是身邊的熟人或朋友圈裡，幾乎天天可以看到和聽到這樣教育孩子的方式和話語。實際上，所有的問題都是過於好心反而壞了事。

**父母不自覺地製造跟期望相反的結果：本來希望孩子用功學習，但做法和說法卻導致孩子無法獲得良好的學習效果。**

龍太太說：

我總告訴孩子：「我們為你的課業犧牲很大，不僅花費很多錢，還犧牲自己的生活。我們總是在家裡陪你、不讓你做任何家事，不讓你操任何心。但你還學不好，很對不起我們。對不起我們倒是次要，最重要的是對不起自己。我們遲早會老，將來你只能靠自己。」

但我們好說歹說，他的成績總上不去。明年升上高中，同學會更努力，相較之下他的名次可能會下降，若考不上好大學，將來就麻煩了。我有個同事的孩子念的學校和系所不好，畢業兩年還沒找到工作。另個同事的孩子考上好大學，一畢業就在外商合資的大公司工作，現在已經置產。

雖然龍太太還有很多話想說，但我不想讓她繼續說下去。我注意到龍偉的手越搓越快、越來越用力，顯然他已經聽過無數次，多聽一次就更焦慮。我接著問龍偉有沒有想說什麼，他告訴我，爸媽都說得對，都怪自己不好，便繼續低下頭搓手。

我知道這孩子被內疚和自責淹沒，於是向這對夫妻提問。我說：「你們真的做了很多的努力，想讓孩子的課業成績好。例如在孩子學習時不看電視、小聲說話，為了不讓噪音干擾孩子學習。但**世界上有兩種噪音，一種是電視、說話等來自外界的噪音，而另一種則是來自心靈的噪音**。你們認為有沒有可能是心靈的噪音影響孩子的學習呢？」

這對父母面面相覷，沒有聽懂我的意思。眼看這次的諮商時間快結束，我徵求龍偉的意見，希望下次單獨跟他的父母談談。他點頭同意，於是我當著孩子的面跟這對父母預約下次的諮商時間。

接下來的諮商中，我先表明他們很愛孩子、很負責任，為孩子所做的一切非常讓人感動，但方式上有需要改進之處，需要更理解孩子的處境。

接續上次的話題，我告訴他們，龍偉在讀書時還想著學習以外的事情，他的思緒以及情緒反應就是心靈的噪音，而且它們比電視、說話聲等外界的噪音更大。以下幾件事對他來說既不可能不想，也不可能沒有情緒：

**第一，學習很重要**。他想著學習的重要性，卻沒想著學習本身。當他做某道數學題時，花了大量時間思考做這道題可以得多少分，卻沒有心思想題目該怎麼解，這樣真的能做好題目嗎？

**第二，父母因為自己而做了很大的犧牲，不學好對不起父母**。這是內疚產生的噪音。內疚是種相當惡劣的情緒體驗，會導致極大的精神負擔。念書的同時要背負巨大的內疚包袱，學習效果當然不可同日而語。

**第三，如果課業成績不好就全完了。**這是恐怖引起的噪音，像是被手槍對著，可能讓腦袋一片空白、自律神經系統紊亂。沒有人在這種狀況中還能不急不徐地思考。

**第四，別人比自己強。**這是驚慌、自卑產生的噪音，若總是被人這樣暗示，會導致精神渙散、喪失鬥志。即使是成年人都可能被自卑擊垮，更不用說是孩子。這樣的後遺症不僅表現在成績上，還會影響人格。屆時不僅是知識的問題，還可能影響健康以及正常生活。

**第五，惦記著學習以外的事情。**小孩子哪有不愛玩的？成年人都不可能整天工作，孩子當然不可能成天學習。至少學習不該是成長過程的唯一選擇。讓他跟其他孩子多接觸玩耍，對學習也有好處。

我接著舉個例子，據說有些人為了培養自己的定力，刻意在喧鬧的地方讀書。**雖然這對父母沒有製造任何噪音，但說話和謹慎的行為卻插在孩子心口，讓他無法集中注意力。這些噪音就是他成績無法提升的重要原因。**

他們聽了我的分析後相當震驚，雖然承認有道理，但仍有些疑問。龍先生擔心如果不督促孩子，那他會不會自主學習？我笑著回答：「之前督促了也沒用，不是嗎？你在十五歲時，覺得父母應該怎麼管你最好？」

龍先生說：「我在那個年齡已經很懂事，不用父母管。」我說：「既然如此，應該一代更比一代強！我想龍偉也不需要你管得太多。」這次諮商結束時，我半開玩笑、半認真地說：「如果你們出去打打麻將、串串門，可能會對龍偉的學習有好處。」龍太太笑了笑說也許會試試看。

然後，我單獨跟龍偉談話幾次，主要是消除他心裡的噪音，讓他學會如何輕鬆、從容、愉快地學習。他告訴我，現在他感覺父母離他遠一點，不像過去總盯著他，這讓他心很靜。

他的確是個很聰明的孩子，一旦消除心裡的噪音，成績就慢慢提升，考上一所不錯的高中，高中時期的成績也不斷提升。

最後一次見到龍偉是去年的九月份。他父母帶著他來拜訪我，親口告訴我他考上一所知名大學。我當時想，這對夫婦透過另一種方式，讓孩子的願望變成現實。

## 我們對孩子，為什麼比對自己還苛刻？

從物理的角度來看，家不過就是幾面牆、幾個天花板圍成的空間，但風霜雪雨被阻擋在這個空間之外，讓身處其中的人覺得安全和溫暖。

從心理的層面來說，**家庭是每個成員躲避外界壓力的地方，尤其孩子的心靈還過於弱小，無力抵禦外界的壓力，所以家或家中的成年人就是幫他們抵擋壓力，以便健康成長的保護傘。**

如果今天有歹徒闖入家中，大多數的父母會理所當然地挺身而出，把孩子擋在身後，相信不會有父母要求孩子把歹徒趕出去。但如果來自外界的壓力對家庭或孩子造成威脅，很多父母的處理方式可能並非如此。

這些父母往往無法自己面對那些壓力，於是把孩子推到第一線去面對世界的腥風血雨，反而使孩子的心靈破碎、遍體鱗傷。我身為心理治療師，已經見過太多父母逼迫孩子上前線，卻躲在其身後吆喝，以下是典型的案例：

這是個普通的一家三口。父親葉先生是公務員，母親劉女士是企業的財務人員，兒子名叫濤濤。濤濤相當聰明，小學總是保持班上前幾名，但他非常貪玩。上課時常玩些小玩具，或跟鄰座的同學動手動腳。

每次去開家長會，班導師都說：「你家孩子太調皮了，可能比較適合在美國上學。」但老師總是笑著說這些話，實際上包含許多欣賞的成分，因此夫婦倆也沒怎麼注意。

濤濤畢業後考上升學國中，情勢頓時大變。不僅是學生，老師承受的壓力也非常大。濤濤的班導師是名三十多歲的女老師，兩年前升學考試的全市第一名就是出自她的班級，得到許多榮譽和嘉獎。

濤濤到了新的學校，才老實幾天就恢復本性，第一個學期裡把能惹怒老師的事都做了，上課找同學說話、到處傳紙條、偷看課外書、玩遊戲機、跟同學打架等，屢勸不聽。班導師忍無可忍，多次把他的父母叫到學校，希望家長能協助管教，以免他影響班級和其他同學。

濤濤的父母多次嚴肅地跟他談話，要他遵守學校的紀律，卻沒有用。後來不得不使用暴力管教，剛開始還能起作用，但濤濤的反抗越來越強烈，有一次竟然動手還擊。葉先生氣得全身發抖，劉女士則在一旁痛哭。一個學期後，濤濤的成績降到全班的最後幾名，整個家庭陷入混亂。

葉先生當年因為經濟條件不好，只念到中等的職業學校，這使他的工作能力和升遷機會遠不如較高學歷的同齡人。如此切膚之痛，讓他無論如何都不允許自己的兒子重蹈覆轍。

劉女士也是個心高氣傲之人，她無法接受兒子的學習不如其他孩子，這讓濤濤的處境每況愈下。

**許多類似處境的孩子在家裡和學校裡都待不下去，網咖成為他們的天堂。彷彿只有在網路建構的虛擬世界裡，才能找回些許的自信和尊嚴。**

當然，這家人不會讓孩子這樣下去。因此，葉先生經常用暴力把他從網咖拖回家，劉女士則當眾跪著求兒子回家。事情到了這種地步，如果不發生奇蹟，濤濤的一生似乎已經注定。

有一天，葉先生從報紙上看到我們醫院的名字，由於濤濤不願到醫院進行諮商，只好夫婦倆自己先到醫院。在第一次的談話裡，我得知濤濤的現狀和學校、家庭的情況。在隨後兩個星期內又和夫婦倆談了四次。

在第四次談話中，我首先拋出問題：「假如家裡來了歹徒，你們會讓濤濤自己面對，而你們躲在後面嗎？」

他們幾乎憤怒地回答：「你把我們當什麼人？我們怎麼可能做那樣的事！」

我說：「這證明你們很愛孩子。我根據前幾次的談話內容，畫了一張圖。」

圖片最上方畫著一朵鋪天蓋地的雲彩，雲上寫著「以高分數、升學率為核心的學校」，雲彩下壓著學校校長，校長壓著的是女班導。女班導的肩上另外畫了一個石頭，上面寫著「維護既往榮譽的壓力」。跟女班導處在同個平面的還有其他科目的老師，每個人身上都掛著牌子，寫著「做個好老師的壓力」，這些人壓在濤濤身上。

在濤濤的左右方分別畫著一些同學，他們擠壓著濤濤，身上也都掛著「超過他人，爭取第一」的牌子。濤濤的下方還有葉先生和劉女士雙手向上頂住濤濤。葉先生身上的牌子寫著「沒上大學之憾」，劉女士身上寫著「不能丟面子」。

孩子承受各方面巨大的壓力，在畫面上表現得驚心動魄。我解釋圖畫後，繼續對他們夫婦說：「濤濤天性比別的孩子活潑，所以需要用比其他同學更寬鬆的紀律約束。一個好的、以人為本的學校，在紀律上應該更因材施教，不能一視同仁。這不僅不會亂套，反而會增加班級的活力。」

我接著說：「我們暫時無法減輕來自社會和學校的壓力，但是我們可以減輕家庭給他的壓力。如果你們從下方減少施壓，就網開一面，讓他起碼有地方躲避。例如：班導師找你們談話，還是可以像以前一樣應付她，但回家後不再把自己的煩惱、擔心、焦慮，劈頭蓋臉地拋撒到濤濤身上。」

他們夫妻面色凝重，我知道這種轉變對他們來說實在太困難，而且他們會擔心這樣會使他越跑越遠。我安慰他們：「**實際上這是讓你們用肩膀幫濤濤承受一部分外界的壓力，抵擋傷害性的風雨，使他有個可以從容不迫地改變自己的環境。**」

最後，我為葉先生安排一個作業：每週和濤濤一起做三件與學習完全無關的事情，例如：購物、上網、玩遊戲等。一旦知道如何保護自己的孩子免於傷害，他們夫婦做起來真是不遺餘力。

葉先生做得非常好，劉女士也配合得很好，夫婦倆把家庭的氣氛調整得平靜而溫馨。葉先生不僅替濤濤承受學校老師的壓力、成績不好的壓力，也暫時把自己對濤濤的憂慮拋在一邊，只是陪孩子玩。

直到有一天，在兩人遊玩回家的路上，濤濤突然問：「爸爸，我如果成績總是不好，將來怎麼辦啊？」葉先生聽完這話，眼淚差點流下來，心想：「原來濤濤也很擔心呀，以前我總是用暴力讓他明白成績不好就沒有前途，結果適得其反。現在假裝不擔心，他才把自己的擔心說出來。」

他鎮靜地回答：「我們不著急，距離考大學還有四年多，來得及。即使第一次考不上，重讀一年也沒關係。」濤濤聽了，若有所思地點點頭。

我們可以說孩子開竅了，或是說他因為心情好，做任何事情都能專心。在接下來的一年多，濤濤自動自發地拿起書本，他無疑是聰明的孩子，一旦沒有外界干擾，他便能用心學習，成績自然提升。班導師看到濤濤的改變，給予的鼓勵使他更加努力。

濤濤的考試成績是全班第三名，考上不錯的高中。葉先生夫婦到醫院向我報喜，說我救了他們的孩子。我認真地說：「我沒有能力救他，其實是你們救了自己的孩子。你們打敗外面的歹徒，使他免受傷害，是天下最好的父母。」

## 教師、家長的唯一工作，是保護孩子的學習興趣

我看過一篇報導，內容是一位老師告訴學生，讀書的目的就是要賺錢和擁有美麗或帥氣的伴侶。這個消息一出，頓時引起輿論嘩然。把學習的目的說成與金錢和婚姻有關，實在是個樸素的真理，但這年頭敢說真話的人實在是少之又少。

即使懷抱著崇高的學習目的，在每個人沒有意識到的內心深處，仍可能有金錢、帥哥或美女的動力在支撐。但這位老師還是錯了。

**第一，人的動機是多層次，不可能只出現一種動機。**只強調追求金錢、帥哥或美女太過偏頗，與只強調崇高學習動機的人一樣，都是一種虛偽。

試著想像一下，因低層次動機而學習的人會是什麼樣子呢？這樣的人可能很自私，任何妨礙他實現目的的人和事，都會成為眼中釘。他也可能是個狹隘的人，除了目標外，不知道世界上還有更加美好的事物。他還可能是個毫無樂趣的人，無法享受純淨、精神上的愉快。最後，他甚至可能是為身外之物所累的人，只知道享受物質。

**第二，任何真理都是相對的。**某個地方可能被當作真理的事情，在另一個地方則可能是謬誤；在某個時空是常識，但在另一個時空可能是罪惡。這名老師顯然在不恰當的場合說出這段話，所以被認為是謬論，引起喧然大波。

在學校講台上所說的話，目的應是使低層次的動機提升至高層次。但這位老師卻反其道而行，把高層次的動機轉化為低層次，實在不配教師崇

高的稱號和職業。如果他換個場合，在酒足飯飽後這麼對自己的兒子說，倒也不失為一個教育方法。

**第三，獲得金錢、帥哥美女並非難以達成的目標，達成目標後難道就不需要學習了嗎？**目標設定得如此低且僵硬，實在相當危險，甚至可能讓人喪失學習和生存的動力。許多人在艱難困苦時精神抖擻，在功成名就後反而萎靡不振，正是出於這個原因。

**第四，對某個目標過於執著、死硬地追求，可能反而追求不到。**比爾．蓋茨（Bill Gates）絕對不是為了錢才設計電腦。有個西方諺語說，財富像女人一樣，你越追求它，就可能越追不到；你想遠離它的時候，它會自己跟著你走。

**最後，最重要的是，我們應該反對為任何目的而學習的教育方式。**學習目的應該是為了從學習本身獲得樂趣，任何的目的都可能污染最純淨的動機。

經常聽到父母對孩子說：「你若不好好學習，長大就要撿垃圾。」有些孩子的反應比較幽默，會說：「撿垃圾很好玩呀，就不用每天做作業了。」另一種知道撿垃圾辛苦的孩子，會在恐懼的追趕下學習，其心態之差、效率之低便可想而知。實際上，孩子厭學是對恐懼的一種反抗。

還有一種情景，老師情緒激昂地告訴大家要為社會景氣而學習。讓我們設想一下，景氣變好之後孩子們為什麼學習呢？換一種說法，對於退休的人來說，從社會的中流砥柱卸下責任後，是否意味著不需要學習呢？

我們與生俱來對學習的興趣，比任何力量都要強大。因此，即使是從純功利的角度，也沒必要用任何動力來替代它。教師、家長和身負教育職責的人都應該注意：**我們唯一的工作是保護孩子的學習興趣，不要試圖用別的東西替代它**。唯有如此，孩子們才能夠真正學習，除了擁有較高的才能外，還有高貴而和諧的內心世界。

## 受到過多控制的孩子，會在學習外找回自主權

「遊戲」一詞總無法帶給人好感。近年來，家長和老師更是對遊戲深惡痛絕，甚至認為網路遊戲對青少年來說是萬惡之源。其實，遊戲中仍有些可貴的東西。

**首先，遊戲的目的是要爭取勝利，可以培養不輕易認輸的心態。**

**再者，遊戲的過程應該快樂，這與理想人生的過程相同。**

**最後，玩遊戲的人必須遵守遊戲規則，才會玩得有意思，這是適應現實的能力和方式。**

既然遊戲與學習有相似之處，為什麼仍有那麼多人反對呢？最大的原因在於，遊戲不是可以養家糊口的技術。雖然有人能靠著玩遊戲發財，但大多數的父母還是指望孩子能學習其他專業知識。

學生沉迷遊戲是老師們最傷腦筋的事情。最近一位中學校長花半個小時與我討論遊戲的罪惡。他說，本來有個成績很好的學生因為沉溺網路遊戲，導致好幾門功課不及格，與師長的關係也變得糟糕。

我問他：「這名學生為什麼喜歡玩遊戲？」他回答說：「是因為快樂。」我再問：「遊戲中的什麼東西使他快樂？」他說：「勝利、得分高使他快樂。」

我因此問，這跟考試考得好、分數高的快樂有什麼區別？校長先生沒有立即回答我的問題，臉上的表情變得有些嚴肅，過一會才搖搖頭說：「我從來沒想過這個問題。」

我接著問：「除了快樂，還有什麼別的原因讓學生們喜歡玩遊戲？」這位校長的悟性很好，他說：「也許是**家長和老師剝奪孩子在學習上的自主性、成就感和自信，孩子才希望透過遊戲找回那些東西**。如果能從學習中獲得成就感和自信，何苦要違背家長和老師呢？」

很多家長和老師相信謙虛使人進步，以為表揚會使孩子驕傲自滿。但心理學研究證明，表揚不僅可以使人進步，還能培養良好的性情和人格。孩子在批評的環境中長大，可能造成人格的缺陷，例如：自大是因自卑造成，因為沒有人表揚，所以用自大來補償自己。

遊戲過程中的快樂對父母和老師尤為重要，因為這正是我們缺乏的。我們普遍認為，只有認真嚴肅才是教育孩子的正確態度，而**心理學家則認為，人在快樂學習時能記住的東西，比不快樂時更多、更牢固。**

如果孩子在學數理時，也能像玩遊戲時一樣樂在其中，他肯定是學得最好的學生，也是心理最健康的學生。

在我看來，學習的規則主要應該針對家長和老師，第一條為「遊戲規則」：學習是自己的事，應該由孩子做主。

孩子若不受到過多外界控制，自然會學習控制自己，把大多數時間和精力花在課業上。受到過多限制的孩子會在學習之外，找回自主權。沉溺於遊戲其實是對掌控的反抗，不尊重自主性不僅會失去優秀的孩子，還可能製造問題。

後來我再問那位校長：「一個人有沒有可能同時做好兩件以上的事情？」這位校長知道我指的是什麼，回答：「有學生也玩遊戲，同時兼顧好課業。」

我說：「那是當然，孩子們那麼聰明，同時做好兩件事根本不是問題。如果他們因遊戲受到嚴厲指責，但心裡又想去玩，而擔心被發現會逼迫他們撒謊、吵架、承受懲罰等，結果弄得自己和周圍的人都不愉快。」

**遊戲和學習看起來水火不容，卻有許多相似之處。更令人驚異的是，人竟然可以從遊戲中學到更多有用的知識。**如果人的一生中充滿遊戲般的學習，當他回憶起學生時代，不會再認為那是地獄般的生活了。

人在快樂學習時能記住的東西，比不快樂時更多。

1
2
3
4
5

## 真愛是不功利、不勢利地愛他人

我一直想有個女兒，就真有了個女兒，覺得老天待我不薄。女兒健康、聰明、漂亮，再加上我們身邊沒有同齡的孩子，她自然而然成為生活的中心。我即使不是天底下最好的父親，也自認為是好父親之一。

隨著女兒慢慢長大，身為父親的自豪感和幸福感也與日俱增。我在女兒兩歲左右帶她去兒童樂園玩，也許是因為她不常去那些地方，所以比起年紀差不多的孩子，她表現出的反應與別人相差一大截。

一名小她兩個月的女孩在彈跳床上跳得興高采烈，她卻戰戰兢兢地坐在旁邊。我把她扶到中間，她只隨著別人的節奏跳了一兩下就摔倒，隨即哭聲震天。

我反覆鼓勵她繼續，但沒有成功。我心中的失望感開始增長，甚至隱隱出現憤怒。我換個地方，把她抱到滑梯上要她往下滑，她卻死死抓住扶手，無論如何都不鬆手，一邊哭一邊說怕。

我意識到心中的失望和憤怒有點不可抑制，知道自己此時需要好好冷靜。於是我把她抱到地上，讓她去玩皮球或木馬玩具，自己找一處坐下，遠遠地看著她。

整理完情緒後，失望和憤怒消失得無影無蹤，取而代之的是自責和羞愧。自以為自己是好父親、疼愛女兒，原來是因為她的聰明、漂亮、勇敢可以讓父親驕傲。一旦她不聰明、不漂亮、不勇敢，或者不能滿足身為父親的虛榮時，父愛隨之消失。

**父母對兒女的愛尚且如此功利、虛偽，世界上還有什麼真愛可言？別的情感又有什麼價值？**僅僅因為女兒的不勇敢，就讓我對她的愛打折扣，如果有人比她更漂亮，學校成績比她更好，難道我就不愛她嗎？

我心裡正難受時，女兒跑過來抱住我。她絕對想不到在這短短的時間內，對她來說最重要的人與她的距離竟然由近而遠，再由遠而近。這時我又想，她會不會只在我能保護她時愛我，在我病弱時不愛我呢？相信她不會，但前提是她父親不再勢利地愛她。我緊緊地抱住女兒，視線慢慢變得模糊。

這讓我聯想到師生關係。老師愛學生與父母愛子女一樣天經地義。但遺憾的是，這種愛也有越來越多的功利。老師只愛成績好的學生，不愛成績差的學生。

想到自己曾經是被愛的學生，心中多了一些對他人的愧疚。**在心中保留無條件的愛，對自己和最愛的人來說，比財富、地位，甚至生命更重要。生命有了這些情感才是享受。**

## 不要用「完美」控制孩子

在培訓心理治療師的課程中，我曾經看過一段影片，內容是關於母親與嬰兒之間的互動關係，讓我印象非常深刻。看影片前，老師簡單介紹影片中母親的背景：二十九歲、出身名門、擁有金融碩士學位，擔任一家知名企業的高層管理人員，年薪是一般人的十多倍。丈夫大她四歲，是某大學的博士，擔任副教授。

影片是在兩人結婚後，兒子八個月時拍攝的。影片中可以看到豪華的房間及家具，二十餘平方米的房間裡放滿各式各樣的玩具。孩子的母親年輕、漂亮、氣質不凡。孩子睡覺時，母親在廚房準備食物，當臥房傳出哭聲，母親便放下手中的事去抱孩子。

但孩子在母親懷裡仍然放聲大哭，即使母親抱著孩子來回走動、輕聲細語地跟他說話、餵奶、放玩具、撫摸他，想盡各種辦法卻無法讓孩子停止哭泣。這位母親的表情沒有變化，但動作明顯相當生硬、粗暴。最後，母親把孩子細心卻堅決地放到床上，說：「你要哭就哭吧。」

看完影片，老師說：「人格的形成與父母直接相關，換句話說，父母對待孩子的方式和態度，會造就孩子的人格。這部影片是二十多年前一名心理學家拍攝，片中的嬰兒長大後因嚴重的人格障礙去看心理科。」

這位母親來自富足的家庭，受過良好的教育，生活也很美滿。她的一切近乎完美，因此也是一位要求完美的人，甚至要求自己成為完美的母親。但孩子會弄髒衣褲或床單、會無緣無故地哭、會做錯事。

**這位母親把孩子的不完美當成自己的問題，挫敗感導致她改變對待孩子的態度，並加強控制，以便讓孩子的表現接近她所要求的標準。**

她想盡辦法讓孩子停止哭泣卻沒有效果，因此變得焦躁。這名母親可能認為：我做了這麼多努力也無法讓孩子停止哭泣，代表我不是一個好母親。內心因此堆積憤怒，因為孩子的狀態打擊她對完美的要求。

也許一開始的憤怒是針對孩子，但她不允許自己將憤怒發洩到孩子身上，因此唯一能夠做的，是以高標準要求孩子。

這樣的心理深藏在她內心深處，可能連她自己都沒有意識到。她在意識層面安慰自己：這樣做是為了使孩子成為一個優秀的人。

許多研究都證明完美主義的母親，會使孩子受到過多的控制，壓制真正的生命力。這麼做也許會讓孩子成為一個符合社會和他人要求的人，但無法讓自我充分發展。

**孔子說：「質勝文則野，文勝質則史。」一個人的先天特質如果超過文化的影響，會顯得過於野性；如果文化的影響勝過先天特質，則會顯得迂腐不知變通。**

魯迅認為，文化讓人在規則下待人接物，而文化中的限定作用經由父母一代代傳承下來。我曾見過很多青少年的諮商個案，他們的共同特點，是不幸地都有個近乎完美的母親。連身為心理治療師的我與這些母親打交道，都會覺得難受。

舉例來說，她會以完美的標準要求治療師，似乎只有一切聽從她的想法，才能解決孩子的問題。治療師當然不會聽她們的意見，而是溫和排除完美母親的干擾，與孩子建立全新、沒有過度控制的關係，讓孩子的自我慢慢成長。

也許對這些母親來說，為了孩子，同時也為了自己，應該再學一點心理學知識才算完美，使她們能與孩子一起健康成長。

## 興趣是孩子學習永不衰竭的動力

幾年前，我曾為一家報社做過電話心理諮商。**電話諮商比起面對面的諮商更有侷限性，除了透過聲音交流外，其他的交流管道都被阻塞**。即使有這一缺點，但使用電話諮商方便、即時、經濟實惠，彼此透過聲音交流，自然會更開放和放鬆，對交流也有利。

一位大學生找我電話諮商，他說自己很想努力學習，但一拿起書本就煩，不看書又覺得虛度光陰，對不起父母也對不起自己。我詢問他中學時的學習狀況。他說當時因為有父母督促和明確的學習目標，學得還可以，不像現在心神難定，因此問我該怎麼辦。我告訴他一個故事：

有個老人住在堆滿廢鐵桶的廣場邊，一群小學生每天上下課經過廣場，都要對鐵桶拳打腳踢，並以此為樂。但這名老人有心臟病，受不了那些噪音。

有一天他攔住學生，告訴他們：「我很喜歡聽你們踢鐵桶的聲音，我給你們每人每天一塊錢，請繼續踢下去。」小學生們更加賣力地踢打鐵桶。一週後，老人對那群學生說：「我現在經濟狀況不好，只能每天給你們五毛。」

學生們聽了不高興，但還是去踢桶。又經過一週，老人又對學生說：「我現在經濟狀況更糟，不能付給你們踢桶的錢。但我還是希望你們每天都為我踢一陣子。」學生們憤怒地拒絕，而老人因此得到安寧。他將小學生們踢鐵桶的動機從獲得樂趣變成金錢，只要他不給錢，學生自然不會去踢鐵桶。

每個人天生具有強烈的學習欲望。小孩興高採烈地翻箱倒櫃、塗鴉，就像是在做研究、寫文章。**如果能夠保持這些天然的動機，因興趣學習知識，一定能成為傑出人物，因為興趣是學習一切知識時永不衰竭的動力。**

遺憾的是，許多人的學習動機，從樂趣轉變為達成老師、家長的期望，甚至是為了通過考試。學生一旦離家、父母管不著、老師管得鬆、考試不再重要，就會失去學習的動力，像那群踢桶得不到錢的小學生一樣，不願意再主動學習。

如果不努力學習能心安理得，也不算最壞的結果。但當為了老師、家長而唸書的壓力，轉變成對自己的壓力，就會產生內心衝突。青春期對獨立的願望相當強烈，**然而若學習是為了他人，自己則無法獨立。另一方面，如果不積極學習，理性會告訴我們這樣可能對自己不利，不管如何都無法獲得內心寧靜。**

這位大學生聽完我的話，告訴我會好好想想。當天，我在回家路上看到一個三歲左右的男孩神情專注、興致勃勃地在路燈下玩沙，他的母親只是靜靜地站一旁看著。我心想：「如果他的母親用棍子逼他玩沙，他大概不可能玩得如此開心吧。」

# 第2章 把自己當自己，擁有內心的安寧

# 把自己當自己，把別人當別人

一名少年去拜訪年長的智者。少年問：「如何才能成為一個內心愉悅，也能夠帶給別人快樂的人呢？」智者笑著回答：「在你這個年齡能有這樣的願望，真是相當難得。許多比你年長的人向我提出問題，但不論如何解釋，他們也無法明白真正的道理。」

少年只是滿心虔誠地聽著智者的回答，沒有流露出絲毫得意之色。智者接著說：「我送你四句話。**第一句話是『把自己當成別人』**，你能試著說明這句話的含義嗎？」

少年回答：「是不是指，如果把自己當成別人，當我感到痛苦憂傷時，痛苦就會減輕；當我欣喜若狂時，那些狂喜也會變得平和？」

智者微微點頭，接著說：「**第二句話是『把別人當成自己』**。」少年沉思一會兒後回答：「這樣才能真正同理別人的不幸、理解他人的需求，並且在他們需要時給予適當的幫助？」

智者兩眼發光，繼續說：「**第三句話是『把別人當成別人』**。」少年則回答：「這句話是不是指，要充分尊重每個人的獨立性，任何情形下都不可侵犯他人的核心？」

智者聽了哈哈大笑：「很好，孺子可教也！**第四句話是『把自己當成自己』**，這句話對你來說或許太難理解，留著以後慢慢品味吧。」

此時，少年問：「這句話的含義我一時體會不出，但這四句話之間有許多互相矛盾之處，我應該用什麼把它們統一起來呢？」智者回答：「很簡單，用一生的時間和經歷。」少年沉默許久後叩首告別。

這名少年逐漸成長，從壯年變為老人，他離世許久後，人們還時時提到他的名字。人們說他是一位智者，因為他是個內心愉悅的人，也為每個見過他的人帶來快樂。

## 讓快樂成為一種習慣

當新的一天到來，我還活著。在過去的這一天裡，肯定有許多人不情願地離開世界。若自己活著不快樂，我認為對不起他們離開世界時對生命的眷戀。

**讓愛自己的人看著自己過得快樂，是對他們最好的報答；讓憎恨自己的人看到自己過得快樂，是對他們最好的報復。**不管憂傷或快樂，日子一樣在過，選擇快樂並不會帶來麻煩。

也許生活中確實發生令人憂傷的事，也許快樂無法改變事實，但是能改變事件可能導致的結果。與其為憂傷而憂傷，不如用快樂驅趕憂傷。任何時候，快樂都是最好的禮物，快樂並不昂貴，有時只需要一些幻想、幾句交談或幾次笑聲。

佛所說的慈悲是與一切眾生樂，拔一切眾生苦，被快樂滋養的心靈和軀體更能抵禦疾病的侵襲。快樂也比憂傷更美麗，就像陽光比烏雲更美麗一樣。情緒可以傳染，所以在人際關係中快樂是一種禮貌，而憂傷是一種不禮貌。

**人一出生就會哭，笑是後來才學會的，所以憂傷是一種本能，而快樂是一種更高級的能力。**當快樂成為習慣時，便不需要為快樂找理由。因為快樂，所以快樂。

## 人類面臨的最大困難並非生死

《舊約聖經》中寫著：古巴比倫人想建造一座通天的高塔，上帝認為他們的想法過於狂妄，便打亂他們的語言作為懲罰，使他們不能相互交流，也沒有辦法合作建造高塔。

這個例子中，上帝在人類之間設置障礙，而他在造人之初，則直接削弱個人的力量。其中用意最深刻的，是給予人類不同性別。自古以來，人類面臨的最大的困難也許並非生死，而是性別。生死是上帝獨玩的遊戲，人類只是被操縱的對象，而人類在性別之間則是故事的主角。

**每個人只具有一部分的特徵，所以追求其他部分的特徵就像咒語一樣束縛著每個人，使人的軀體和精神永遠需要其他部分才能安寧。**金庸在《笑傲江湖》裡以寓言談到這個問題，讓人讀後感悟良多。

小說中提到：《辟邪劍譜》是從《葵花寶典》殘篇中悟出的劍法。據說，練成《辟邪劍譜》記載的功夫，就可以天下無敵。祕籍的第一頁只有八個字：「欲練神功，引刀自宮」。根據書中的描述，只要達到這個要求，練成神功並不難，所以斬斷情根被視為習武之人達到最高境界的關鍵。書中有三個人練成辟邪劍法：東方不敗、林平之和岳不群。

東方不敗練成功夫後，據說可以只用一根繡花針，輕鬆抵禦四大頂尖高手的圍攻。雖然這三個人的武功遠遠高出他們的對手，結局卻不勝唏噓。

東方不敗的日月神教被他的寵信弄得亂七八糟，最後他被尋仇者刺死。林平之快意地報了滅門之仇後，便失去一切事物，包括人身自由。岳不群不僅沒有當上夢寐以求的五嶽派掌門人，反而在身敗名裂後，死於恆山派的女弟子。

這三個人練功的動機都相當強大，但內容卻不一樣。東方不敗出身貧寒，靠著天資、勤奮和陰謀成為日月神教的教主，但他的內心深處極度缺乏安全感，練功便成為他獲得安全感的手段。

安全感是人的基本需求，缺少則會導致心理問題，讓人為達目的不擇手段。東方不敗練成武功後說：「我初當教主，那可意氣風發了，說什麼文成武德、中興聖教，當真是不要臉的胡吹法螺。直到後來修習《葵花寶典》，才慢慢悟出人生妙諦。其後勤修內功，數年之後終於明白天人化生、萬物滋長的要道。」

從這段話可以看出，《辟邪劍譜》已經不只是一般的武功祕籍，而是一本可以使人明白宇宙奧祕和人生真諦的奇書。

**一個人若沒有情感的困惑，便能把更多的時間和精力投入到想成就的事業上，還可以避免因為情犯錯或多走冤枉路。**說得更極端一些，人若不是為情所困、所擾、所誤，世界會減少許多刀光劍影、血流成河。

但事實上，沒有讀者認為《辟邪劍譜》是好書，也沒有人喜歡書中練成絕世神功的人。因為這個武功第一步就冒犯人類的尊嚴、侵犯人的完整性與價值。

不論人是由上帝創造還是億萬年進化的結果，認可人類尊嚴和價值是最基本的要求，應該尊重與生俱來的天性，維護軀體的完整性，並拓展精神世界、挖掘潛力。

引刀自宮後練成神功具有寓言式的意義，象徵犧牲人的自然天性。在現代激烈競爭的社會裡，投入極大的精力和時間獲得事業成功本無可非議。但為了實現目標不擇手段，因此忽略愛情、親情和友情，甚至自己的身體和心理健康，不論這個人取得何種成就，都可以視其為第二個東方不敗。

**成功者的價值應該遠高於任何成功的事業。**接觸過《辟邪劍譜》卻沒練功的有林平之的祖父、任我行和令狐沖，這三人的武功雖然不比前三人高，但他們是尊重自己的人。

## 人際交流的目的，是愉悅別人和自己

**我堅信世界上一定有真正美好的人，我能以身邊的朋友為證。他們善良、聰明、快樂、寬容，與他們相處相當愉快。**我可以在半夜三點打電話找他們，不必擔心不禮貌；也可以在他們面前喝得大醉，不怕酒後失言會傷害友誼。我可能很久沒有見到他們，但心裡知道只要有需要，他們會隨時出現在我面前，相信我對他們來說也是同樣的朋友。

**我也相信這個世界上有不美好的人，他們不一定是壞人，但與他們相處時總讓我感到不愉快。**我的任何言行都可能冒犯到他們，即便不是我主動冒犯，他們也可能找我麻煩。這是人際關係中的無奈之一，相信許多人跟我有同樣的體驗。

不過，再怎麼不美好的人也有美好的部分，就像世上不存在完全沒有缺點的人，世上也不存在只有缺點的人。與這樣的人交流，你必須遠離那些不美好，讓自己只與他們美好的部分相處。

同樣地，再美好的人也可能有不美好的一面，我們可以試著迴避那一面。只要你不跟膽小的人一起去冒險，不和小氣的人談錢，不在愛嫉妒的人面前積極表現，不和偏執的人爭論，不跟老闆比誰說了算，就能避開別人的不美好。迴避不是怯懦也不是虛偽，而是大氣和智慧。

**人際交流的目的是要愉悅別人和自己，沒有人會逼著我們必須與他人相處，只是看我們願意選擇對方美好或不美好的一面。既然人生短暫，請選擇與美好共舞吧。**

## 容易喪失希望的人，會錯過改變處境的機會

受過醫學訓練的人都知道，大腦在生物化學的變化，是產生行為、情緒和認知的物質基礎。這是物質決定精神的重要證據。相反地，精神的變化也可以導致大腦物質基礎的改變。

舉例來說，一個人可能因為車禍、親人死亡等重大創傷性事件的刺激，長期處於抑鬱、緊張的狀態。透過精密儀器的檢測，可以發現他的大腦狀況受到外界的刺激而改變。

外界的刺激可以改變大腦的物質，他人如果帶來良好的刺激，大腦的化學物質就會朝好的方向發展。這也是為什麼心理治療與藥物治療具有同樣、甚至更好的效果。

良好的刺激也可以由自己給予自己。舉例來說，即使在惡劣環境下，他人無法給予援手、自己無計可施時，至少我們可以帶給自己希望。希望並非物質性的存在，卻可以產生真實的力量，所以它跟實際存在的物質沒有區別。

有人說，用虛無縹緲的希望振奮精神，有點自欺欺人。但其實一切精神活動都是虛無、不實際的，而這不表示對人類來說可有可無。

讓自己保持正向希望就是給予大腦良性刺激，利於產生正面情緒。**正面情緒會產生良性的認知和行為，因此內心充滿希望的人總能心情愉快，樂觀看待事物，從容而有條理。**在這樣的精神狀態中，又有何事不可為？

心中沒有希望的人則完全相反。即使情況不糟糕，容易喪失希望的人會主動放棄，因此不斷錯過改變處境的機會。在結果最壞時，甚至可能說：「我當初就知道情況肯定會變得這樣。」實際上，當初的「知道」正是失去抹殺希望的元兇，也失去由希望推動的振奮，使事情發展到最糟糕

的地步。

在醫學上，有許多因希望創造奇蹟的例子，治療癌症正是如此。統計顯示，對活下去抱持希望的患者能比喪失希望的人存活更久。希望不只讓人心情愉快，還可以增加免疫力，使患者積極配合醫生的治療。

我一直認為人們還無法完全瞭解希望帶來的好處，我也相信大自然永遠會照料人類，就像萬物都沐浴於陽光下，我們的心靈也能沐浴在希望之中。**有希望就能擁有一切，即使我們什麼都沒有，擁有希望就不窮困。**

## 對一個人最嚴厲的懲罰，是讓他看見自己

小杜上中學時有偷東西的習慣，尤其喜歡偷書。他走進書店，同時拿起兩本書假裝翻看，趁店主不注意時迅速將其中一本藏在腋下，再趁機揚長而去。直到五層書櫃塞滿偷來的書，他都從未失手。

他高中畢業後沒能考上大學，於是在親友的資助下開設一間小雜貨店。某天，一個十幾歲的男孩從貨架上拿了兩盒巧克力，他無意間看見男孩迅速將其中一盒藏在腋下，另一盒仍然拿在手上。

男孩付了一盒巧克力的錢後從容離開，但小杜仍然呆坐在收銀台前，彷彿見到世界上最可怕的事情。從那天起，他的情緒一落千丈，他在那間裝滿書的房間裡，反覆想著自己的為人，以及自己這樣活著到底是好事還是壞事。**對人最嚴厲的懲罰不是枷鎖也不是牢獄，而是給他一面鏡子，讓他看見自己是怎樣的人。**

小娟十五歲時在學校的成績不算出色，跟青春洋溢、成績又好的同班同學相比，她一直都很自卑。自卑得不敢大聲說話、不敢跟男生相處，偏偏她暗戀班上一位成績優秀、意氣風發，還擔任班長的男孩。她總覺得自己配不上他，因此一直把這份感情深藏在心底，沒有絲毫流露。

中學畢業後，同學們考上不同高中。暑假時小娟收到一封信。打開一看，竟然是來自那位曾令她朝思暮想的男孩。內容寫道：「妳知道我為什麼那麼努力學習、那麼拚命打球嗎？因為我想吸引妳的注意力，讓妳多看我幾眼。」小娟看著這幾句話，視線漸漸被淚水模糊。

一種從未有過的自信心從她心底升起，她對自己的印象也因為這幾句話，逐漸變得更為客觀。**對人最好的獎勵，不是金錢也不是桂冠，而是讓他看見自己是怎樣的人。**

## 允許自己成為溫和自大的人

據說釋迦牟尼佛生下來就會說話，而他說的第一句話是：「天上天下，唯我獨尊。」有人認為「唯我獨尊」是一種自大的說法。如果佛教認為人人都有佛性，那麼自大應該也是人性。

但過度自大既害人又害己，即便是釋迦牟尼這樣法力無邊的人，一旦過度自大，也沒有可取之處。我在這裡提倡的是一種溫和的自大，既是人類作為萬物之靈的驕傲，也來自「我之所以是我」的獨特性，而非對他人的忽略或藐視。

**溫和的自大是人格的核心**，它既打不死、拖不垮、揉不爛、捏不碎，而且渾然天成，無須借助任何證據存在。具有這樣特質的人不會讓人感到威脅，也不會惹人厭，反而有超凡的魅力，容易獲得他人的尊重和喜愛，更經得起世間的風吹雨打。

入世越深，越容易感覺身外之物的無常和虛妄，只有對自己的滿足和堅持，才是真正值得信賴和依靠的東西。然而，不溫和、具有攻擊性的自大，恰恰是沒有滿足溫和的自大的表現。透過攻擊他人，自大感得以暫時被滿足。但這種滿足潛藏著危險，因為攻擊他人的後果是遭受反擊。

自卑是自大沒有被滿足的另一種表現，自卑也可以說是想像中的自大在攻擊自我，也可能轉向針對他人。

有人說，不要跟不自大的人來往，因為他們遲早會傷害別人，來滿足自己對自大的需求。但好一點的做法是，允許自己成為溫和自大的人，同時也支持別人的溫和自大感。「人不能有傲氣，但不可無傲骨」便是這個意思。傲氣傷人，而傲骨是我們認真、堅強生活的決心。

**給自己一點時間和勇氣，讓自己成為具備溫和自大感的人。如果你問：「我憑什麼自大呢？」我的回答是：「因為你就是你呀。」**

## 淡定是不算計金錢或衝突，而是看重心靈的自由

有一次，我去其他城市拜訪一位比我年長幾歲的朋友。他在我的朋友圈中稱得上德高望重，每個人都很喜歡他，樂於跟他來往。幾位朋友覺得，他最大的特點是精神上的超然淡定和自由的心靈，再神經質的人與他相處，都會被那股平靜感染。

我在他家住了幾天，每天飯後就在他的書房裡喝茶、天南地北地聊天。即使兩個人好長一段時間沒有說話，他也是慢慢地往壺裡沏水，往杯裡倒茶，不覺得無趣。

有天晚上我問他：「你從骨子裡透出來的灑脫，究竟是如何修練出來？」他看了我一眼，沉默了一會兒，最後只是淡淡一笑：「我給你看一樣東西。」

他從書櫃最底層的文件盒裡拿出一張紙，並遞給我。那只是張寫滿字的普通紙，因為年代久遠明顯發黃。他說這是他二十四歲生日那天寫下的東西，當時他正在讀研究生。

我認真地看著紙上寫的幾段話：

一、宿舍裡有兩人沒有買開水瓶，用完我瓶中的水又不去裝水。我決定與他們共用兩年水瓶，並且幫他們裝兩年的開水。我不願意變成他們的行為監督員，更不願意因他們的不拘小節而生氣。

二、買小東西或買菜時絕不討價還價。即使一天損失三角、一年損失約一百元人民幣，這個損失我也認了。

三、買衣服不殺價損失太大，乾脆與女朋友一起去買，殺價對她來說是樂趣，對我不是。

四、坐公車時絕不搶座位，只要有人站著，空位離我再近也不坐。

五、別人找自己借東西，能借的應該盡量借。

……

我沒看完就看不下去，直截了當地說：「這些事情太瑣碎，而且有些做法的動機也有問題，例如：可能害怕與人發生衝突等。一個和諧的人格應該與童年經歷、成年後的內省有關，而不是由這些瑣碎的事情塑造。」

他聽後笑著說：「我不想說服你，但是仔細想想，人生本來就是由許多瑣碎的事情組成。你也可以從這些瑣事舉一反三，清楚計算這些事情，才有時間和精力思考其他更重要的事，不是嗎？**我不害怕衝突，而是要求自己從瑣碎的衝突中脫身。我看重的不是金錢或衝突，而是心靈的自由。**」

他告訴我，他曾經有一台專業級的照相機，總是偷偷地用它，生怕別人知道後找他借。在他想通那些瑣事後，他把相機放在沒上鎖的抽屜裡，誰想用就用。一部相機換來心裡的自由，划不划得來？

那天晚上他雖然沒有完全說服我，不過我後來坐公車時發現，有座位不坐感覺也很好。因為站著的視野更寬廣，可以看到更多人和風景。

## 自卑感來自對他人的苛刻要求，無法令自己滿意

**優越感是自己與弱小者比較後產生，人都曾經以自己能察覺和無法察覺的方式討好強者。**相較之下，無法察覺的討好所犯的錯誤更嚴重。自卑感則來自對他人的苛刻要求，這些要求最後總會回到自己身上，結果無法令他人和自己滿意。

人的意志經常受到內在需求主宰，且變幻不定，面臨人際危機時，人們也經常採取欺騙手段。但這不只欺騙別人，也欺騙自己。

有人會在緊張時顯得從容，想得到東西時故意付出，想與人親近時表現出獨特和孤傲。結果他們根本不明白自己真正的需求，也使別人無法面對穩定統一的個體。

有些人無法接納自己，反而讓全心愛著自己的人變成厭惡和仇恨的對象。然而，遠離自己的人若是表現出隻字片語的關心，卻會讓自己感激涕零。

有些人把想要的事物和想親近的人看成更好的事情，經常為此犧牲屬於自己的事物和親近的人。他們像嗜血動物，從他人對自己的惡意和惡行中獲得樂趣，並當作自己的嗜好，甚至將這種行徑稱作「修養」或「犧牲精神」。

**有些人之所以能愛別人，是因為他們更愛自己，藉由愛他人擴大愛自己的範圍，而在表現出懦弱或卑鄙時，找藉口掩飾或沖淡。**

# 不必改變自己去適應他人，也不必試圖改變他人適應自己

設想一個場景：假如你是一名象棋愛好者，遇到一個你認為可以愉快下棋的人。雙方坐下來各走幾步棋後，對方提出要求：「馬原本只能走『日』字，想改成既可以走日字，也可以走直線。」

你這時候有兩種選擇，一是認為這樣違背遊戲規則，拒絕繼續下棋，兩人不歡而散；二是你為了繼續下棋答應他的要求，同意違背遊戲規則。

如果你選擇第一種狀況，表示你是原則性強的人，願意在規則內享受遊戲的樂趣。如果你選擇第二種狀況，證明你是個隨意的人，或可能你並非是個隨意的人，只是因為害怕失去下棋的機會而遷就對方。

這個時候你需要問自己：「我會永遠遷就下去嗎？這樣的遷就能長久維持兩人關係嗎？我的遷就是否代表我更在乎兩人的感情？」

人既有生物性，又具有社會性，這是眾所周知的事實。就人性的角度來說，為了傳宗接代，不會考慮與對象是否產生感情。生物性的功能也不會只在面對特定對象時才能運作。

但從社會性的角度來說，必須遵守與他人相處的規則。**社會性就像是遊戲中的規則，用來壓制生物性。在每個人心中都可能產生生物性與社會性的衝突。**

這股衝突會在不同的水平上達成平衡。部分人的身上天性會佔優勢，使他們選擇放浪形骸的生活方式；另一部分人的社會性佔優勢，他們則是循規蹈矩、潔身自好地過著生活。

在不觸犯法律的前提下，每個人都可以選擇適合自己的生活方式。在戀愛和婚姻中，雙方都必須尊重並適應對方的規則。如果規則差距不大，便有可能共同讓遊戲長久下去。相反地，如果差距極大，即使能配合一段

時間，卻不可能長久。

**不必試圖改變自己去適應他人，也不必試圖改變他人以適應自己。**儘管維持戀愛和婚姻有很多的因素，但至少我們知道：雙方對忠誠的理解越相近，關係維持的時間就可能越長久。

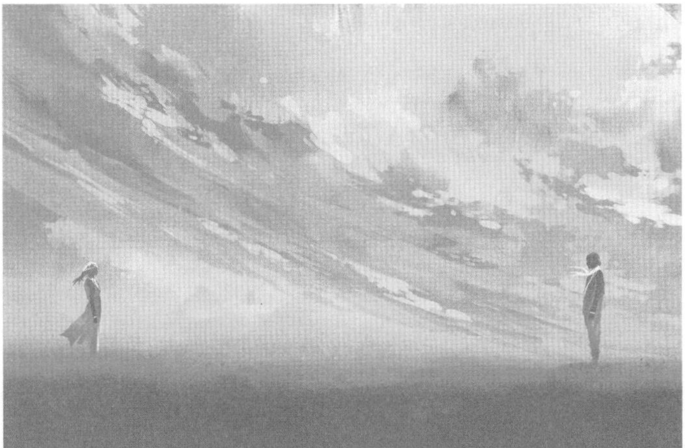

不必試圖改變自己去適應他人。

## 把事情做得好或壞，都是為了吸引別人的注意力

「世上本無事，庸人自擾之」出自《新唐書．陸象先傳》，原文的意思是說，這個世界本來風平浪靜，無用的人卻常常無事找事，令人心煩。

在一千多年前，無事找事的人的確是有點令人心煩的存在。因為高雅、有能耐的人既不會勞力，也不會勞心，更不會為了證明自己的價值，刻意製造醜聞、美聞或是緋聞，來吸引別人的注意力。

現代的情形卻恰好相反。庸人是那些不會無事找事的人，而找的事越大、吸引越多的注意力，則越有用。撇開嚴肅的政治新聞不談，每年都有些熱門新聞，大多數都是由無事找事的能人製造。

舉例來說，中央電視台負責電視連續劇《笑傲江湖》的編導和演員們，顯然就是這樣的能人。儘管《笑傲江湖》已經有好幾個改編的版本，儘管他們知道沒有誰能把令狐沖、任盈盈演得如觀眾的想像，經過八個月艱苦的努力，在某年的三月份推出四十集的宏偉作品。

拍攝結束後，如何把事情做大、吸引更多人的注意力？劇組人員可說是在這個議題上用盡心機。且不說在電視拍攝過程中他們如何造勢、如何利用金庸的影響力，單是一再推遲電視劇的開播時間，就足以證明他們對大眾心理瞭如指掌。

記得開播的那天晚上，一位愛好金庸的朋友專程趕到我家，說要一起慶祝一下。我買一箱啤酒、做幾個小菜邊吃邊喝，一邊看那些編導和演員們，如何演繹在觀眾心中早已演繹過無數次的腥風血雨和愛恨情仇。後來才知道，那兩個小時裡，全國有數以千萬計的人像被同時點穴一樣，呆坐在螢光幕前。

話題就這樣被炒起來。在隨後的二十天裡，不管是傳統還是現代媒

體，都充斥著與該電視劇有關的文字和圖片。

至於那些文字表達的是何種情緒，已經不那麼重要，因為從深層心理上來說，在某人對於另一個人或一件事的態度上，注意和不注意是最本質的關係，愛和恨、喜歡和不喜歡則是表面的情感。換句話說，在兩者的關係上，「有感情」是最重要的，至於感情的性質是好還是壞，則沒有多大關係。

舉個例子，我曾經向朋友提問：「如果只能選擇一個答案，你最不希望你所愛的人恨你？愛你？或不在乎你？」結果所有人都是選擇「不在乎你」。寧可對方恨我，但不能不在乎我！

很顯然，那些對金庸有感情，並且針對央視版《笑傲江湖》發表許多意見的人，也是對央視版《笑傲江湖》充滿感情。第二，此「感情」非彼「感情」，大家對金庸及其世界相當喜歡甚至是癡迷，而對央視版的《笑傲江湖》，多數人是不喜歡甚至感到厭惡。

**想要吸引別人的注意力有兩種方法：一是把一件事做得很好，一是把一件事做得很糟**。多數人會使用前一種方法，使用後者的人則相當少見。

央視版《笑傲江湖》的劇組人員則是另闢蹊徑。他們懷著把事情做好的願望把事情做壞，如此形成的反差，更可以加倍吸引群眾的注意力。畢竟同樣是喜愛金庸的人，把吸星大法的理論與電視傳播的具體實踐方法相結合，終於在二十一世紀創造史無前例的收視奇蹟。

為什麼每個人都希望引起別人的注意？從心理學的角度來說，在嬰兒時期如果餓了、渴了或感到害怕，只有在母親或父親注意到自己時，我們才會有得吃喝，或者獲得安慰。

成年後，我們可以滿足自己現實願望的需求，但對於被注意的需求卻潛入內心深處，依然支配我們的欲望和言行。

共同關注一個對象會使人產生親切感、歸屬感，可以進一步加強每個人對該對象的關注度。

曾發生一件真實的事情：母親和兒子一起看電視，兒子要看足球，母親要看電視劇，兒子對母親說：「妳不是真正喜歡看那個電視劇，而是怕明天到公司時，別人談起電視劇的情節時插不上嘴，就會被別人疏遠。」

母親想一想，覺得兒子說得很有道理。但若她反過來想一想，兒子又何嘗不是如此呢？兒子要看足球，也是想第二天跟他的足球同伴吹噓。金庸迷因為共同愛好金庸走到一起，又因為共同攻擊央視版《笑傲江湖》連續劇，而變得更加團結緊密。

人是群居動物。如果沒有可以吸引注意力的事件，群居生活肯定非常乏味。所以我們或許要感謝那些沒事找事的人，他們讓人們的注意力不間斷地獲得歸屬。

不僅如此，我們的內心深處總是湧動著一股強大、盲目的能量，它不斷尋找可以投注、發洩、攻擊或愛撫的對象。從本質上來說，人的一切活動都是由這股心理能量所推動。

一方面，這股力量至少不好不壞，而是中性，來自智慧和創造力的源泉。另一方面，它隨時可能做出小偷小摸，甚至傷天害理的壞事。如何支配和利用這股力量，就是好人和壞人、偉人和庸人的分水嶺。

在大多情形下，個人內心的力量在人群間處於抑制狀態，但這只是暫時的，爆發只是遲早的事。不同之處在於朝著什麼目標爆發、多少人同時朝什麼目標爆發。同時爆發的人越多、目標越統一，對目標造成的影響就越大。

再次感謝那些無事找事的人，是他們成為讓成千上萬的人能投注能量的目標，而且結果有益無害。如果那些人的目標不是一部讓他們不滿意的電視劇，而是有關國計民生的事情，後果則可能會不堪設想。

關於整治群體心理能量，有個相當經典的例子。在歐洲某國首都，有幾萬人為了一個議題天天在首都遊行，但政府又無法立即解決這個問題。後來政府採納一位心理學家的建議，在某一天組織上百萬人參加的遊行，讓民眾鬧個夠。

幾天後再也沒有人上街遊行，因為在百萬人大遊行中，所有的人都釋放他們的心理能量，不再有動力去做同樣的事情。那些攻擊央視版《笑傲江湖》的人，大約也會減少一點對他們的情人、同事、老闆或公共財物的攻擊。

央視版《笑傲江湖》的劇組人員得到他們想要的話題性，尤其是金庸迷的注意。觀眾也做出一直想找機會做的事情，是朝一個無害的對象發洩自己蓄積已久的心理能量。

儘管在形式上是一場爭吵與謾罵，結果卻皆大歡喜。世事之奇妙、人心之深幽，由此可略見一斑。

## 以本色做人，對自己誠實

《論語》記錄孔子及其門人言論，內容涉及極廣，幾乎無所不包，有時候僅用三言兩語，就把人的個性和特點描繪得栩栩如生。其細微精妙之處，比現代任何心理學的千言萬語更高明。

《論語・公冶長第五》中有一段人物評論。子曰：「孰謂微生高直？或乞醯焉，乞諸其鄰而與之。」

孔子說：「誰說微生高這個人很正直啊？曾經有人向他討醋，微生高家裡沒有醋，就轉向鄰居要些醋給討醋的人。」微生高曾與一名女子約在橋下會面，但女子沒來，大水來了他也不逃走，最後抱著橋柱被淹死。

孔子觀人於微、從小處見大，藉由討醋這件事斷定微生高不是一個直人，而是個曲意循物、委曲世故，以博得別人讚譽的人。孔子是最不喜歡這種人的。至於橋下約會被水淹死，可以說是不知變通，在橋上等著也不會失信，難不成女子真會傻到與他在水裡見面？沽名釣譽到這種程度，實在也是個可憐人。

自己沒醋也要借給別人，看起來好像很講義氣，但從深層的意義來看，卻非常虛偽。跟這樣的人交往，即使借到醋值得高興，卻不知道是他的還是別人的。久而久之，可能連對方是什麼樣的人都不知道，這是很危險的事。

對方既然連小事上都無法坦誠，還能指望在大事上以誠相待嗎？主要的問題不在於不誠實，而是在於對自己不誠實。微生高的心裡有個正直、守信的理想，當他要求自己符合理想的同時，也掩蓋自己的本色。

**先做人、後做事，做人要以本色**。因為困難，所以才有「唯大英雄能本色」的說法。**有能力就有能力，沒能力就沒能力；高興就高興，憤怒就憤怒，應該坦然展示真實的自己。**

當然，表達方式也是一個問題，回答「老子沒醋給你」和「對不起，我家的醋恰好用完」，對討醋的人來說感覺會大不同。

向人討醋而對方直接表示沒有多餘的醋，這個回答可能會讓人有一小憂和一大喜。憂的是糖醋魚做不成，喜的是自己遇到一個清爽、本色的直人，對方不騙自己也不騙別人，比非紅非黑、味道不倫不類的糖醋魚重要多了。

## 走自己該走之路，是保留獨立人格的方法

前幾天我看了電影《甘地傳》，講述甘地讓印度擺脫殖民統治，被印度人民尊為聖雄的歷史。歷史學家認為甘地不是王國的統治者，既沒有官銜，也沒有個人財產，甚至沒有卓越的藝術天賦或科學研究能力。但這名身材矮小的印度人，幾乎以一人之力戰勝強大的大英帝國，贏得全世界的尊重。

愛因斯坦說：「後世的人也許不會相信，歷史上竟然走過這樣一副血肉之軀。」人類歷史上能得到如此評價的能有幾人？

**甘地用「和平、非暴力、不合作」三個原則，將英國人趕出印度。這三個原則都不是武器，但它們的力量卻比任何武器還強大。**

當他第一次說出這些原則時，英國人聽完哈哈大笑，彷彿在嘲笑一個威脅大人的小孩。沒看完電影、不理解史實的人如果不知道結果，可能也會嘲笑甘地的天真可愛。大英帝國船堅炮利，豈是非暴力、不合作就能戰勝的？但最後的結果是，英國人統治失敗而離開，印度人贏得獨立。

甘地的非暴力不合作運動中，有一些急躁的印度人也使用過暴力。雖然是迫於無奈，但這剛好給英國人一個藉口：「非暴力的方式，我拿你一點辦法都沒有，而暴力正好給了出兵鎮壓、拘捕的口實。」幸好甘地及時出面制止，才避免更糟糕的結果。使用暴力的印度人，在某種程度上可以說是為敵人的合作者。

甘地非暴力不合作的方法，也可以用在人際關係中。一位二十歲的女孩告訴我，她和母親的關係非常不好，總因為一點小事讓一方指責另一方，被指責的不服氣，就開始爭吵起來。

我對她說：「妳和母親其實合作得很好，就像乾柴與烈火。要麼你是烈火，她是乾柴，你一點她就著火；要麼她是烈火，你是乾柴，她一點你

就燒起來。」

她顯然未曾從這個角度看待她與母親的爭吵，聽到我的話，愣了好一會兒才說：「你說我們只要任何一方不在吵架上與對方合作，架就吵不起來？」我反問：「有一方不合作，還叫吵架嗎？」

在學校或職場中，如果仔細觀察冤家之間的緊張關係，就會發現他們不僅是冤家，還是衝突上的好搭檔、好夥伴、戰友和合作者。

他們的情感聯繫非常緊密，一個人生氣，另一個人絕對高興不起來。一個人攻擊對方時，另一個人絕對會馬上回應，就好像對打桌球的運動選手，配合得天衣無縫。

但這絕不是令人愉快的合作，在這種合作關係中兩個人相互牽制，人怒我怒，人悲我悲，失去獨立的人格和自由的人生。**就像國家獨立自主最為可貴，人格的獨立也是人生在世最為重要的事物。**

每個人在人際交往中都可能面對有意或無意的醜惡，如果受其左右，或者以醜惡對付回去，會失去人格的獨立性。想保留獨立人格，你應該選擇不與它合作，走自己該走之路，讓那些醜惡見不到自己。

## 不是別人傷害我們，是我們的願望傷害了自己

在人際關係中，經常聽到傷害和被傷害的事。傷害有兩種，包含肉體與心靈的傷害。肉體的傷害歸法院管，而我認為心靈的傷害是：如果一個人對自己的態度比所期望的差，就會認為自己受到對方傷害。

舉例來說，我希望一個人喜歡我，但實際上他對我並不好，我就會感受到傷害。相對地，如果他對我的實際態度比我期望的更好，反而會有受寵若驚的感覺。從某種意義上來說，這也是一種打破內心寧靜的傷害。而且，更糟糕的是為下一次的傷害留下隱患，因為這會提升我們對別人的期望。**別人的態度由別人控制，我們怎麼能保證別人總對我好呢？**

如果是一個我不在乎的人，我對他的態度沒有抱任何期望，無論對方如何對我，都不會跟期望發生衝突，所以不會受到傷害。

我們是否可以說，當自己感覺受到傷害，其實並不是別人傷害我們，而是自己的期望傷害了自己。站在別人的角度來說，我們也曾傷害過人，因為我們對他人的態度不可能總是如他們所期望。

古人說寵辱不驚，是把對他人的期望降低到最低，這樣的人怎麼可能在人際關係中受傷呢？**別被自己的期望傷害，而是把希望寄託在自己身上，對自己好一點，就不會受到來自人際的傷害。**

## 你是朋友的後院，讓他在危難時刻棲身避難

車禍、空難、戰爭和恐怖攻擊使許多人喪失生命，造成一個個哀傷的事件。因為這些事件的存在，讓還活著的人們生命變得破碎，對已逝者的懷念將伴隨他們度過餘生。

面對生死離別，每個人都需要外界主動的幫助。心理治療師在幫助他們之前會評估狀況，評估中的最重要的項目是：這些人的社會支援系統是否足夠強大完善。

所謂社會支援系統，簡單地說就是一個人的親友圈。如果他有關係良好的親戚朋友，可以說這個人具有良好的社會支援系統。相對地，如果你是某個人的好朋友，當他遭受不幸時，你應該挺身而出。

**你是朋友的後院，可以讓他在危難時棲身避難，朋友同樣是你的後院，可以做很多心理治療師做不到的事情。**例如：治療師需要花很多時間，才能跟處於悲痛的人建立信任感，而朋友之間本來就有相互信任的基礎。你可以為朋友做以下事情：

- 陪伴。喪失親人會在人的心裡留下巨大空洞，需要其他東西填補。有人會希望跟著親人而去，而你的陪伴可以避免悲劇發生。

- 一起悲傷。朋友的親人也是你的朋友，你自然也會處於悲傷中。但你的悲傷不能比對方更強烈，特別當他已經回復平靜時，應該避免重新提起可能讓他傷心的事。

- 傾聽。親人的離去會使人喪失安全感，讓人覺得世界不在自己的掌

控中。你只需要耐心傾聽，不必中途打斷。在沒有危險的前提下，盡可能滿足朋友的要求。這時你需要給他安全感，讓他重新覺得世界和周圍的人事物可以被自己掌握。

● 鼓勵朋友哀悼去世的親人。這些哀悼儀式看起來雖然於事無補，但人們千百年來卻持續使用這些方式表達哀思。

● 想辦法讓朋友高興。最開始時不要這樣做，因為災難發生時，每個人都會哀傷，這是自然的過程。當情緒風暴過後，我們可以慢慢讓他走出哀傷，但不可以為了讓人開心而開愚蠢的玩笑。

在事件過去後你可以做更多的事，幫助朋友將注意力轉移到其他地方。例如：多接觸人群、舉辦一些輕鬆活動，或一起培養愛好。

**當悲傷程度超過一定限度，或者悲傷的時間過長，你需要建議對方尋求專業幫助。部分國家在災難後進行心理治療是必備過程**，心理治療師也可以做到朋友無法做得到的事。災難是我們共同的敵人，我們更需要相互的支持。

## 給予和接受祝福時，我們能感受到愛與被愛

在重要的日子裡，我們會用電話、登門拜訪等各種方式，向親朋好友送上祝福。因為我們相信這個時刻說出的祝福，比其他時候更容易實現。

所有祝福中，我認為最美好的莫過於「事事如意」、「永遠快樂」。但經驗告訴我們，人生不可能事事如意、永遠快樂。常說人生不如意十之八九，如此推算，人生不快樂的時間也是十之八九。**祝福和現實之間本來就有很大的差距，正因如此，祝福才顯得格外珍貴。**

我曾問過數以百計處於痛苦中的人一個問題：「如果有一種藥物，不僅可以讓痛苦立即消失，還可以永遠保持快樂的心情，不再有絲毫的痛苦和煩惱，你願意服用嗎？」絕大多數人都回答：「不願意。」這個結果有些令人吃驚。

有人表示若靠藥物快樂，就像成了傻瓜。更深層的意思是他認為智力較高的人才有資格痛苦。也有人說靠藥物可能感受不到真正的快樂，表示他認為快樂只有在痛苦的襯托下，才更有味道。還有人說：「吃藥才能感覺快樂，跟死了有什麼區別？只不過是將行屍走肉換一種好聽的說法而已。」

我們需要的既不是永恆的快樂，更不是永恆的痛苦，我們也不需要人類夢想幾千年、可以使人永享快樂的靈丹妙藥。**我們需要的是變化、流動、讓我們感覺到自己活著的體驗與情感。**對於生命來說，即使是痛苦的豐富，也永遠比快樂的單調更好。

但我們還要那些美好卻虛幻的祝福嗎？當然還要。我們不在乎它們是否可以實現，只在乎給予和接受祝福時，感受到的愛和被愛。這會為我們短暫的生命長河帶來永恆的快樂。

# 第3章　越本能的越可靠，活著實際上是一門專業

## 人在輕視他人時很遲鈍，被他人輕視時很敏感

在一次心理治療培訓班上，主持人請學員輪流自我介紹。有人提議，是否也需要介紹自己的出身和工作等，但主持人沒有同意，只說介紹姓名就足夠了。

那次的培訓班主要傳授如何理解他人，很多參加的學員覺得不僅學會與人交流的技巧，還在心中增加幾分同理心。

事後有人問主持人，為什麼只讓大家介紹姓名呢？主持人回答：「介紹的內容越多，自然會讓人在一開始產生輕視與被輕視的心理，有人來自大城市，有人來自小城鎮，前者也許會不知不覺地輕視後者，這不利於學員間的交流。」

這位主持人對人心的揣摩真是令人驚嘆。平心而論，不管我們多麼崇尚眾生平等，在心靈深處都會出現高低、貴賤的評判，一生中總因為某些原因輕視過他人或被他人輕視。這些原因可能來自於意識層面不在乎，但潛意識層面卻很在乎的東西。

輕視無處不在，無時不在。都市人對鄉下人、勞心者對勞力者、開汽車對踩三輪、富有對貧窮、世襲貴族對暴發戶等，任何與人有關的事物都可能是其中的一環。

沒有人願意受他人輕視，也沒有任何一個善良的人願意輕視他人，但問題在於我們可能在不知不覺中輕視他人。**所有人在輕視他人時很遲鈍，被他人輕視時卻很敏感，人與人之間的誤解就是這樣產生。在輕視的氛圍中，每個人都變成孤島。**

佛說：「無我相，無人相，無眾生相，無壽者相。」所以，佛才可以用自己的生命換取一隻鷹的生命，他的信奉者才有「我不下地獄，誰下地

獄」的坦然和勇氣。

眾生平等不僅是信念，還是持久的情感和終身的實踐。人哪怕有一點輕視之心，若不是被泥潭所淹沒，就會變成淹沒他人的泥潭。

在輕視的氛圍中，每個人都變成孤島。

1
2
3
4
5

## 家庭是塑造孩子情感、認知和行為模式的工廠

孫悟空當年為了找一件好用的兵器，去東海龍宮拜訪龍王。龍王拿出很多兵器讓他挑選，都無法讓孫悟空滿意，最後只好拿出鎮海之寶「定海神針」。

龍王雖百般不願意，最後定海神針還是落入孫悟空手中，成為如意金箍棒。龍王鬥不過孫悟空，跑去向玉皇大帝告狀：「自從孫猴子拿走我的鎮海之寶後，龍宮裡便惡浪淘天，整個東海一刻不得安寧。」

**每個家庭裡也有類似定海神針的「定家神針」，那便是夫妻關係。**我們可以藉由以下實例，看看夫妻關係在家庭中的作用，以及失效時會出現什麼問題。

一般到諮商室的只有患者一個人，我也擅長一對一的諮商。但如果是年齡較小的患者，父母會跟著一起來。這天來到諮商室的是一家五口，我不得不再多搬幾把椅子來。

我在搬椅子時就想，這個家庭的結構可能有點問題。五人中年輕一點的女性首先開始介紹，她父母（孩子的外公外婆）、她丈夫 D 先生和八歲的兒子阿強。前來諮商是因為孩子最近在學校出了問題。

阿強從小就是調皮的孩子，完全靜不下來，經常跟別的孩子打架，幾乎每次打架都是他先動手。上小學後有段時間稍微好一點，但最近半年又開始出現問題，甚至變本加厲。

上課總是愛找其他同學講話，有時候還無故大聲尖叫，把教室裡的人嚇一跳，他卻很高興。老師勸導他時，阿強還會不服氣地跟老師頂嘴。在家裡就更不聽話，不只不做作業，甚至故意把家裡的東西弄壞，

而且他的脾氣暴躁，有時候甚至對外公外婆動手動腳。老師找家長談過幾次，大家都認為該找心理治療師。

在夫人介紹情況時，阿強先是擺弄我的盆栽，摘了幾片葉子丟在地上，然後用訂書機把桌上的病例訂起來。在他打開抽屜，準備看裡面有什麼東西時，D 先生怒吼一聲：「別動！」他才悻悻地關上抽屜。

我問夫人能不能介紹一下家庭情況。她有些猶豫，說家庭都很好、關係很和睦，應該沒有導致孩子出現問題的因素。

我解釋，**家庭是塑造孩子情感、認知和行為模式的工廠，有時候表面看起來並不壞的因素，也可能對孩子產生影響。**她同意我的看法，以下是這個家庭的一些情況。

夫妻兩人是大學同學，畢業結婚後因為沒有自己的房子，跟夫人的父母住在一起。婚後有了孩子，孩子立即成為三代同堂家庭的中心。

由於先生工作忙，帶孩子的事就落在夫人和孩子的外婆身上。孩子的外公是個沉默寡言的人，喜歡在外面跟人下棋，很少管外孫的事。即使想管，中間隔著孩子的母親和外婆也插不上手。久而久之，家裡的一切事情都由母女倆說了算。

母女倆對孩子百般嬌寵、百依百順，即使做了嚴重的壞事，只輕描淡寫念孩子幾句。孩子慢慢出現問題後，D 先生也曾想插手，有時嚴厲可以讓孩子安靜，但無法維持長時間，而且妻子和岳母對於 D 先生的管教方式反應更強烈，經常反對他對孩子態度粗暴。

時間一長，D 先生也感到灰心。現在他雖然已經買了房子，但因為孩子的關係無法放心，所以仍然住在一起。

阿強在說這些話的同時，已經撕了好幾張我放在桌上的空白紙。他將撕碎的紙用力一吹，辦公室變得像下一場大雪。這時我提議，能不能跟父母和孩子三個人談一談，阿強的外婆好一會兒才聽懂我的意思，看到我堅決的神情，才依依不捨地和外公走出諮商室。

外公外婆一出門讓阿強明顯變得安靜，但只持續幾分鐘，便開始玩桌上的透明膠帶。D 夫人的目光隨時投注在孩子身上，只是偶爾才看我一眼。

我問：「如果每個家庭都有一個軸心，你們認為家裡的軸心是由誰組成？」

夫人看了看自己的丈夫，D 先生回答：「家裡的事是孩子的媽媽和外婆管得多，也很辛苦。」

夫人接著說：「軸心是我和我母親組成的。」

我說：「管得多當然就辛苦，但我們要討論的不是誰更辛苦的問題，而是軸心對孩子有什麼影響。你們認為現在的軸心，可能會對孩子產生什麼影響？」

夫人說：「女人帶孩子最大的問題是可能寵壞孩子，這個我們也知道。」

我說：「你和你母親兩個人帶孩子，對孩子的心理感受和一個人帶有什麼區別？」

夫人說：「我不懂你的意思。」

我解釋，母親或外婆的育兒方式不會有太大區別，**現代心理學認為孩子的情感能力主要是向母親學習，而與人相處的社會能力主要向父親學習。**

社會能力是指知道自己的邊界，也尊重別人的界限，不輕易冒犯他人，同時遵守社會活動的規則，知道哪些事情可以做或不能做。在一個家庭中，由夫妻組成的軸心，更有利於孩子健康、全面的成長。

從心理發展的觀點來看，男孩子需要有認同的男性對象，而這通常是自己的父親。阿強的問題，明顯是社會適應的問題。

由於父親的缺席，孩子缺乏可以認同的對象，不知道自己言行的邊界在哪裡，所以他想做什麼就做什麼，實際上是在試探別人喊停的界限在哪裡。如果不清楚告訴他界限，他就不會停止試探。現在阿強試探的是家和學校的邊界，將來進入社會可能會試探法律的邊界。

聽完我的話，夫婦看上去更加憂鬱。我說：「你們都愛孩子，是很好、負責任的父母，尋求心理治療師的幫忙是你們愛孩子，且願意讓自己做得更好的表現。現在兩位要做的是調整家庭結構，建立夫妻共同教育孩子的軸心。」

夫人表示要外婆少跟孩子在一起有些困難。我說：「我們豈能剝奪他人享受天倫之樂？外婆還是可以想怎樣就怎樣，孩子在部分時間被寵寵也沒關係。」但我提出四點建議：

**第一點，一切與孩子有關的大事，都由夫婦出面解決和做決定。**這不會影響外婆對外孫的愛。

**第二點，父親盡可能多陪伴孩子。**D 先生現在每天都超時工作，即使壓縮一、兩個小時工作時間，影響應該不會太大。

**第三點，多跟孩子在一起，在家裡或出去玩，讓孩子跟別的小朋友一起玩。**如果他做錯事，要溫柔堅決地指出來，如果做得好也要及時表揚。很多人小時候缺乏表揚，長大後完全沒有自信。

**「溫柔而堅決」是人本主義者教育小孩的五字真言。**態度必須溫柔，不溫柔可能造成孩子心理的傷害，還可能激起反抗情緒，久而久之容易變得叛逆。但也必須堅決，不堅決就無法傳達「你不能這樣做，你只能這樣做」的訊息，而這個訊息就是邊界，讓他知道自己的言行必須受到約束。

D 先生說：「你說得對，我以前不是不管，就是嚴厲地管。」這是他第二次自我批評，看來他相當自責。我說：「你不是故意的，而且孩子還小，可塑性很強，一切都還來得及。」夫人問，孩子在學校時該怎麼辦？

我說：「這是我要說的**第四點建議是跟老師談一談，讓老師用對待其他孩子的方式一樣對待他，該表揚就表揚，該責罰就責罰，不要有任何特殊待遇。**特殊會把「我有問題」的感覺印在孩子腦中，變成他對自己根深柢固的看法，讓他可能總是停留在問題中。」

夫人說：「我們跟老師談過，因為老師看到我們都是通情達理的人，所以別的孩子犯錯會受責備，阿強犯同樣的錯老師會馬虎過去。出於正面教育的考慮，阿強做出好事時，老師給阿強的表揚也比別的孩子多。」

最後我告訴他們，不要指望一兩天就會產生效果，教育必須十分有耐心，並建議他們最好半年再回到醫院，如果中間有特殊的事想談，隨時都可以來。

七個月後阿強和他的父母再次來到諮商室。在母親的吩咐下，阿強大方地叫了我一聲叔叔。夫婦臉上掛滿輕鬆的微笑，跟上次來的時候完全不一樣。

D 先生說：「我們根據上次的四點建議，對孩子的教育方式做出調整，主要是我多跟孩子在一起。我花很多時間陪孩子做作業、講故事，還帶他參加各種活動。孩子進步很大，在家裡情緒變得相當穩定，雖然在學校還是調皮，但起碼能遵守紀律，不再是老師心中的問題學生。」

我高興地說：「你們是了不起的父母，阿強是了不起的孩子。」在談話的過程中，阿強的眼睛好奇地東張西望，看得出他對我辦公桌上的一個手槍型削鉛筆器很感興趣，目不轉睛地盯著看，卻沒有離開座位去玩。

我想，這個家庭中由夫妻組成的定家神針，發揮良好的作用，孩子成長環境的失衡問題已經解決，可以放心了。

## 如何打敗命運的力量？

命運讓人聯想到存在於身體和心靈外的某種力量，它主宰生命的一切，可以讓人幸福或痛苦、成功或失敗。在命運的面前，我們的努力總會顯得軟弱和微不足道。

然而，命運真的是外在的力量嗎？真的神祕不可探知嗎？**心理學家佛洛伊德在觀察孩子時發現，當孩子經歷一件痛苦或快樂的事件後，會不自覺地反覆製造同樣的機會，以便體驗同樣的情感**。心理學家把這種現象稱為「強迫性重複」。

強迫性重複的現象可能存在於每個人身上。一個人際關係不好的人，可能一個朋友都沒有，這個結果是由一系列的強迫性重複行為所致。

最開始也許某人只跟部分的人關係不好，只有部分人不喜歡他。由於強迫性重複的行為，他會不自覺地製造一些事件，讓所有人不喜歡他。換句話說，他會下意識地讓別人都不喜歡他，以便重複那些痛苦體驗。

在生活、工作方面失敗的人，也掉進強迫性重複的漩渦。我們的周圍真的有這樣的人，而且會不斷聽到關於他們的壞消息。每傳來一個壞消息，我們都會嘆氣說：「唉，他就是這個命，他的命不好。」

**但各方面都很成功的人，他強迫性重複的經驗都是好的、令人愉快的體驗**。他讓別人喜歡自己，教會自己如何辦好事情。我們的周圍當然也有這樣的人，你可以不斷地聽到關於他們的好消息。

每傳來好消息，我們都會讚歎說：「他的命好，命好比什麼都好。」我們可以肯定地說，所謂的命運其實是心理學的強迫性重複。它不在我們的心靈之外，而在我們的心靈之中。它的神祕，只是因為我們不理解它。

強迫性重複的特點和要害隱藏在我們心靈深處，很難看見和掌握。因此，打破強迫性重複的方法是更瞭解自己，**瞭解自己的情感、思維和行為**

**模式，切斷可能重複的環節，並且勇敢地嘗試各種新的、好的體驗，以建立良性的強迫性重複機制。**

音樂家貝多芬經歷一系列慘痛的事件後說：「我要扼住命運的咽喉。」這句話也可以表示他想打破強迫性重複的惡性循環。他創作出史詩般的交響曲，這就是心靈與負面強迫性重複機制頑強鬥爭的證明。

不管任何人過去和現在有什麼痛苦或失敗的經歷，只要打敗曾經控制自己的力量，未來都會是一部英雄般的史詩。這部史詩的結尾肯定是主人公輝煌的成功，以及充滿令人心醉的歡樂。

## 培養把問題簡化的能力

人類精神中，發展最顯著的是得以探索自己的精神世界。由於探索者和被探索對象是一體的，而且主體和客體、主觀和客觀之間永遠沒有明確的界限，所以難度可想而知。

數千年來，探索出的結果數量已經非常巨大，但有人認為也許其中一部分只是人們主觀的臆斷，離真實的精神世界相距甚遠。不過，認為人們探索出的結論只是主觀臆斷，這本身就有問題。

首先，這個判斷本身就有臆斷的嫌疑，至今為止，我們還不知道什麼判斷不是人主觀的臆斷。其次，探索出的結果本來就是人類精神世界的產物，也是應該被探索的客體。因此，誰在探索、誰被探索混雜在一起，成為一個似乎永遠無法解開的死結。雖然探索之路撲朔迷離，但人類從來都沒有停止過努力探索。

在解決主體和客體邊界模糊的難題上，人類發明無數的工具，以切開主、客體之間的連結和重疊。只有當切開、分離主體與客體時，探索才會成為可能。

從使用的工具來說，東、西方有巨大的差異，這一差異曾經被看成是無法抹滅的障礙和問題，但現在看來，簡直是命運之神賜給人類的大禮。如果沒有這種差異，探索人類精神世界的全面性就會大打折扣，而且過程也會喪失百花齊放的壯觀和趣味。

**如果要從東、西方文化中，分別選出具有代表性的工具，我會選擇是東方的佛學和西方的精神分析**。它們從完全不同的角度，以不同的方式呈現，卻指向相同的目標：人類的心靈。

工具的出現能促進探索，但也製造額外的障礙。在探索人類心靈的過程中，由於工具不斷進化和發展，導致有些探索者只對工具感興趣，反而讓工具成為探索的目標。

我見過許多智慧超群的人，遺憾的是他們對佛學的興趣勝過對心靈的興趣。不過，佛學本身是簡潔的，只有在沒真正覺悟的人心裡，才會變得繁複和雜亂。

西方精神分析的歷史雖然才約一百年，但相關資料也算得上浩如煙海，是值得探索的對象。一直以來，有許多人只對精神分析感興趣，而忽略它是探索心靈的工具。如此本末倒置，真讓人唏噓不已。

佛教的禪宗是一股試圖取消工具形式的力量，但境界太高，讓人看不見、摸不到、抓不著。我們可以讓工具變得簡潔一點，簡潔的力量在於它不會讓你分散過多精力，又不會讓你感到虛無縹緲。你既能使用工具探索心靈，又不會為工具所累。

**簡潔是一種非凡的能力，能夠把複雜的問題簡化，而它本身就是一個巨大的心靈之謎。**

## 內向者會不自覺認同別人的評價，使自己成為與評價相符的人

人們用內向和外向分類性格，而這兩個詞是重要的心理學術語，也是大眾皆知的日常用語，此一功勞當歸功於瑞士精神病學家榮格（Carl Gustav Jung）。在心理分析史上，榮格的影響僅次於奧地利精神病學家佛洛伊德，甚至有人認為，他對於人性知識的貢獻比佛洛伊德更大。

**榮格認為，內向性和外向性是人類性格中最基本的面向，而且許多哲學思想上的分歧均源自這兩種傾向相互衝突。**他對東方思想很感興趣，認為西方的思考方式是外向性，而東方的思考方式則恰恰相反。

內向和外向的說法，運用在個人身上較多。當我們描述一個人的個性時，首先考慮的便是內向或外向。

榮格認為內向性格的特徵是「把心理能量向內釋放」。也就是說，內向者的興趣不是外在的世界，而是自己的內心，例如：自己的觀點、思想、情感和行為等。外向者則把心理能量和興趣指向環境中的一切。

從這些差異可以看出，**外向的人對於環境變化比內向的人更敏感和迅速。**至於兩者孰優孰劣，專家們的意見不一致，佛洛伊德認為：外向性格是健康的象徵，而內向性格者則有精神病的傾向。

他指出，向內釋放的心理能量意味自戀，向外釋放心理能量則表明此人有可能達成真實、客觀心理的宣洩，並且能一步步走向成熟，但榮格認為，內向和外向沒有優劣之分。

另一位研究性格的心理學家漢斯·艾森克（Hans Eysenck），則從人類的生物性質來談內向和外向性格的差異。

根據艾森克的觀點，內向性格的人大腦皮層非常敏感，即使外界的刺激不強烈，也會使他們產生強烈反應。為了保護自我，他們會逃避周圍的

世界，藉由控制自己的願望或約束行為，以減少與他人的交流，同時降低產生衝突與受傷害的可能性。

性格外向者的情形則相反，他們的大腦皮層相較之下不那麼敏感，所以需要從外界環境中得到更多刺激，以克服自身大腦皮層的遲鈍。如果艾森克的理論正確，那麼從純生理角度來看，內向者或許比外向者更聰敏。

不過專家的說法相互矛盾，難以分辨誰是誰非，但實際生活中，內向者與外向者其實各有長短。但任何事物都有限度，極端的內向或外向肯定都不是好事。這兩類人只佔很小部分，大多數人處在內外之間，可能稍偏內向或稍偏外向。

很多性格內向的人對自己不滿意，希望尋求心理治療師的幫助，讓自己能更外向、活躍。但他們不知道許多性格外向的人對自己也不滿意，希望能變得穩重、成熟一些。

對自己不滿的原因可能不是因為性格，而是更深的原因，例如：童年經歷中因為性格受的創傷。

在心理諮商和心理治療的患者中，性格內向和外向的人數大約相等，沒有任何證據可以證明內向者比外向者更容易產生心理問題。

但在某些病症裡，某種性格的人會偏多。例如：社交恐懼、重型精神障礙多發生在內向者身上；輕度狂躁則常見於外向性格的人。治療效果也與內向和外向沒有太大關係，而與病症有關。

據說鄧小平是個內向、沉默寡言的人。許多人對他的評價是「說得少、做得多的政治家」。鄧小平確實少說多做，他在極短時間內大刀闊斧實行各項措施。

孔子說：「訥於言而敏於行。」用心理學解釋的話，健康的人格也許應該是在說話方面顯得內向，而行動上卻表現出外向的特色。

我們可以把內向性格分為健康和不健康。**健康的內向性格是自然、和諧的狀態，並擁有與性格相應的能力和理想**，具備這種性格的人沒有太大不滿，並且願意承受性格帶來的不便。

舉例來說，一個性格內向的人喜歡讀書、寫作，希望成為作家，而作家有時是孤獨的，剛好符合他的性格。如果這個人願意承受那份孤獨，內向性格不但沒有不好，反而有助於成功。

然而，不健康的內向性格是不自然、不和諧的狀況，這樣的性格不僅給人內向的感覺，還有憂鬱、壓抑甚至悲傷。他們明顯不滿意自己的狀況，為自己拙於言辭或公開場合表現不佳而自責。長期退縮可能讓他們喪失可獲得的利益，這也讓他們不能接受。

這樣的人表面看來可能很平靜，內心卻不斷產生衝突。他一方面渴望交流、想要瞭解他人也被人瞭解。另一方面，卻因為在交流中受到太多傷害，對交流的情景和結果心存畏懼。如果是這種情況，就該尋求心理治療師的幫助。

**即使在同個人身上，內向和外向也是相對或共存的狀態。**他們在某些場合很內向，但在另一些場合，則可以滔滔不絕、不知疲倦地行動。

內向性格者當然知道別人對自己的評價具有暗示性，他們往往不自覺認同別人的評價，並使自己成為與評價相符的人。所以與內向性格的人相處時，也許應該提示他積極、主動、活躍和健談的一面。

只把性格分成內向和外向兩種，顯得過於簡單。

美國心理學家瑞蒙．卡特爾（Raymond Cattell）把性格分成十六個基本因素：樂群性、聰慧性、穩定性、恃強性、興奮性、有恆性、敢為性、敏感性、懷疑性、幻想性、世故性、憂慮性、實驗性、獨立性、自律性、緊張性。

這樣的分類雖然更全面，但即使用數以萬計的分類來區分人性，也不足以精確描述其中的複雜。只有調動全部的感受去瞭解對方，所獲得的資訊才會全面和準確。那些簡單的分類，對你瞭解一個人不會有太多幫助。

大自然造物最偉大之處，在於創造出豐富多彩、絕不雷同、性格各異的人。與人相處是最有趣的事，因為每個人都不一樣，且擁有自己獨有的經歷和個性。**對人們而言，生命的重要使命是充分瞭解自己，並且充實地體驗、享受和發展自己獨一無二的特性。**

生命是充實地體驗、
享受和發展自己獨一無二的特性。

## 善良是洞察邪惡、理解他人痛苦的能力

我多年前在念醫學院的寒假，意外收到一封學校寄來的信。打開一看，原來是有機化學那一科沒及格，通知我提前三天去學校參加補考。當時的感覺用五雷轟頂形容，應該不算太誇張。

收到這封信讓一個寒假心情極惡劣，全無心思品嚐過年的美食佳餚。更糟糕的是，下學期去學校怎麼好意思面對同學？

我剛過完年便匆忙趕回學校，但竟然有好幾個同學比我先到。一問之下才知道他們跟我一樣，因為科目不及格提前到校參加補考，我的心情立即大為好轉。

當時我並沒有意識到自己為什麼心情會好轉，在往後相當長的時間裡，我也被動或主動用類似的方法調整自己的心情。從根本上來說，是因為自己倒霉痛苦時，碰到比自己更倒霉的人，反而減輕自己的痛苦。

我一向覺得自己是個善良的人，也希望自己成為一個善良的人。但當我意識到這樣的心理時，讓我對自己是否善良產生深刻的懷疑。把愉快建立在別人的痛苦之上，怎麼會是善良的人呢？後來，我見過很多人用同樣的方法使自己的心理達到平衡，而他們都是不折不扣善良的人。

**但真正的善良不僅在於言行，也存在於起念的倏忽之間。**以殺人為生的職業劊子手若在行刑前磨屠刀，讓受刑者減少死前的痛苦，那一念就是善。見到不幸的人而產生比較之心，那一念就是惡。

人性中有善有惡，惡的部分往往隱藏在自己無法察覺的地方，並且以無法察覺的方式影響每個人的心情和行為。心理學的任務，就是在光天化日之下，揭示與暴露這些惡。**善良不是願望，而是洞察人性中的「惡」，並且完整理解他人痛苦的能力，而做人最重要的是學習善良。**

## 改變外表的前提是改變內心，醞釀下一次改變的動力

去年春節，一位朋友來看我。一見面，看到他竟然把頭髮染成金黃色，我大吃一驚，簡直不敢相信眼前的竟然是二十年的老朋友。他是我在大學時的哲學老師，大我七歲。我們雖然名義上是師生，但更像是朋友。

有幾年我們幾乎形影不離，共同經歷過很多事情，非常瞭解彼此。十多年前他相當符合想像中哲學老師的形象，讀的都是宗教、哲學和藝術類的嚴肅書籍，聽的全是歐洲古典音樂。有幾年，他穿著最老氣、對襟衫式的棉襖，還不到三十歲，卻穿五、六十歲的人才穿的款式。

因此實在很難想像他在四十多歲時會染頭髮。我向來堅信，**外表變化的前提是內心的變化，如果內心不改變，外表不可能改變**。後來的交談也證實我的信念。

他八年前開始經商，意氣風發的商人心態與默默做學問的哲學教師相比，當然完全不一樣。一個人改變自己的心態和外表，只要自己覺得改變沒有不好，就該予以祝賀，因為這些**改變意味著增長經歷和見識，以及突破和超越自我。**

在開放的社會中，對外表的約束主要來自兩個方面。一是來自內心，每個人心裡都有一個自我意象，包括「我是什麼樣的人」，以及「與這個印象相應的外表是什麼」。另一個約束則來自人際關係，也就是周圍對變化的反應。

一位女中學生的自我意象是單純、樸素、自然和充滿活力。與自我意象相稱的外表形象也應該具有同樣的特徵。如果有人要求她把頭髮染成金色，再做個龐克髮型，她肯定不願意，因為這與她的自我意像不相符。假如真的有人說服她去換龐克髮型，用不了幾天，她就會慎重考慮改變頭髮

的顏色和髮型，卻多出那麼多令人不愉快的事，是否划算？

但有些人的外表總是一成不變，甚至終生都不改變。**無論如何，人必須對自己的外表負責，就像對自己的內心負責一樣。**

據說北京大學有幾位德高望重的老教授，穿衣和打扮幾十年不變。也許他們的內心沒有發生什麼變化，所以外表也不會改變。我猜測他們花了太多的時間和精力，把心靈世界建構得華美而遼闊，以至於沒其他心思顧及外表。

佛教認為人的肉體只是皮囊，由此推論，毛髮和衣著連皮囊都不如，何必管它們呢？衣著只保留最基本的功能：蔽體和保暖，而外表特立獨行的人，可能由特殊的個人經歷和條件所造就。不過，我認為現代教育的方針除了德智體以外，還應該強調審美教育，使學子度過和諧完美的一生。

我們無法想像如果男士都不修邊幅，或街上沒有髮型優美、衣著亮麗的女子，這個世界會是什麼樣子。每當我想到這一點，在打扮自己的同時，也讓人對打扮整個世界的人產生感激之情。

**內心改變外表才能跟著改變，一個人的行為是內心活動的呈現。產生變化的外表也會對內心產生反作用，促成內心更大的變化**，由此產生積極的良性循環。

源於東方思想的森田心理治療理論和方法，相當重視外表的改變，甚至認為外表的改變是內心改變的前提條件。森田治療會要求患者強制自己做一些事情，使自己的外表和所處的環境顯得乾淨、整潔，行為更有條理。當患者慢慢認同這樣的外部形象後，混亂的內心就可能變得寧靜。

我的一位大學同學聰明絕頂、博覽群書，個人生活卻一塌糊塗，完全不修邊幅，恐怕哲學問題也沒想清楚，所以大腦一片混亂、情緒反覆無常，經常胡言亂語、不知所云，給人的印象就像個怪物。

畢業後我們各奔東西，十年後同學聚會再見面，他像完全換了一個人，不僅腹有詩書氣自華、髮型衣著相當講究，言行舉止也很得體。我悄悄地問他：「你當年只顧裝修內在，怎麼想通開始裝飾外在？」

他回答一句簡單但意味深長的話：「我以前以為外面是別人的，後來不那樣認為了。」我不方便再更深入追問具體的過程，但敢肯定的是，**心靈和外表長時間的良性互動，造就內外和諧的形象。**

有很多聰明、有抱負的年輕人總是會思考「人的本質」、「活著的意義」。他們可能希望藉由想通這些問題，使自己的人格得到改變和完善。人活著的意義需要透過具體的事物表達，例如：對髮型衣著的態度，是對「我是什麼樣的人」以及「應該怎麼活著」，做出判斷和思考後的表達。

一個人的外表反映內心，所以外表可以向他人展示自己是什麼樣的人，以及對活著的態度，同時還展示自己是什麼樣的人。

改變外表絕不是只有吸引別人的注意，或是製造更多風景，**這些改變帶給我們全新的自我感受，導致人格震盪。它既是我們內心改變的結果，也是醞釀下一次更大改變的推動力。**我們行進在成長和通向完美的道路上，一路上都會有喜悅陪伴。

## 如何擺脫對自己的關注，放下身外之事？

據說美國太空總署（NASA）在一九七二年向太陽系外送出第一個人造物體，名為「先鋒十號」。

經歷近三十一年的飛行後，太空總署的工程師最後一次收到它傳來的微弱信號。這意味著第一個飛出太陽系的星際使者，已經永遠告別人類，從此只能孤獨地在浩渺的銀河系中漫遊。

先鋒十號的速度是每小時五萬兩千一百五十公里，最後一次收到信號的位置，距離地球大約一百二十億公里。即使失去信號，它仍繼續飛往距離地球六十八光年的金牛座星群，順利的話將在兩百萬年後到達。

這些數據對想像力來說是極大的挑戰，開車每小時一百八十公里的速度已經非常快，繞地球一圈也才四萬零七十六公里，如果光靠走路即使走上幾十年也可以走完。但兩百萬年是多久？以人類百年的生命想像，簡直就像莊子所說：「朝菌不知晦朔，蟪蛄不知春秋。」

受到挑戰的豈止是想像力。我們對自己的感覺，在不可思議的時間和距離面前也會發生改變。原來外面的世界如此之大，我們居住的地球如此之小，人類在宇宙中如此微不足道，就更不必說個人了。**當我們不知道自己的渺小時，往往把小事看得太大，輕的看得太重，所以才有那麼多自大的沉重與煩惱。**

對周圍發生的事件，態度是不是也有改變？與先鋒十號漫長的漂泊相比，人一輩子僅約三萬天的時間裡，所有的愛恨情仇、悲歡離合，又有什麼值得過於牽掛？

因為宇宙夠大，大得能稀釋一切，相信先鋒十號也沒有煩惱，因為它還有很長的路要走、有很多的日子要過。當你無法擺脫對自己的關注，也無法放下身外之事時，找個開闊的地帶抬起頭看看天空。

碧海藍天、星移斗轉，浩渺的宇宙會使你的心胸變得跟它一樣，裝得下所遇到的一切心事與世事。想念先鋒十號時抬頭望向天空，你的心就和它在一起，彼此也不再孤獨。

抬頭看浩瀚的宇宙，會使你的心胸裝得下一切世事。

## 為人生的願望設置順序，內心就能恢復和諧

我高中有兩年在我表哥教書的學校就讀，這所學校是升學中學，表哥擔任英語老師。表哥國中畢業就回到鄉下，因為家庭問題失去許多學習和就業的機會。他在鄉下待了數年後回到都市，到我讀書的中學當廚師。這段期間受到他身為英語教師的父親（也就是我舅舅）的影響，堅持自學英語。

有一次，負責高中一年級英語課的老師突然生病不能上課，有人突然想到那個自學英語的廚師。教務主任急忙跑去學生餐廳說明來意，並且要表哥立即去教室上課。後來，他因緣際會成為這所中學的英語教師，一路當到英語教研組的副組長，甚至最後擔任組長。

我不是表哥直接教導的學生，只間接向他偷學一點英語，工作後也靠著英語混了很長時間。高中那兩年，我和他一起住在十平方公尺的宿舍裡，在生活和為人處事上受到很多影響。即便到今天為止，他仍是我見過心理最健康的人，既從容安詳又風趣幽默，處處受人尊重和歡迎。

我十四歲前連手帕都沒有洗過，但在表哥那裡讀書時遠離父母，必須自己動手處理洗衣服之類的事。剛開始，我把衣服放進臉盆，先加入洗衣粉再加水。搓洗時衣服上總是沾著還沒溶化的洗衣粉，洗起來特別不順手。

表哥看到我這樣做，教我先把洗衣粉在溫水中溶化，然後把衣服放進去浸泡，十五分鐘後再搓洗。我一試，果然很管用。其實，最重要的並不是這樣可以把衣服洗得乾淨，而是**內心有了做事情的固定順序，可以使單調的事情變成享受。任何事情變得順暢都可以是種享受**，而按順序做事是表哥的特點。

他很早就知道必須先學一樣養家糊口的本事，所以機會一到，他就有能力抓住機會，為自己的一生建立顛撲不破的基石。

人一生要過得安穩幸福也需要按順序，在該做什麼的時候把那件事情做好。順序一亂，不只可能失去機會，還可能使心中方寸大亂。在不正確的時候做不正確的事，既事倍功半，也會讓做事本身變成苦差事。

我見過很多年齡不算小，卻還在讀低學位的人，雖然欽佩他們不放棄的決心，但心裡還是覺得他們的生活順序出了問題。

**一個人內心的紛擾，通常是因為希望同時滿足很多願望，心中的衝突打破寧靜，因此需要設置順序，讓有些願望先被滿足。分辨清楚輕重緩急，內心就能恢復和諧。**

和諧也可以從外向內帶給自己。從洗衣服、整理文件櫃、收拾書桌，到事先想好外出的行車路線等，都可以整理成清晰流暢的順序。這些外在順序會滲透到人的內心，使整個人的精神變得明快清朗。

## 一個活下去的簡單理由，比任何活不下去的理由更重要

我在德國念書時，星期五下午是德國埃森大學（Universität Gesamthochschule Essen，2003 年與杜伊斯堡大學聯合組成杜伊斯堡-埃森大學）心理治療醫院例行的學習時間，院長某次邀請兩位心臟移植專家舉行講座。

**心理和心臟雖然都有心，但前者指的是大腦的功能，後者指的是把血液輸送到身體各個部分的臟器**，那次講座將兩者連在一起：心臟科的住院病人做完心臟移植手術後，心理治療師想要知道該過程可能對病患心理造成什麼樣的影響。

心臟移植專家用高科技設施，以文字、圖片、動畫和實況錄影的方式，把心臟移植的過程描述得生動詳細。我雖然學醫，大學也見過手術血淋淋的場面，但看到投影幕上一片血紅時，仍然有驚心動魄的感覺。不過這還不是最讓我感到震撼的。

我最震撼的是，一個要換心的病患擁有強烈活下去的願望，以及器官移植醫生強烈希望他人活下去的願望。

據專家表示，進行心臟移植的病患中，有二〇%會在三個月內死亡，一半的病人會生存五年，一〇%的病人會生存五年以上，目前存活時間最長已經接近二十年。那些度過移植危險期的病患，生活的質量比移植前明顯提高。

提高生活質量也代表患者活得更放心、更自由。移植手術前拖著一個病弱的心臟，走路無法走快、遇到高興的事不能太高興、想吃的東西不能隨便吃、想做的事也不能隨便做，究竟是什麼樣的生活？如果生命受到如此限制，跟死亡又有什麼差別？

然而，對於只有三、四十歲，其他身體功能還很健康的人來說，五年還是太短。心臟雖然重要，但它不是生命的全部，即使心臟出現問題，並不意味人要放棄整個生命。雖說如此，我們的精神生命總是需要一個載體，載體消失的同時伴隨著精神生命的消失。

人既不可能永生，也沒有必要永生。但生命也不能短到部分的身體機能出現問題，就要跟著消失。

有人因為經歷車禍等不幸，無法藉現代醫學挽回他們的生命。因此器官移植專家根據這些人生前的願望，用他們的心臟代替另一些人不健康的心臟，使活著的人能夠活得更好。

實際上，**透過這種方式活下去的，不僅是接受器官移植的人，捐獻心臟的人也在另一個人的體內繼續生存**。當這樣的生命出現在你面前，你心裡會出現什麼樣的情感？驚奇、欽佩，還是感動？

換心說起來雖然簡單，做起來卻不知道要下多大的決心。連牙醫建議我拔掉一顆牙，我自己也猶豫一年多。如果我的心臟出現問題，心臟外科醫生建議換一顆心，不知道我要猶豫多久。

雖然難以做出決定，世界上還是有成千上萬的人做了。心臟移植不僅代表現代醫學的發達，也是人們對生活的熱愛和生命的尊重。

**無論如何，活下去是最重要的。任何一個活下去的簡單理由，都比任何一個活不下去的理由重要**。心臟壞了或許會成為活不下去的理由，但僅是為了多看幾次春暖花開，就該勇敢換個心臟。哪怕是用別人的心，也要盡一切所能活下去。

## 過強的競爭力和上進心，會讓你生病

趙先生是一家私人企業的老闆，雖然年僅三十八歲，卻已經取得相當大的事業成就。他近幾個月經常覺得身體不適，發現心慌、氣短、頭痛、頭暈、精力不濟的狀況，但他是堅強的人，只要熬得住就不去看醫生。

後來趙先生實在撐不下去，只好去醫院做檢查，發現不僅血壓升高，心臟也出問題。醫生做了相應的處理後，建議他也應該看心理科，這一次他不敢再馬虎，直接前往診所。

心理治療師幫他做心理測量，發現他是典型的 A 型性格。**這類性格的特點是有高度的競爭力和上進心、對時間有強烈的緊迫感、缺乏忍耐、言語動作非常快速，可以同時做多件事、對工作相當負責。**

治療師告訴趙先生，A 型性格的人容易罹患冠心病，如果再加上菸酒過多、工作壓力太大、生活沒有規律等外部原因，可能性更大。

國外有很多正值人生和事業黃金時期的人，由於這樣的性格和外部原因，容易在實現理想的途中病倒。此外，這種情況經常發生在年輕有為的經理身上，有些專家稱之為「經理症候群」。

經理症候群最重要的是尋求專業協助，並服用降血壓和改善循環的藥物，但從長遠的角度看，看心理治療師顯得更加重要。因為醫生可以幫忙解決導致疾病的原因，使疾病不再惡化，同時也可以緩解產生的症狀。

據權威部門統計，冠心病患者若看心理科，十年內的死亡率比不做心理治療的患者低二十％，心理治療的重要性可見一斑。

針對趙先生的情況，醫生做了兩方面的處理：一是制定為期一年的治療計劃，每週治療一次，共五十次，以便讓他清楚認識自己，瞭解自己的情緒、看事情的方法和行為。

二是根據公司實際情況，制定個人的工作時間表和工作原則。具體來說，如按時上下班、下班時間不工作、多跟家人和工作外的朋友在一起、減少不必要的應酬、將許多以往親自負責的事情交給部屬、培養一至兩項愛好等。

一年的心理治療結束時，趙先生告訴治療師：「我現在身體狀況好多了，心情愉快、精力充沛。以前總認為公司的事非得親自處理，這一年放下許多權限，公司的事辦得更好，也提高員工的積極性，真是兩全其美。」

## 充分瞭解性格，命運可以是另一個樣貌

性格決定命運，那麼性格又是由什麼決定呢？現代心理學認為，一個人的性格是由童年時期的家庭關係決定。**父母對待孩子的方式和態度，造就孩子的性格，並且對孩子的一生造成不可估量的影響。**

提到命運總覺得帶有神祕主義的色彩，好像是造物主算計人類的詭計：人一生的樣子早就被計劃好，不管你做出多大努力都無法改變。若從這個角度看待人生的奮鬥，顯得十分可笑甚至可悲。

但性格並非不可改變，人的命運是可以改變的。仔細思考後，會發現命運也並非那麼神祕。如果我們充分地瞭解自己的性格，命運也可以是另一個樣子。舉個真實案例，看看一位女孩是如何在心理治療師的幫助下，改變自己的性格和命運。

阿晶是個二十二歲的漂亮女孩，正就讀大學三年級。在旁人看來，阿晶的大學生活過得平靜，每天都重複在宿舍、教室、食堂之間移動的生活，沒有新意也沒什麼波折。

但阿晶有很多的苦惱，大部分來自人際關係。多年來她沒有跟人紅過一次臉，更不用說吵架。準確地說，阿晶的問題恰恰在於她幾乎沒有人際關係。

她住的宿舍共有六位女生。剛開始大家互不認識，一段時間後另外五個女生就形成自己的小圈子，她卻仍然孤身一人，像是被篩子篩出去一樣。經常看到五個女生一起自習、逛街、看電影，她卻總是一個人在宿舍。其他女孩也不是有意拒絕她，而是忘記、忽略她，因此阿晶成為寢室裡可有可無的人。

曾經有男同學追求阿晶，雖然她心裡很高興，但表現出來的卻是無動於衷，這樣的反差讓男孩難受，阿晶自己更難受。但她根本沒有能力改變

自己待人接物的方式。

那個男生後來對他的朋友說：「**網路上所有追女孩的招術都用盡了，結果我像是一個人在舞台聚光燈下表演，她卻在台下的黑暗裡不動聲色地看著，就像我在自娛自樂一樣。**」

話傳到阿晶那裡，她真的在校園樹林的黑暗中待了一晚上，但再也沒有男孩自娛自樂的表演可看，只剩她一個人暗自流淚。

大三上學期，連這樣的日子似乎也過不下去。身體不適讓阿晶覺得生不如死，全身沒有一處舒服，經常性失眠把她折磨得形銷骨立。同學們和輔導員看她越來越沒精神，紛紛表示關心，她卻總是故作輕鬆地回答：「沒什麼。」

既然生不如死，阿晶在網路上找到自殺的方法。這時，校內心理諮商中心的老師正好針對學生舉辦心理健康的演講，暫時中斷她結束生命的計劃，不過她轉念一想：「心理諮商老師或許知道更好的死法。」

韋老師在學校心理諮商領域工作近十年，有很好的專業訓練背景。第一次跟阿晶談話後，她判斷女孩處在嚴重的心理危機狀況。於是和阿晶約定每週見面談一次，而且讓她保證在整個諮商期間，絕不做任何有意傷害自己的事情。

阿晶在後來諮商中談到童年經歷。爸爸是工廠的技術員，媽媽是公務員，她父母的夫妻關係，即使在小說和電影裡都看不到。阿晶不到一歲時就被送到外公外婆家寄養，每週被父母接回自己的家兩、三次，持續到上小學為止。

她在七歲之前對誰是父母有一些混淆，她覺得外公外婆家才是自己的家，父母家是別人的家，有時候她不太願意跟父母回家。阿晶回憶說：「爸媽的關係真的很好，好得像是容不得任何人進入他們之間，包括他們的女兒。

看到他們那麼親密、有默契的樣子，我覺得自己就像他們之間的第三者，這個家沒有我一樣很完整，我對他們來說就像是空氣一樣的存在，他們對我也像是空氣。」

韋老師注意到阿晶把父母稱為「他們」，顯得自己與父母之間有個巨大的隔離帶。而且韋老師和阿晶之間也有一個屏障，**她彷彿對著牆壁說話，她的諮商老師也好像空氣一樣的存在。**

第五次諮商發生戲劇性的事件。韋老師忘了跟阿晶的預約，答應了另一所大學的演講。演講結束後第二天，她才想起來跟阿晶約定好諮商的事。當天下午她打電話到阿晶宿舍表示歉意，並提出再約一個時間，阿晶的反應很平淡，於是下一次的諮商就定在兩天之後的下午。

不可思議的是，韋老師又忘記跟阿晶的預約時間，直到她回到家裡，吃晚飯吃到一半時，才突然記起這件事情。

她從來沒有犯過這種錯誤，而且竟然在一個人身上犯錯兩次，肯定有什麼東西影響她，但她卻不知道，於是韋老師打給指導老師孫醫生求助。孫醫生是一位私人開業的心理治療師，有豐富的臨床經驗。韋老師在諮商中遇到問題就會去找他。

他們約定一個見面時間，韋老師向孫醫生介紹阿晶的情況，講到自己兩次忘記諮商的時間時，她哭了。孫醫生知道對諮商師來說，犯了連續兩次的錯誤後，絕不會輕易原諒自己。她需要用眼淚沖洗心裡的內疚感。這樣的錯誤也必須放在專業的背景上審視。

孫醫生試圖把這兩次錯誤跟阿晶的情況聯繫，是否是因為阿晶的特質使諮商師容易遺忘她？孫醫生問韋老師：「你對阿晶的整體感覺是什麼？」韋老師斷斷續續、自言自語地說：「無聲、無息、無色、無味、無影、無形……好像隱形人。」韋老師總是能用自己的語言，精確表達出別人感覺到、卻無法表達的感受。這可是做心理諮商難得的天賦。

孫醫生問：「你對她的感覺，跟你忘記她的預約時間有關係嗎？」韋老師如夢驚醒，反問孫醫生：「你是說，是她讓我忘記與她的預約，甚至她的存在？」

孫醫生回答：「對，我覺得是這樣的。阿晶的心理問題是因為父母關係太好，好得讓她成了外人。阿晶從小習慣被忽略，所以她會在生活、人際關係中讓別人忽略她、遺忘她。要別人忽略和忘記自己，最好的辦法就是讓別人感覺不到自己的存在，讓自己無聲、無息、無色、無味、無影、無形。或者說，她的命運就是被他人遺忘和遺忘他人。」

韋老師聽得目瞪口呆，把自己錯誤歸咎於別人，讓她多少有些不舒服，但她覺得孫醫生說得有道理。

孫醫生接著說：「舉例來說，十個人在一個圓桌上吃飯，兩個小時吃完後各自回家。你可能一年後還想得起桌子上的某一個人，還想得起他的笑容、說過的話，甚至衣服的顏色。如果這個人打電話跟你約會，你忘記赴約的可能性幾乎為零，因為你的心已經提前好幾個小時赴約。**從專業角度來說，這個人有一種能力教會別人記住他。**」

孫醫生繼續說：「另一個人也在那張飯桌上，說不定吃飯過程中，你甚至沒有認真看過他一眼，在你往後幾十年的生活中，也從來都不會閃念想到他的存在。**這個人也有一種能力，是教會別人忽略他、忘記他。**這樣的人真的會無聲、無息、無色、無味、無影、無形，像靜止的空氣一樣，讓你感覺不到。」

韋老師感激地看了孫醫生一眼，她知道自己該怎麼做了。後來，韋老師主動聯繫上阿晶，向阿晶道歉並希望能繼續諮商。韋老師給自己訂下對阿晶的諮商原則：不要忽略她、不要忘記她，要重視她、記住她。

他們後來每週見面的次數從一次增加到四次、在諮商的過程中認真聽阿晶說話、在手機上設置鬧鐘、長假期間也保持一週兩次的電話聯繫等。

要讓阿晶感覺到這個世界上有一個人重視她、記得她，她也有一個人可以記住和想念。童年時期家庭關係的影響，就像是在一張白紙上塗下的底色一樣，要修改真是談何容易。

在最後一次諮商中，阿晶告訴韋老師她暗戀上一個男孩。韋老師心想：一個人心裡能夠裝著另一個人，以後的路就好走多了。分別的時候韋老師擁抱阿晶，這讓她感覺到阿晶雙臂的力量。

這個世界有人重視、記得自己，自己也有人可以想念。

## 受到指責或被別人支配的人，容易在乎別人的看法

人生如棋，棋盤上的勝負、榮辱和喜悲，的確是人生或亮或暗的色彩。假如我們把目光放到棋盤之外，設想有人在旁邊看棋，又會是怎樣的情況？都說觀棋不語真君子，但也不可能沒有喜歡出主意的人。有人不願下棋、只想看棋，還喜歡出主意、做評論。

對於下棋的人來說，這是個困難的處境，如果出主意的人提出不好的意見，你當然可以不照他的話做，但這樣可能會得罪他。但如果提出好意見時也會有問題，因為照他的意見做之後，究竟是你在下棋還是他在下棋？最後是你贏還是他贏？多嘴的人在旁邊時，棋局會下得一塌糊塗，結果不管是輸是贏，都會覺得難受。

再進一步設想，如果有人總是在很多人出主意的環境中下棋，有一天那些人突然不見了，他需要獨自一個人面對對手，會變得如何？他可能走每一步棋都猶豫不決，走完每一步棋後都會想，如果別人看到我這麼下，是不是會說我走錯了？

這樣的情形是因為**他把別人裝進自己的心裡，把別人當成自己的一部分，甚至是當成自己行為的最高評判者**。人是社會性的動物，每個人都生活在特定的人群中，不可能完全不顧他人的看法。但對更多的人來說，許多問題恰恰在於過分顧忌他人的看法。

小至表情、衣著、購物，大至職業、擇友、信念，他都會不自覺地思考，別人會不會批評或者笑話？這樣的想法像一張無形的巨網如影隨形，把人束縛得難以動彈。

在成長過程中受到過多指責的人，或者被別人過度支配的人，容易在乎別人看法。不過，沒有人能使時光倒流，沒有人能改變過去。

我們能夠改變的只有現在和將來。認出心裡的別人，然後把自己和別人分開。**下棋的是自己，人生的路是自己在走，別人的話可以參考，但一切與自己有關的事，自己都應該是最高評判者。**

在你分開自己和別人，成為自己的最高評判者後，不管有沒有看棋的人在一旁喋喋不休，對你都沒有影響。你也才能真正承受人生如棋的失敗、羞辱和悲傷，以及完整的人享受勝利、榮譽和喜悅。只有自己擔當一切棋局的結果才有意思，只有對一切的人生負責，才真正有價值。

## 真正的愛，是療癒命運之外創傷的良藥

人類受精卵形成的瞬間極其壯觀。精子用頭部穿破卵子的外壁，並且留下一個巨大的創口。在精子進入卵子後，這個傷口會自動癒合，偉大的生命便開始慢慢成長。

我們無法得知精子給卵子造成的創傷，會對個體的心理造成什麼影響，但不論從事實還是象徵層面來說，生命都是從創傷開始。然而，大多數人認為生命應該是從出生開始，因此會在每一年的生日慶祝。

生命其實是從創傷開始，因為生產對母體和胎兒都是巨大的傷害，子宮壁上的傷口、嬰兒腹部的傷疤和殷紅的鮮血就是證明。某些心理學派用特殊的方法，讓人回憶出生時經過狹窄產道的擠壓感和恐懼感，這是純粹的心理創傷。

從子宮溫暖、安全的環境，來到冷暖不定、災禍莫測的世界，創傷簡直是家常便飯。**成長的每一步都伴隨受傷，沒有創傷就不會有成長。生命從創傷開始，也會以創傷結束**。成長伴隨的心理創傷不可避免，這是人類的命運，也是所有生物的共同命運。

這些傷口本身不一定會製造疾病，而且受傷的經歷是形成健康心靈的必要條件。但有一些創傷卻應該被消除和避免，因為會製造疾病。舉例來說，人格不成熟的父母無意中對孩子的傷害，會在家族中製造一代又一代的不幸；不恰當的社會規則對個體的傷害，也會直接導致集體的悲劇。

有很多良方能減少和修復人類命運的創傷，最重要的是具備知識。創傷的知識、在創傷中成長的知識，或是減少不良後果的知識，以及關於愛的知識。**真正的愛不僅不會製造傷害，還是療傷的妙藥**。愛的知識能教會我們如何去愛。

## 真誠從來與意願無關，而是有沒有能力

文學家和心理治療師的共同之處，在於他們都是從各自的角度和方法研究並表達人性。心理學相對而言是一門年輕的獨立學科，在興起和逐漸成熟的過程中，從文學獲取眾多的材料、靈感和成果。有很多重要的心理學術語，如 Narcissism（自戀），Oedipus Complex（戀母情結），都是借用古希臘文學作品中的人名，及其相應的人格特徵而來的。

二十世紀初，佛洛伊德創立精神分析學派後，文學家們受到心理學研究的影響。如我們熟悉的法國作家羅曼・羅蘭（Romain Rolland）、奧地利作家史蒂芬・褚威格（Stefan Zweig）等，都深受精神分析理論的影響。

他們的作品簡直是在解析精神分析，對於傳播精神分析的知識上發揮十分重要的作用。經過文學家和心理治療師的共同努力，使我們對人性的認識邁進一大步。

如前文所述，精神分析的人格結構理論認為，一個人的人格是由三個層面組成。最底層是本我，代表人的一切生物性衝動，如食慾、性慾。中間是自我，是個人與社會環境相適應的部分。最上層是超我，代表父母、老師、社會等對自己在倫理道德方面的要求。

**本我、自我和超我三個層面，時時刻刻存在衝突。一個健康的人，其三者的衝突會達成平衡，使他能夠以統一的人格生活。**

這樣的人給人感覺穩定、可信賴，言行也可以預測。如果三者的衝突無法達成平衡，則會表現出雙重人格甚至多重人格，給人的感覺是不穩定、不可信賴，言行也不可預測。當然還有如何平衡的問題，為了達成人格的平衡，每個層面所佔的比例都不相同，所以造就豐富多彩的個性。

精神分析理論認為，人格的三個層面之間是否能達成平衡以及如何平

衡，與童年有很大關係。

作家方方的短篇小說《風中黃葉》講述一個雙重人格女人的故事。故事的主角黃蘇子白天在公司上班，是典型的白領上班族，晚上則換上另外一副裝束，開著自己的小車去賣淫，並且毫不計較對象與報酬。以下我們就用精神分析的觀念，來分析小說中人物的人格結構及其衝突。

女主角黃蘇子的父親本身就是一個超我過強的人，他以父親和老師的雙重身份構築女主角的超我，使黃蘇子形成同樣強大的超我。但更為嚴重的是，她父親的超我是畸形的，在那個年代，人們的超我還會被灌輸政治和倫理上的變態、虛偽與矯情。

他不敢說黃蘇子出生時，自己其實在讀喜歡的詩詞，而且不敢給女兒取一個沒有政治效忠色彩的名字。

自以為上層，把文明的價值看得比父愛和童心重要，不僅粗暴干涉女兒的選擇、在外懦弱在家驕橫，還在家中製造不平等。有這樣的父親，任何一個人都不可能成長得健康。

相信大多數讀者都會討厭這個角色，但這名父親也是受害者，不知道什麼是健康與真誠，所以也不知道自己的變態和虛偽。

**健康的人格來自健康的家庭和社會環境，而真誠從來不是願不願意的問題，而是有沒有能力的問題。**俗話說：「子不教，父之過」，但如果教子過分，使孩子成為暴力崇拜者、多重人格者等，那父之過則更大。我們周圍犯這一過錯的父親，比不教之過的父親更多。

由於儒家千年師道尊嚴的觀點和影響，為人師者超我過強的問題今天依然存在。許多教師的自我要求和對學生的要求，超過僅僅為人師的範圍，往往過於嚴厲、偏執、古板、虛榮。

回到小說的介紹，黃蘇子最後死於一個年齡可以當她父親的嫖客，這一安排象徵真正的殺人者是黃蘇子的父親。他從黃蘇子一出生就開始傷害她，殺人的過程一直持續到黃蘇子生命的終結，容易讓人聯想到古老的行刑方式。

黃蘇子的童年有太多不幸，她是家庭中第五個孩子，一開始就要與另外四個孩子分享父愛和母愛。實際上她連最基本的需求都得不到滿足。父親對她的要求內化成黃蘇子人格的超我，激起她心中自我和本我的劇烈反抗。

反抗最初僅是在心裡謾罵，後來則是發展為在琵琶坊放縱。表現形式不一樣，機制卻相同。白天的黃蘇子在強大的超我壓力之下隱藏本我，以一名白領上班族的人格生活在人群之中。夜晚的虞兮（她做妓女時的化名）則像是另一個人，本我完全擺脫超我的壓制，盡情享受最原始的快樂，生活在另外一個人群中。

我們不能說哪一個她是假的，哪一個她是真的，因為兩個她都是真實的面貌。兩個相反的真實，存在於同一個個體。

黃蘇子和虞兮的轉換表面上看起來簡單而輕鬆，實際上卻以無法估計的強度消耗她的生命力。虞兮的任務是避免人格崩潰，然而一旦時間拉長，就會成為飲鴆止渴式的努力。

即使她不死於他殺，也會死於自殺，在兩個為尋求整合的自我殺戮中犧牲。很顯然，這可以造成純粹精神上的自殺。

另一個角色許紅兵是令人憎惡的人，但同時又是一個受害者。如果他追求黃蘇子的舉動沒有遭到粗魯對待的話，可能會有相對健全的人格。他的本我太強而超我太弱，所以需要在放縱中讓本我自由，尋求平衡。

小說虛構的現實讓讀者看到人如何被決定和被操縱，多數情形下，人像一片脫離枝幹的枯葉，不知道被哪個方向來的風吹走，也不知道會飄到何時何地，一如小說的標題。

讓我們設想一下，如果以上三個人分別坐在我的心理治療室，我該怎麼辦。我會以黃蘇子父親能夠接受的強度和速度，指出他過強的超我和其中的錯誤，讓他明白，在女兒考上大學時說：「我女兒有一個好的前途」

會更加真誠。

在許紅兵那個年齡加強超我的程度，是一件十分困難的事，但我至少可以站在商人的立場上告訴他，處心積慮只為讓老師生氣是不划算的。那樣只會證明他把別人看得比自己更重要。最好的結果可能是，他繼續過他的享樂生活，但不再會刻意傷害他人。

另外，面對女主角黃蘇子，分析她的人格結構可能是最有效的方法，但肯定需要很長的時間。

作者並沒有出現在小說的情節中，但她時時以各種身份隱藏在每個地方，例如：黃蘇子父親在學校裡的同行、大學的班導師、公司裡的白領同事，或是派出所的女警察。這些角色在象徵意義上都代表超我。

在小說前半的敘述中，作者的超我對黃蘇子人格的其他部分有深刻的同情。如果沒有這份同情，就不會讓她產生動機寫這篇小說，但在小說的後半部分，同情卻變成憎惡。

死亡並不是每一個妓女的必然歸宿，妓女從良也是我們在另外一些小說中常常看到的結局，尤其是在中國古典小說和戲劇中。

但黃蘇子卻死於跟她父親年紀一樣大的嫖客，書中法院認定這個嫖客是兇手，處以極刑。如果從深層心理學角度探討這段劇情的安排並做出評判，結果應該是作家方方的超我謀殺黃蘇子。因為作家的超我討厭這個墮落的女人，並且不願意安排她以後的生活。

我不知道作者是否意識到這一點。我個人認為，意識到這一點對她以後寫作的內容和寫作的方式都甚為重要。

## 自尊代表對自己願望的尊重

**【關於自尊】**

多年前讀褚威格的小說《一個陌生女人的來信》，很羨慕書中男作家的艷遇。二十年後看中國拍攝的同名電影，心態大變，現在羨慕的是女主角獨立、充滿自信的人格。

能夠長久、痴迷地愛著一個男人，甚至把自己的一生都奉獻進去，表面上看起來是人格不獨立的表現，但實際上，這名陌生女人卻有著真正獨立的人格。她任由自己愛著對方，不受那名男人的花心影響，不受其他女人的動搖，也不受另一個她不愛的男人左右，更不受世俗框架的限制。

我們可以想想另一種女人的愛可能是什麼樣子：男人的花心可能會使她憤怒，因為她會認為這是忽略與貶低，其他女性會被她當成是競爭對手，其他男人的關心會使她脆弱的自尊得到安慰，她還會時時顧及自己的言行。這些都是人格不獨立的表現，因為這樣的女人總是生活在他人和環境的影響及牽制之中。

在舞會上，男記者三言兩語就讓女主角跟自己回家，女主角也不管什麼自尊不自尊，但這樣做卻是最大的自尊。

**自尊意味著對自己願望的尊重**，還有什麼願望比愛和被愛的願望更重要、更強烈呢？她愛那個男人，如果在那個男人召喚時不去，那就完全不是自尊了。說好聽一點便成為尊重他人的意願，說不好聽則是刻意討好他人或世俗的規則。

影片中有一個細節：在兩人一夜歡愉後，男記者偷偷地將錢放到女主角陌生女人的手包裡，這個行為無意間將愛他的女人變成妓女，同時也將自己變成嫖客。她沒有當男記者的面憤怒撕碎那些錢，也沒有表明自己不是為了錢才那樣做。

她只拿那些錢離開那個男人，路上遇到男記者的管家，把錢給那名管家而沒有讓男記者看到。這是何等的自尊！我只要知道自己不是妓女就可以了，你知不知道與我有什麼關係呢？跟那些總是想向別人證明清白的人相比，這個陌生女人簡直有著女王般的高貴和尊嚴。

還有一個細節。背景是鄉下的湖和湖邊的草叢，陌生女人說：「我懷上你的孩子，但不想用孩子來要挾你，我要讓你覺得我和其他女人不一樣。」這也是她的自尊，不屑於跟凡夫俗子為伍。男記者的確有讓人羨慕的地方，被一個甚至多個女人愛著，肯定是非常幸福的事。但對陌生女人來說，男記者在某種意義上不過是一個道具。

當然，陌生女人並不是有意這樣做，若男記者越認真地回應她的愛，就越不會是道具，而會使他的愛幫助自己成為一個完整的人，但如果他只是抱著玩玩的態度，就不可改變自己成為玩物的命運。

別人像真正的人一樣愛著你，你卻像木偶一樣遊戲，誰比誰更高明、誰比誰更有尊嚴呢？

在觀眾的無數雙慧眼裡，哪個角色真正像一個人活著或者死去，是再清楚不過的事情。也許不諳世事的少年會羨慕那個男記者，但稍有閱歷的人，會覺得他除了可憐還是可憐。

**每個男人都夢想遇到一個把愛看得高於一切的女子，但在進入愛的疆域之前，自己必須具有與她對等的愛。**如果沒有，就別輕易踏進去，因為裡面的魔鏡可以照出人格中全部的平庸、鄙俗和骯髒。

**【愛情的不同走向】**

這部電影一開始，少女時期的陌生女人被置於鄰居夫婦吵架的背景之中。男人的怒吼、女人的慘叫，把即將萌動的少女襯托得單純與柔弱。

那對吵架的夫婦一定也曾擁有美好的愛情，但歲月和現實使他們釋放各自心中的惡，取而代之的是彼此猙獰的面目。

電影沒有直接呈現這對夫婦的形象，但可以想像丈夫絕不會有紳士的大度優雅，妻子也不會像淑女一樣溫柔體貼。兩個內心充滿仇恨的人也無暇把家弄得舒適整潔，只有心中有愛的人，才會使所處的環境變得溫暖有序。

少女時期的陌生女人和記者的故事正式開始後，有很多展示他們在一起的背景畫面：雪白的床單、潔淨的睡衣和早餐時令人心醉的溫馨氛圍。這是由愛建造的世界，萬事都由愛主宰，但同時也是個易碎的世界。

如果她開始嫉妒另外的女人，就等於把別的女人拉到這個溫馨的世界，然而這個世界容不得兩個女人。如果要跟記者天長地久，形式上雖然沒有多大的問題，但相處模式可能最後也會成為那對吵架夫婦的狀況。

**陌生女人把愛置於一切之上，而且愛能夠給她智慧，瞬間的美好也具有永恆的意義。**她寄出那封信後就死了，相信她帶著許多美麗的東西離去，但那對吵架的夫婦卻要在醜惡的陪伴下繼續活下去。誰的生命更有意義呢？

**【情感表達的分寸】**

在藝術領域中，語言、文字、圖畫、聲音都是用來表達情感的方式。表達情感的分寸，是區分高明和低俗藝術家的重要標誌。

我有很長一段時間厭惡看某幾位世界知名導演的作品，主要是因為他們在表達情感上缺乏分寸：少數情況下是表達不夠，多數情況下是表達過火。表達不夠會讓人憋得心慌，而表達過火則更糟糕。這些導演的才氣還遠不足以把情感控制在有韻味的範圍之內。

然而，徐靜蕾主導並參與拍攝的這部電影，卻把情感表達得極有分寸。既有激情四溢的酣暢，也有點到為止的節制。

例如：陌生女人半夜敲男記者的門，敲了幾次門卻沒有開，於是她就坐在門前的石牆旁。過了一會兒，男記者摟著一名妖豔的女子出來，一邊打情罵俏。

鏡頭從她的右後方切入，逐漸變成側面的特寫鏡頭。陌生女人充滿淚水的眼睛看著男記者和另一個女人，眼中有無盡的愛戀與哀傷，然後她轉過頭去，畫面戛然而止。相信看完這部電影的觀眾，都不可能忘記她的這個眼神。

徐靜蕾沒有給觀眾足夠的時間看到全部，好奇心會使人牽掛，所以你無法遺忘，或者說，打動你的正是那些你還沒搞清楚的東西。不管是這部電影還是原著小說，都是在表達一封信裡書寫的故事。

這是一封用生命書寫的信件，裡面有驚濤駭浪般的愛，但行文間卻極盡平淡從容。一切高貴而強烈的情感本應該這樣表達，惡俗的表達會反過來敗壞情感的品質。再回想影片開始時夫妻的吵架，憤怒本身並非讓人厭惡，適度表達憤怒一樣可以具有美感，但那對夫妻肆意地表達憤怒，只讓人煩躁和噁心。

**每個人都可以把自己的一生變成藝術品，若想使它變成賞心悅目的傑作，需要使情感豐富多彩，更重要的是要用全部智慧和耐心，去駕馭和表達它們。**

## 學不好外語是不想跟人有更好的交流

關於外語的重要性，我想分享一則寓言笑話。幾隻小老鼠想要外出覓食，卻碰到一隻貓，貓把牠們趕回洞裡，而且還守在洞口不走。

鼠媽媽知道這件事，便走近洞口學了幾聲狗叫，立即把貓嚇得落荒而逃。最後鼠媽媽對小老鼠們語重心長地說：「你們看到了吧，懂一門外語是多麼重要啊！」相信小老鼠們有如此深刻的教訓。

所有的動物都有自己的語言，前述鼠學狗語的故事不只是玩笑而已。相對於其他動物，人類的語言當然要複雜得多。

據《舊約聖經》說，人類之所以有多種不同語言，是因為上帝害怕人類團結得太緊密，以至於做出冒犯上帝的事情。所以上帝讓人類使用各種語言，以限制人與人之間的交流。

不論這樣的說法是否真實，但語言是交流的工具，掌握多種語言的人可以更流暢地與人交流，這一點大約沒有人會有疑問。

**深層心理學認為，如果沒有明顯的智力問題，卻對於學習某一樣技能感到困難，可能是潛意識裡不願意深入學習的表現**，因為想逃避由這一技能導致人際關係的改變。

從學外語的例子來說，學不好是因為不願意學好，不願意學好也可以說是因為不想跟更多人交流，不願意交流是性格封閉的顯著特點。

當然，並不是所有外語不好的人表面上都給人封閉的感覺，但是如果他找心理治療師談一談，自己最後可能會驚訝地發現，**在他開放的外表下，其實隱藏著封閉和孤獨的心，迴避掌握外語可能面對的全新交流體驗。**

我們印象中認為性格外向的人，在說外語上比性格內向的人更容易進步，因為外向的人心理較開放。一九八〇年代來中國的外國人還很少，我有位性格外向的同學為了練習英語口說，專門在公園、街上找外國人說話，進步非常快。

先是克服跟陌生人交流的心理障礙，然後是把說外語的害羞感拋在腦後，最後將注意力全部集中在如何把音發得準確、把單詞的順序擺對。所以學好外語的第一步，應該是克服心理的障礙。

我有另一位朋友是心理治療師，她在專業知識上非常優秀，但英語不太好。所以每次與外國專家進行個人督導時，都要找一個翻譯，這當然不是件令人愉快的事。所謂個人督導是心理治療師自己作為病人，接受另一位治療師的治療。這是每個心理治療師都必須接受的專業訓練。

在這位朋友的個人督導中，翻譯是一個巨大、不容忽視的存在，**翻譯意味著她的外語不好，學不好或不願意學習某種知識，可能是某種心理問題造成的**，督導需要借助翻譯，本身就是可以大談特談的內容。

多次督導後，老師就她的外語障礙做出一個解釋：「妳的父親是知名的中文教授，妳花了很多的時間卻沒有辦法學好外語，是不是因為妳下意識地認為，把外語學得太好是對父親的攻擊？」

經過若干次討論後，她慢慢接受這一解釋，從此外語水平以前所未有的速度提高。對於不是從事心理治療的人來說，這樣的解釋肯定會顯得荒謬，也許另外一個例子可以幫助我們理解。

一位諮商患者對我說，他在武漢市生活近二十年，卻學不會說武漢話，也不願意說北京的普通話，不管在哪裡都是一口家鄉話。

他自己分析，認為肯定不是智力原因，因為他拿工科博士學位也不覺得吃力。他認為可能是因為在家鄉，人們會自覺或不自覺地認為說普通話是忘本、崇洋媚外，是看不起父老鄉親。

**內心深處認同這些看法，變成學習另外一種語言的障礙**。他在學英語上，讀、寫甚至聽力都不是太大問題，但卻總是開不了口。

我自己本來學英語，因為要到德國留學，即使學了四個月的德語也幾乎跟沒學一樣。德語是一種十分難學的語言，據說學好英語要三個月，法語要三年，德語要三百年。話雖然有點誇大的嫌疑，但也確實道出德語難學的實情。去德國後，感覺德國人說的簡直不是德語。特別是與專業相關的討論，我仍然一句話都聽不懂。

一次在跟教授交談之後，他大大地誇獎我一番。他告訴我非常佩服我的勇氣，德語那麼差竟然敢到德國來，這番誇獎讓我啼笑皆非。也許是為了不再得到這樣的誇獎，我每天堅持學德語七個小時以上。

還有一個與學習外語相關的例子。據報載，全國中小學共有五千萬名不擅長學習的學生。我們當然堅決反對給課業不好的學生貼上標籤，因為這樣不僅無法讓他們進步，還會對他們的心靈造成傷害。但很多學生有學習困難卻是不爭的事實。

實際上，絕大原因都不是智力問題所致，而是因為心理壓力過大、人際關係中的衝突、老師不正確的教育方法等。這與成年後學習外語上的困難有極為相似的心理基礎。簡單地說，學什麼東西、學得好不好，關鍵在於學習者喜不喜歡這個東西。**若越是喜歡，就可能學得越好。**

一位足球明星曾回答怎麼踢好足球，他說：「抱著足球睡覺」。他表達的是他對足球的喜愛程度。如果一個人跟英語的關係好到可以抱著睡覺，想學不好都難。

很多人給自己學不好外語的說辭是沒有語言天賦，這顯然只是一個藉口。要把英語學到讓英國人和美國人都感到自卑的程度，當然是要有些語言天賦才行。

像北京大學趙元任教授這樣的語言天才，能用一個星期學會任何一門中文方言，說得對方把他當成老鄉。他雖然從未去過德國法蘭克福，但能夠把當地的德語方言說得完美無缺，法蘭克福人甚至以為他在那裡出生長大。

但天賦對一般人而言可望而不可及。如果只是一般掌握聽說讀寫，例如：閱讀通俗文章、談論淺顯的哲學問題、聽新聞、寫公文或考過英語檢定，並不需要了不得的天賦。只要掌握三千個詞彙，就具有三千個外語詞彙的天賦。只要你不是語言障礙，早已具備流利說外語的天賦。

**深層心理學還認為，語言和深層的心理結構一樣。**我們能透過語言瞭解一個人。學習外語有困難的人，可能個性相對封閉，也可能有自戀傾向。成語「敝帚自珍」反映自戀傾向的心理狀態：掃帚雖然破，但因為是自己的，所以要格外珍惜。

若將同個邏輯套用在學外語，可能是：「中文是世界上最多人說的語言，沒有必要學其他語言；外語不好是我的一部分，學好外語是改變自己，而我不願意改變自己，因為我是最好的。」在大多數情形下，我們不一定能意識到這些想法，它隱藏在我們的內心深處，不動聲色卻發揮巨大的作用。

**學習任何一門技能並把它學好，意義絕不僅限於掌握一門技能，而是帶給我們全新的生活體驗，導致整個人格的震盪。**

學好某個技能既是改變和超越自己後，產生的有益結果，也是醞釀下一次改變的巨大推動力。行進在成長的道路上，會有許多的艱辛挑戰，但卻有更多成功的喜悅。

## 學習外語是接受背後的文化背景，同時改變自我意象

S 女士是一位中文講得很好的德國人，曾經在我們醫院工作過兩年。和她說中文對我們來說較省力，也能把事情說得較清楚。久而久之，她在我們心中的印象幾乎已不再是個外國人。

有時候她的德國朋友到醫院參觀，聽見她跟朋友們說德語，感覺有一些怪異。她的臉部表情看起來好像有一些改變，似乎不再是我們熟悉的 S 女士，或許是因為說中文和說德語時動用的肌肉不一樣。而且 S 女士說德語時，整個人的感覺似乎變成另外一個人，連性格好像都改變了。

當我們使用某種語言，同時也會有意或無意地接受該語言的文化、習俗、觀念、情感等表達方式。例如：用英文寫信，對一般關係的異性同事或朋友，都可以寫「Dear 某某」，但如果針對同樣的對象，卻用中文寫「親愛的某某」，大概會讓讀信的人不自在，因為中文的文化背景不習慣這樣的表達方式。

所以使用一門外語，實際上會拓展人對文化認同的廣度與深度。但是，這種拓展並不是每個人都能適應，對不擅長適應不同文化的人來說，可能由於新語言背後陌生的文化背景，而拒絕學好該門語言。

還有另一個例子可以證明這一點。一位在大學工作的中國女孩，在與中國男性相處時比較拘謹和保守，很少跟他們套交情、開玩笑。但跟異國男性相處時，則顯得較開放、活躍。她並非是一個崇洋媚外的人，甚至曾為自己的特點感到苦惱，擔心會被他人認為卑鄙勢利。

後來她找心理治療師談論這個問題，治療師充分瞭解她的性格後，笑著對她說：「也許你的超我不懂英語。」她是一個悟性很好的女孩，很快就明白治療師的意思。

女孩所接納的社會規則和道德規範都是用中文傳遞，而在說英語時削弱了那些規則和規範。當然，也僅僅是削弱而已，不可能完全被消除，所以在行為上不可能完全脫離說中文的她。

更進一步來說，使用一門外語，不僅是接受外語背後的文化背景，同時還會改變自我意象（self-image）。自我意象指的是自己對自己的想像和看法。

兩個同樣從鄉下考入大城市大學的孩子，自我意象可能完全不同。我們假設其中一個孩子認同自己「他縣人」的身份，不管是在意識層面還是在潛意識層面，都不相信自己會說一口標準的普通話，更別談一口流利的英語。這樣質疑自己，會直接成為他學習和使用語言的最大心理障礙。

在這種情形下，學語言不只是記單詞、背課文那麼簡單，而是涉及性格層面的改變和超越。

如果另外一個孩子對自己的意象沒有那麼頑固，認為自己雖然沒有在良好的語言學習環境中長大，但仍然可以成為英語流利的教授或高級白領，對他來說，學英語就只涉及技術層面，而不會牽扯到性格特徵的改變，可想而知，他更容易學好外語。

改變自我意象是件很奇妙的事，在一次心理諮商培訓班上，老師讓一位平時給人紳士印象的學員，當著大家的面做一件壞事。大家等了好長時間，這位紳士仍然什麼都沒做。他最後被逼急了，衝過去拿起桌子上的煙灰缸，用力摔在地上，還說了一句髒話，大家紛紛熱烈鼓掌。

後來詢問他的感受，他說自己好像變成另外一個人，感覺很刺激也很暢快。他這樣當然會像另一個人，因為他一直以紳士的標準要求自己，這種印象也對別人產生影響，所以別人也認為他是紳士。

紳士不會在大庭廣眾之下發脾氣、說髒話，一旦他做出這些行為，紳士的形象也隨之消失。

對於從來沒說過髒話的人來說，突然說髒話會感到不好意思，覺得自己變成另一個人。一個從來沒有說過外語的人如果開口說外語，也會有極其類似的感覺。我想這就是說髒話和外語相似的地方。

這樣的感覺越強烈，說外語的障礙越大。所以對於學外語有困難的人來說，首先需要理清自我意象，如果意象過於堅固和狹隘，就要慢慢改變，有助於提高學外語的效率。

這並不是提倡藉由說髒話、做壞事，來增加自我意象的靈活度和範圍。在金庸的武俠小說裡，許多頂級高手都學過正邪兩派武功，例如：《神雕俠侶》中的楊過、《俠客行》中的石破天都是正派角色，金庸讓他們學邪派武功，用意也是拓展自我意象，使他們更加能知己知彼。

一個只知道正派武功、自我意象的狹窄，且對邪派武功不屑一顧的正人君子，他們知己的程度雖然深刻，但在知彼的功力卻值得懷疑，這樣的人要成為絕頂高手且百戰百勝，恐怕困難重重。

學外語也是一樣，如果過分仰仗母語的魅力，不可能學得很好。學習任何東西最重要的是心當存高遠，高遠的心會覆蓋人力能及的一切領域，並指引你通往所向披靡。

# 自己承擔一切後果，是一種尊重

一位著名的家庭心理治療師說：「每個人生來就具有雙重身份，即在健康王國和在疾病王國的身份。」儘管我們都喜歡健康王國的身份，但無論早晚，我們都會被迫承認自己身為疾病王國的居民，因為每個人遲早都會生病。

疾病當然是生病之人的事情，但人是社會性的動物，生病除了會對自己造成巨大的影響，也不可避免地影響到家庭。我想分享一位肺癌早期患者的故事，從家庭的角度談疾病對家庭的影響及應對策略。

K 先生五十歲，是某政府機關的處長。他的妻子四十八歲，是某國營企業的會計。女兒二十五歲，擔任醫院內科醫生。

K 先生抽煙已經三十年，平均每天約二十根。三個月前，他開始出現劇烈咳嗽，妻子和女兒要他去醫院檢查，但他認為不會有什麼大問題。由於長時間未見好轉，他最後還是同意照肺部 X 光。醫生經過檢查後高度懷疑 K 先生罹患早期肺癌，並只把結果告訴 K 先生的妻子和女兒，本人則對病情一無所知。

妻子和女兒背著丈夫和父親抱頭痛哭，她們認為也許他患的不是癌症，而是其他疾病，繼續做進一步檢查。最後確診為肺癌，她們不得不接受這個事實。

**當疾病敲開家庭之門時，病人和家屬的第一反應是不相信**。這是一種防禦機制，可以暫時緩衝打擊的力量，為接受現實做心理準備。

但否認的時間不可能太長，當疾病變成無可置疑的現實時，接受是唯一的選擇，也是一種更成熟的應對方式，越早接受，越有利於早日採取治療措施。

她們接受事實後，緊跟而來的情緒是絕望。因為肺癌是目前仍然無法治癒的疾病，等於被判了死刑。

夫妻恩愛地生活幾十年，相敬如賓、相濡以沫，妻子無法想像沒有丈夫的日子將怎麼過。一時之間，妻子和女兒陷入極度的悲哀中，整日以淚洗面、茶飯不思，工作效率也大幅度下降。

妻子和女兒開始把希望寄託在治療上。妻子在網路上透過熟人尋找治療肺癌的偏方和保健措施，女兒則帶著父親的病歷和 X 光片遍訪名醫，請教最佳治療方案。但她們都在 K 先生面前強裝笑臉，好像什麼事都沒有發生。K 先生也是一個豁達之人，認為既然醫生和家人沒說什麼，肯定沒什麼大問題。

在大多數醫院裡，大部分醫生仍然信守「保護性醫療措施」。簡單來說，就是將威脅生命、難以治癒的疾病診斷結果，只告訴病人的家屬，而對病人保密。這樣做也有道理，我做實習醫生時，曾聽老師講一個故事：

一位教授發現某個病人罹患某種癌症，而且已經到了晚期，沒有治療價值了。教授問他有什麼親人，病人說沒有。於是教授就對他說，你的病不嚴重，回去以後想吃什麼就吃什麼，想怎麼玩就怎麼玩。病人回去後過了八年，該教授在門診又遇到這個病人，他還很健康地活著。

教授驚訝地說，記得當時你患了癌症，估計只有半年的生命，怎麼現在還活著？病人說我不知道自己患了那麼嚴重的病，只按照你說的想吃就吃，想玩就玩。遺憾的是，病人這次回家後真的只活了半年。

回到 K 先生的案例，醫生和家屬也採取保護性醫療措施，疾病的真相被掩蓋得嚴嚴實實。雖然不告訴他真相有好處，但同樣也有很多壞處。

某些患者會胡亂猜測自己的疾病，這可能是比告知真相更嚴重的心理負擔，可能嚴重影響家庭成員間的交流，不利於患者本人積極對抗疾病，也不利於患者配合必須的治療。

從人道和人權的角度來說，不管事實是否對自己有利，成年人有權利知道與自己有關的一切事情。**讓人承擔發生在自己身上的一切後果，也是**

**對這個人的尊重。**

在向家庭心理治療師諮商後，妻子和女兒接受治療師的建議，決定將肺癌的診斷結果逐步透露給 K 先生。這對雙方來說都不是一件容易的事。K 先生表面的反應並沒有他人想像的悲傷，其實是因為心理上的強大打擊被他掩蓋了，他只在背對妻女的時候流下眼淚。

祕密一旦被揭開，剩下的只有針對疾病的同仇敵愾。K 先生請了假，除了去醫院接受必要的檢查之外，整天就待在家裡，跟外界的聯繫明顯減少。即使有朋友、同事來訪，也是不著邊際地談一談就離開。

妻子和女兒也幾乎回絕所有的交際活動，一下班就回家陪 K 先生，整個家庭變成一個相對封閉的空間。家庭心理治療師建議要像往常一樣跟外界保持聯繫，因此 K 先生跟主管商量每週去上班三次，但可以提前回家。

他還參加由癌症患者組織的抗癌協會，很快贏得其他會員的尊敬。他私下對人說，跟協會會員的感情比同事的感情更真誠。在對抗疾病的道路上，他找到更多來自他人的支持和溫暖，比他沒生病的時候更好。

疾病改變家庭成員之間情感聯繫的模式。以前大家都能輕鬆、和睦地相處，現在每個人心裡彷彿都裝著一些事。K 先生是家庭精神和經濟的支柱，他知道倒下會給其他兩個人帶來什麼影響。

除此之外，妻子將失去伴侶，還沒結婚的女兒將失去生命中最強大的保護者，K 先生的內心充滿內疚和負罪感。他恨自己不該染上抽煙的惡習，不該把過多的精力投入工作中，不該在女兒小的時候給她太多學習壓力。妻子也處於深深的自責中，怪自己照顧丈夫不周，有時候對他責備太多。女兒的自責更甚，想著將來沒有報答父愛的機會。

這些情感在一次家庭心理治療中得到宣洩。三個人知道彼此的負罪感後都互相安慰，寬恕別人的同時，自己也得到了寬恕。

疾病會帶來多重負擔，包含身體、心理和經濟層面。身體的負擔有醫生管，心理的負擔也可以借助心理治療師的幫助，而經濟上的負擔只有自己能夠承受。

由於妻子和女兒都對 K 先生懷有內疚感，她們對抗內疚感的方式是盡可能在生活上讓他過得更好，這樣造成家庭的支出直線上升。

吃、喝、娛樂再加上偏方治療，每個月的開支是 K 先生病前的三倍多，這無疑是一個巨大的負擔，而且會加重他心中的內疚。舉例來說，雖然他認為沒有必要經常吃烏龜、甲魚等昂貴的補品，多吃普通的魚肉和雞蛋一樣有營養，但妻子和女兒卻不同意。

心理治療師分析這種情況，也支持 K 先生的觀點，局面出現極大的改善。隨著收支平衡，壓在三人身上的經濟負擔變得更小。

一開始時，到醫院做檢查或找心理治療師，K 先生都是被妻子和女兒拖著去。他說：「反正治不好，還瞎折騰什麼？」但是跟心理治療師談了幾次之後，他變得更積極主動。

詢問癌症治療專家後，在妻子和女兒還猶豫不決時，他就堅決要求手術治療。其次是術後的化療，儘管很痛苦，他也堅持下來。

最後，本來不相信心理治療對癌症會產生什麼作用，但他後來卻非常渴望每次的心理治療。他說：「手術和化療是醫生操心的事，但我卻可以藉由改變自己的心態來對付疾病。心態決定一切，我要抱持好的心態，讓自己多活幾年。而且**既然活著的時間不多，為什麼不選擇心情愉快地活著呢？如果快樂只能活一個月，悲傷也只能活一個月，那我當然選擇快樂。**」

現代醫學證明，快樂可以增加免疫力，如果癌症使人只能再活一個月，當你快樂地活著，也許能夠活過一個月零一天或更久。

死亡是人類面臨的最大恐懼。即使沒有威脅生命的疾病，每個人仍然生活在遲早會死亡的恐懼中，疾病只不過把恐懼直接展示在我們面前。

K 先生第一次聽到肺癌時，立即聯想到死亡，從此與死亡相關的所有事件，都成為他心理活動的主要內容。他害怕聽到有人說「死」這個字，害怕看到花圈店，甚至看到有人穿純黑色的衣服也會緊張不安，因為這讓他聯想到追悼會上人們佩戴的黑紗。

他單獨跟心理治療師討論關於死亡的事。奇怪的是，當自己在心裡不斷想著死亡的想法時，恐懼會越來越強烈。但真正把與死亡有關的想法攤開在桌面上談開，反而慢慢減少恐懼感。

當然，不可能有人完全不恐懼死亡，但對死亡的恐懼是活著的有力證據。K 先生的勇氣增長，也鼓舞妻子和女兒。儘管經過以上的曲折，這個家庭又恢復往日的輕鬆和快樂的氣氛。

疾病依舊存在，但它卻像一堆本來散佈在客廳、臥室的垃圾，被掃入垃圾袋，雖然家裡的主人們還看得見，但它卻對生活沒有太大影響。

如果快樂和悲傷都只能活一個月，當然選擇快樂。

1
2
3
4
5

# 第4章 當「性福」來敲門，親密關係該如何維繫？

# 父母對孩子的性虐待

一般認為兒童性虐待，指的是成年人利用十六歲以下兒童獲得性滿足，造成兒童明顯情緒創傷的現象。但還有一類危害更廣泛的性虐待，卻一直被專家和公眾忽略。

這類虐待的特點是，剝奪兒童獲得正確性相關知識的機會、限制跟異性必要的交往，最終導致兒童在性知識上的無知、人際交往退縮，以及性心理發育的遲滯。如果以吃東西打比方，逼著人吃東西，讓他脹死是虐待，不讓人吃東西把人餓死也是虐待。

趙菲透過醫院網站得知門診的預約電話。她打電話到門診時，第一句話就是問我們醫院有沒有女醫生，接電話的護士說暫時沒有。

趙菲說：「我一定要找一個女醫生看。」護士回答：「找男醫生看也一樣，一定要找女醫生本身可能就是一個問題呀。」趙菲像是被說中心事，沉默一會後咬咬牙說：「那幫我約一個時間吧。」

趙菲進入諮商室後坐在我對面，她是個漂亮的女孩，五官端正、身高超過一百六十五公分。

但即使從表面來看也可以發現一些問題：她衣著樸素，比較像一九八〇年代的大學生，而不像現在的社會人。面部表情呆板、抑鬱，眼神有些神經質，不敢正眼看我，身體的姿態僵硬、過於消瘦。給人的整體感覺雖然漂亮，卻缺乏女人味。

我先做了簡短的自我介紹，然後她開始介紹自己的情況。

我今年二十七歲，大學畢業四年，在一家公司工作。大學畢業後不久就出現一些心理問題，我害怕與人交往，特別是男性主管和同事，跟他們說話就緊張、臉紅、出汗，在公共場合發言常常語無倫次。這些問題影響我的學習、工作和交友。

我到現在為止還沒有正式交過男朋友，同事中有幾名對我有好感的男性，但我因為心理方面的障礙拒絕跟他們交往，久而久之，別人都認為我脾氣古怪，慢慢疏遠我。

為了消除這些問題，我讀過很多心理學的書，有時候有一些幫助，但通常沒什麼幫助。一直都想看心理科，但實在沒有勇氣把自己的事情告訴另外一個人。

看到你們醫院的網頁感覺有一點希望，本來想找一位女醫生，但你們卻沒有。不過護士的那句話讓我既難受又高興，難受的是傷疤被人揭開，高興的是另一個人能如此準確判斷我的問題，那我也許有救了。

進到諮商室時我也很緊張，但說出這些想法讓我緩解不少緊張感，這麼多年以來，我第一次跟一位男性說這麼多話。

後來的談話中，趙菲告訴我她童年的經歷。

我的父母都是大學教授，思想十分保守，特別是在男女相處方面。我八歲前是一個快樂、活潑的女孩，經常跟別的男孩、女孩一起玩耍。大約五、六歲時發生的事改變我的一生。

有一天，我跟兩個年紀和我一樣的男孩在玩，其中一個男孩提議找一個地方玩脫衣服遊戲。我那時不知道那是什麼遊戲，只想著有玩就好，於是跟他們一起到學校的圍牆邊，一般情況下不會有人去。

那兩個男孩先脫掉衣服，然後他們讓我脫。我剛剛把衣服脫下，就看見媽媽無比憤怒地跑過來，二話不說打了我兩耳光，惡狠狠地罵道：「你怎麼這麼不要臉！」兩個男孩看到，隨即拿起地上的衣服跑開。

那天回家，媽媽把這件事告訴爸爸，爸爸也很生氣，從此以後不准我跟男孩子一起玩。我當時懵懵懂懂，不知道自己犯什麼錯，但媽媽罵我不要臉的那句話，刀刻般地印在我的腦海裡，現在想起來也覺得羞愧、難受。他們從那之後對我嚴加管束，從小學到高中畢業，不讓我接觸任何與男女關係有關的事物。

看電視時如果出現男女親密的鏡頭，媽媽就會讓我閉上眼睛，家裡的報紙都是消毒過的，凡是有男女關係的內容都被他們剪掉。後來像是成了條件反射，遇到那樣的場景，我會自覺地閉上眼睛或站起來走開。

爸爸有一個可以上鎖的書櫃，裡面都是一些文藝方面的書，可能鎖著他們認為我不能看的東西。他們還不准我和男同學交往，如果他們看到我跟男同學一起回家，就會嚴厲地責罵我。

有一次我的自行車在路上壞掉，一位男同學停下來幫我修，爸爸正好路過，竟然把那個男同學臭罵一頓，把那個同學被氣走。我當時覺得非常羞愧，恨不得自殺。

中學二年級時，班上的女同學都看瓊瑤的小說，我聽說那是愛情小說，自然避過不看。一位女同學硬是塞一本瓊瑤的書給我，我只是利用課餘時間看了一點，就被強烈地吸引住，我悄悄把書帶回家，結果被媽媽看到，她憤怒地把書撕掉，還要我自己想辦法賠書。她撕書的瞬間，我覺得我的心都被撕碎了。

說實在的，我父母還是很愛我。他們都盡可能滿足我在物質上的要求，課業方面更捨得花錢。我在中小學成績總是最好，後來順利地考上一所名校。我表面上能夠專心念書，但實際上學習效率並不高，特別是高中時，坐在書桌前半天也無法集中注意力，腦子裡盡想些亂七八糟的事情。

高中二年級時我暗戀一個同班同學，幾乎時時刻刻都想著他，很羨慕班上其他女生可以在他面前談笑風生、無拘無束，我卻不行。

一是我缺乏跟人基本交往的能力，在他面前不知道說什麼好，二是怕爸媽知道我竟然談戀愛，在他們眼裡，那是一件跟天塌下來一樣的事情。有時候我心裡一出現對男生的興趣時，媽媽那句「不要臉」就會浮現在腦子裡，讓我覺得羞恥。

我以為大學後爸媽管不到我，可以生活得自由一些，其實不然。一個人的性格和與人交往的模式不容易改變。儘管一開始時試圖跟同學建立比較好的關係，主動跟男女同學往來，但效果不好。主要的原因還是缺乏跟人相處的能力和經驗。

經過很多人際衝突後就產生現在的症狀，我知道是因為我太敏感，容易情緒波動，怨不得別人。

大學畢業後，我在公司也是只做好分內的事情，跟他人保持距離。二十四歲後爸媽開始著急我的事情，他們也開始意識到當初對我的教育不當，有一次甚至向我認錯道歉。

我當時心想道歉有什麼用，又想到他們那樣做的動機也是為我好，我成了這個樣子，卻連一個可以譴責的人都沒有，越想就哭得越傷心。

雖然我接觸過幾個男性，都沒談成，除了其中一個之外，我都不喜歡。我喜歡的人跟我相處過幾次後說我太內向，可能跟他合不來，後來就沒來往了。父母雖然沒有逼著我找男朋友，但看得出來他們心裡比我更著急，但我想先把自己的問題解決好再說。

趙菲是個很有悟性的女孩，透過讀書和自我反省已經基本知道自己的問題所在。之後經過十次個別心理治療，她對自己的問題又有更深入的認識，不再以跟男性交往為恥。認知的改變導致她行為和情感的改變。

我著重跟她討論外在吸引力。我說：「不管從經濟、年齡還是身份上，你都可以穿得更吸引人一些，你是不是害怕吸引男性的注意？衣著樸素是不是在試圖掩蓋自己內心的願望？」她沒有用語言回答我的問題，但經過幾次諮商後，坐在我面前的是個衣著時尚的現代女孩。

另一個現象反映趙菲內心深處的變化，她的體形慢慢變得豐腴。成熟女性豐滿的身體，是最能夠吸引男性的特徵。女性如果不能接受自己的性慾望，會透過潛意識使自己不具有吸引男性的特徵。長胖代表她在潛意識的深處開始接納自己。

後來我們決定讓她轉為集體心理治療，解決人際交往中的其他問題。在十二人的治療小組內，趙菲的變化極大，經過十五次治療後，她好像換了一個人似的，我彷彿看到了六歲以前那個快樂、活潑的小女孩。

集體治療主要改善認知和行為層面的問題，在認知層面上，主要是透過與他人交流對性關係的看法。

趙菲發現，她內心深處一些關於性的倫理道德準則，就像一百多年前對女孩的準則，與這個時代格格不入。作為旁觀者，她也清楚地看到不只她一個人如此落伍，小組內有幾個男性和女性的想法和做法，甚至比她更保守和退縮，這讓她看到自己的一部分。她既然看清楚那些不合理的想法，就有機會消除它們。

對認知造成影響的，還有男女關係的觀察和欣賞。我在小組內向大家展示兩幅圖片，一幅是四歲左右的小女孩拉開與她同齡男孩的短褲，好奇地探頭往裡面看，圖片的名字叫做「怎麼比我多一點」。趙菲看完這幅圖片說，人對性的好奇心是與生俱來、純潔的，我們應該接納它。

還有一幅圖片是著名的攝影作品，女子站在火車車廂門口，她的男友站在月台上，兩人深情吻別。周圍有很多人在觀看，當然也包括拍下這感人瞬間的攝影師。

趙菲說，她以前也看過這幅作品，但也許是下意識地不敢讓自己深想，這次仔細看了感到很大的震撼，原來男女之情可以如此美好，值得向全世界的人展示。

在行為層面，主要做一些交流方面的訓練，例如：怎樣開始跟異性談話、打算談什麼話題、如何傾聽、如何回應、目光怎樣交流或者迴避、怎樣的姿勢可以讓人放鬆。

剛開始訓練時，趙菲一面對異性就手腳失措、大腦一片空白，不知道說什麼好。經過幾次訓練，特別是受到大家的鼓勵之後，她進步相當快。最後，她感覺跟異性談話不僅不是值得緊張的事情，而是一件令人愉快的事情，她有信心把她訓練獲得的技巧應用到生活中。

最後一次治療結束後，趙菲跟我握手道別，像是達成某件大事後喜悅痛哭。她問以後有好消息可不可以打電話告訴我，我回答：「當然可以，我會為你高興的。」

據統計，利用兒童滿足性慾的性虐待發生率較低，大約是五％。但扼殺兒童獲得性知識、與異性恰當交流的行為，也是一種虐待，我們不妨稱之為「剝奪性的性虐待」。

特別是受華人文化影響，深受其害的女性人數肯定驚人。可怕的是，我們還沒有真正意識到它的危害，所以不可能採取措施來消除它。以下是一些可以幫助消除這類性虐待的知識、信念和原則：

**第一，人類在不同的成長階段有不同的性願望，也有相應、恰當的滿足方式。**五、六歲的男孩或女孩透過遊戲中扮演爸爸媽媽的角色而滿足，十幾歲的孩子則透過想像滿足。壓抑性願望不僅違反人性，還可能導致心理和身體的疾病，最終會影響一個人的成就和幸福。

**第二，學習不僅在於書本知識，還應該包括人際交往，特別是與異性交往的知識。**與人相處的能力和經驗應該從小培養，一個人不可能在成年後突然變得能老練地跟異性相處。

**第三，兒童有權利知道他們應該知道的性知識。**而且，他們最終總是要知道的，與其透過非正式的管道學習，不如堂堂正正地告訴孩子。這樣才能使他們獲得正確的知識，而不會被錯誤的觀點誤導。

**第四，父母害怕孩子接觸性知識和性事件，是自己內心焦慮的表現。**他們把自己的焦慮投射到孩子身上。

**第五，父母沒有權利為孩子製造人工的成長環境。**使孩子在沒有任何性色彩的真空裡長大，看起來是保護，實際上是剝奪、傷害甚至是虐待。

**第六，父母愛孩子的真正問題是如何去愛。**做父母也是學習的過程，沒有人天生就是好父母，所以閱讀關於教育孩子的報紙、雜誌和書籍，或聽取專家們的建議十分重要。

## 男人對婚姻的幻想絕不少於女人

男人對婚姻抱有的幻想絕不少於女人，只是男人一向拙於表達，所以他們看起來只希望妻子漂亮賢惠，但實際上並非如此。

**第一，交往和結婚是男人一生中最重要的事件，這代表他對母親的依戀明確地轉向另一個異性，但這種轉變需要經歷一段過程。**在這個過程中，他與母親在情感上仍有著千絲萬縷的聯繫，使他在潛意識裡按照母親的外在和內在形象選擇女友和終身伴侶。

這名女性不只與母親外在形象相似，內在的形象還包含母親對孩子的愛心、耐心、寬容、溫柔或放任等態度。男人嚮往這些情感的強烈程度，遠遠超過建功立業的渴望。一位剛生兒子的年輕母親曾經說：「我現在有兩個兒子，一個正在我的懷裡吃奶，另一個是我丈夫。」

**第二，男人需要固定的性伴侶緩解衝動帶來的壓力和焦慮。**這是由基因和激素驅動，也是生理的需求。一個好妻子也是好的性伴侶。

**第三，男人需要一個崇拜者。**在外面的世界，榮耀和權威隨時都可能受到其他同性的挑戰。他有時候會贏，有時候會敗；有時候自信，有時候自卑，外在世界的不確定性會嚴重影響他的心態。所以在只有一個成年男性的家庭中，他需要確定的權威感。很多男人在眾多女性中選擇性格和能力較弱的女子，也是這個原因。

**第四，男人也需要純精神的交流。**有許多女性認為男人只知道性而不懂得情感，實在是天大的誤解。男人心裡的壓力雖然無影無形，卻無比巨大，如果沒有適當的途徑緩解，也有可能精神崩潰。想想世界上的男性每天要消耗多少噸的酒，就會理解「放鬆」二字對男人是何等重要。

緩解壓力的方法當然是與人交流，而最方便的交流當然是與妻子談天。但若妻子不能理解他，那他當然可能呼朋喚友、飲酒賭博，甚至徹夜不歸。每個抱怨丈夫晚歸的妻子，都應該想一想他晚歸的原因：真的是因為他覺得朋友比你更重要，還是因為你們之間缺乏交流？

## 自我界限清晰的情感最有價值

自我界限是指人際關係中，個體清楚知道自己和他人的責任和權力範圍，既保護自己的個人空間不受侵犯，也不侵犯他人的個人空間。

自我界限在心理發展上是逐漸形成的。胎兒在母親體內時，會感覺與母親一體，自己是母親的一部分。出生後雖然肉體與母親分開，但心理仍然連在一起。隨著孩子慢慢長大，與母親的心理距離越來越遠。成長是與母親在心理上分離的過程，分得越開，也意味著成長得越好。

遺憾的是，許多人在成長過程中會形成與母親一部分分開，另一部分還相連的狀況。成長不完全的人，在自我與母親之間界限劃分得不清楚。

這種狀況會投射到所有人際關係中。他一方面會過度在他人面前展露內心世界，渴望他人瞭解自己，並過度依賴他人，希望有人替自己做決定。另一方面，他會想瞭解別人的內心世界，以便獲得與別人融為一體的感覺，還想讓別人依賴自己，希望參與別人的個人決定。

自我界限不清楚的人，心裡總是存在著成長與不成長的衝突。然而，成長的力量當然十分巨大。曾經有科學家做過植物的成長力量試驗：用較薄的鐵條捆住小南瓜，小南瓜慢慢長大後便輕而易舉把鐵條綳斷。科學家逐漸增加鐵條的厚度，直到鐵條的厚度增加十倍時，才沒有被綳斷。

植物成長的力量都如此驚人，人類成長的力量更無法測量，但不成長的力量也同樣強大。因為不成長有很多好處，第一是安全。小孩在學步的過程中，走幾步就想回頭抱住媽媽的腿，是為了獲得安全感。

孩子心中只要與母親融為一體，就什麼都不怕。這種心理會維持到成年，沒有充分成長的成年人會下意識地感到不安，但只要跟另個人合為一體，就會有安全感。

自我界限在這個過程中變得模糊不清。因為**成長是以喪失安全感為代**

**價，但安全感是人的基本需求，重要性僅次於對食物和性的需求，所以追求安全感，可以強大到足以與成長的力量抗衡。**

不成長的第二個好處是可以獲得想像以及虛假的溫情。當我們用手觸摸界限清楚的物品，如表面光滑的硬物，我們會感受到他物與自我的區別，較少有交流的體驗。

但當我們觸摸一件柔軟、毛茸茸的物品時，會感覺與該物品有某種程度上的融合。心理也是如此，在我們覺得與一個人沒有邊界時，會自然地感到來自對方的溫情，即使這些溫情是自己想像的，也可以暫時幫助我們抵禦人世間的風寒。

不成長的第三個好處是可以控制他人，這種控制感也是想像、虛假的。自我界限不清的人往往都不太自信，無法保證別人會對自己好，所以需要控制他人的態度，讓自己感到有信心。

把安全感建立在他人身上很不穩定，隨著時間的推移，假想的溫情也會露出真面目，結果可能是更令人難以承受的冷漠。假想的控制感會誤以為自己對他人有巨大的權力，關係遲早會走向崩裂。

不僅如此，**在控制別人的同時，也失去了自由，時常會有被人控制的感覺，因此言行舉止常過度考慮別人的想法，好像為別人活。**

只有成長才能帶來真正的安全感，因為安全感是建立在自己的能力之上，非常穩定可靠。所感受到的溫情既真實，也不帶任何虛情假意。由於對自己有足夠的信心，因此不需要控制別人，別人的態度對他的自信沒有任何影響。

在心理上劃清與他人的界限非一朝一夕，需要長久的努力。首先需要釐清，自己在哪些看法、情感和行為上與別人的界限模糊，然後慢慢畫上清楚的線。雖然過程有些痛苦，但也會有更多成長的喜悅。

自我界限清楚的人並不代表不需要別人，畢竟沒有人能在任何情形下自己承擔一切，也不太可能完全拒絕別人在情感和行動上的支持。自我界限清楚的人，會和他人保持不會失去自己的距離，也不會把別人當成自己的一部分。與此同時，他也不會離人遠到喪失愛人的能力和可能性，因此在他真正需要時，會獲得來自周遭不虛假的安全感與溫情。

即使是夫妻、父母與兒女、朋友，每個人都應該有清楚的自我界限，一旦消弭自我界限的情感，遲早會對一段關係造成傷害。

也許有人會說，在親密關係中畫清界限，會不會使人變得冷漠？回答是不會。自我界限清楚並不意味著沒有情感，彼此有著清楚自我界限的人之間，情感交流才是最深厚、最真實和最有價值的。

**讓我們近一點，但也不要近得分不清你我，也不要遠得在我們彼此需要愛的時候，聽不到對方的聲音。**

## 過度熱衷於減肥，是下意識拒絕成長的表現

「楚王好細腰，宮中多餓死」，楚靈王對腰身纖細的女子感興趣，所以很多宮女不吃不喝，以至於最後活活餓死。經過兩千多年，楚靈王的幽靈彷彿還在我們身邊徘徊，現代男女對減肥的興趣就是證明。這些人被現代醫學認為是罹患神經性厭食症。

神經性厭食症的診斷標準是故意控制進食量，同時採取過量運動、引吐、導瀉等方式減輕體重。神經性厭食症患者的體重會顯著下降，至標準體重的七五％以下，卻仍擔心發胖，甚至對於自己消瘦的形象無法滿足，醫生的解釋和忠告也無效。嚴重時會導致女性閉經，男性性功能減退，或使青春期前的患者性器官發育不良。

絕大多數神經性厭食症患者為十三歲至二十歲的青少年女性，她們能正常學習和工作，並且成績不錯，與人交往也很活躍，但做事過度追求完美、行為講究規範、環境講究整潔、固執己見、拒絕求醫，有焦慮和抑鬱情緒、較少表達自己的慾望、自我控制過多。

女學生中大約有一％的人患有厭食症狀，而在芭蕾舞者及強調體態的職業發病率更高。明確診斷為神經性厭食症的患者需要藥物治療，甚至住院。

然而，並不是每一位減肥者都會罹患神經性厭食症，絕大多數人減肥的目標，僅僅是想減掉高於標準體重的贅肉而已。

這樣做有兩個好處：第一個好處是減輕體重對健康有利，可以降低心臟的負擔，以及心血管系統疾病和糖尿病的發病率。第二個好處可能對現代人來說更加重要，是為了漂亮。

對男性來說，性感女性的首要標準是豐滿。豐滿與肥胖意思相近，卻

略有區別，但豐滿與消瘦是兩回事。

消瘦和苗條是近義詞，豐滿對男性的吸引力是由男性的基因決定。為了讓子孫能夠健康繁衍，首先考慮的是尋找肥沃的土壤。豐滿便是養育健壯後代肥土的象徵。

從深層的動機來看，過度熱衷減肥或患神經性厭食症，可能是下意識拒絕成長的表現。對女性來說，生理上成長的標誌是出現第二性徵，皮下脂肪此時會增厚，這是為成年後受孕、生育所做的準備。

一個女孩如果不希望自己變得豐滿，可以認為拒絕出現第二性徵，也可以進一步理解為不願意成為母親。還把自己當成孩子，希望像孩子一樣受到關心、呵護和寵愛。她希望身體的狀態沒有準備好，說明她在心理上沒有準備成長。

減肥在某種程度上也是一種自娛自樂的遊戲。在富足的國度裡，吃得少是為了滿足心理需求。我們在吃喝中享受自己照顧自己的愉悅，過度吃喝後，反而花心思防止過剩的食物變成身上的脂肪，也是對自己的重視和關心。

現代心理學研究證明，肥胖可能由心理因素造成，是典型的心身疾病。焦慮是由內心衝突所致，而飲食是降低焦慮的有效方式，但飲食過度會直接導致肥胖。肥胖又會引起內心衝突、增加焦慮，這些焦慮又需要更多的食物消除……。如此惡性循環之下，輕者會發展為心理障礙，如情緒不穩、注意力不集中、失眠等，嚴重便會發展成為神經性厭食症。

飲食是人的本能，但並非完全不受制約。站在社會背景的立場，我們身上的肉有富餘，也直接反映出社會富餘。貧乏導致飢餓既會使我們喪失作為人的尊嚴，又會喪失健康，就像疾病使我們失去健康。

**把體重控制在適當的範圍內，既不太胖也不太瘦，是在社會環境中追求健康的良好方式。**如果考慮到現代人的審美觀，減肥也可以說是現代女性追求美麗的良好方式。

## 照鏡子是女人自戀的鐵證，追逐權威和成功是男人自戀的表現

英語中自戀（narcissism）一詞，直譯成中文是水仙花的意思，這個字來自古希臘神話。美少年納西瑟斯（Narcissus）在水中看到自己的倒影，便愛上自己，每天茶不思飯不想，最後憔悴而死，變成一朵花，後人稱之為水仙花。心理學家借這個詞描繪一個人愛上自己的現象。

自戀是人的基本特性，也是心理學研究的重大課題。我們可以把自戀分成一般性的自戀和病態的自戀。每個人都具有一般性自戀的特質，以下觀察兩個反映自戀傾向的行為。

首先是寫日記。寫日記確實可以記錄重大事件、練習寫作能力，但從動機層面看，則可能是為了滿足自戀。有一組外國漫畫，名叫《一個女孩的一天》，內容精細地描繪一個十二歲小女孩的一天：起床、照鏡子、打扮、與一個年齡相仿的男孩一起玩。男孩送給她一朵花，還吻了她，然後她回家寫日記，最後在寫完日記的美好心情中甜蜜地睡著了。

可以想見這個小女孩對自己是多麼滿意，白天的經歷清楚證明她對自己的滿足感，當然應該寫日記記下來，以便將來在需要滿足自戀時重讀。

如果日記是一本書，通常讀者只有作者本人。雖然寫日記可能是自戀的表現，但許多學生們迫於老師和家長的壓力撰寫日記，則與自戀無關。

其次是照鏡子。就這一點來談男女在自戀上的差異，男人和女人誰更自戀呢？這個問題似乎很難回答。

有一則幽默笑話：一個人問，在鏡子上的蚊子是公的還是母的？另一人回答：「肯定是母的，因為母的才喜歡照鏡子。」這是用女人的行為特點來推測蚊子的行為，讀到這篇笑話的人應該都會會心一笑，一般認為女人喜歡照鏡子是不爭的事實。

然而，有心理學家做過實驗，他們在路邊擺一面大鏡子，觀察誰會去照鏡子，結果發現男人其實比女人更喜歡照鏡子。很多女人只是不經意地看看自己在鏡子中的形象，而男人卻停下腳步，把自己從頭到腳、正面到背面仔細地端詳一番。

但不認為男人更喜歡照鏡子的人也許會說，女人在出門前花了數倍的時間，把自己精心修飾過後才出門，她們當然不必再使用路邊的鏡子。

絕大多數人認為，女性在鏡子前顧影自憐的時間，要比男性更多。男性和女性誰更自戀，是一個永遠也爭不清楚的問題，但自戀方式的差異則是顯而易見的事實。**照鏡子是女人自戀的鐵證，追逐更高的權威、更大的成功則是男人自戀的典型表現。**

一般的自戀不一定是壞事。藝術家、政治家某種程度上的自戀，不僅不是問題，反而可以增加個人魅力。自戀像是人格菜餚中的鹽，少了則寡然無味，多了便難以入口。

也有以自戀為生的人，或說以自戀換錢的人。舉例來說，某些作家不厭其煩地描述私生活的點點滴滴，既滿足自戀，又能獲得收入，一舉多得。諷刺的是，購買書籍的人大多不是因為喜歡作者才買，而是因為自戀的書讓他們產生強烈的介入感，閱讀後越發喜歡自己的瑣碎與悲傷。

自戀容易擴大化，過分熱愛自己所屬的組織或集體，就是自戀擴大化的典型例子。在心理治療過程中，分析自戀也是必要的程序。

我的一位女性患者在第十次治療時告訴我，她最近病了，今天剛打完點滴。我注意到她的手上還貼著紗布和膠布。談完其他事情後，我問：「妳一般打完點滴後多久把止血膠布撕掉？」她說：「大約幾小時。」

我又問：「如果只是為了止血，最多幾分鐘就夠了，你為何要貼那麼長時間？有沒有可能是因為想此提醒自己現在生病很可憐，需要多愛自己一些。」她想了一會兒，回答我有可能。我便以此為契機，深入分析她與自戀有關的情感和行為。

病態的自戀是指自戀型人格，屬於人格障礙的類型之一。國際通用的《精神疾病診斷和統計手冊》第三版，把這種人格描述為「自以為是的自我陶醉人格」。主要特徵是：強烈的自我表現欲和獲得他人注意的願望、自我評價過高、自以為才華出眾、能力超群。

常常誇大自己的成就、傾向於極端的自我專注、自我陶醉的幻想，例如：幻想自己成就輝煌、權欲傾向明顯、期待他人特殊的偏愛和關心、不願承擔責任等。

自戀型人格通常缺乏責任心，常用自負傲慢、妄自尊大、花言巧語和推諉轉嫁等態度，為自己的不負責任辯解，或是漠視正確的自重和自尊。

在人際交往方面，則缺乏與他人感情交流。在面臨批評和挫折時，總是表現出不屑一顧或劇烈的憤怒、羞辱或空虛，容易給人毫不在乎和玩世不恭的假象，事實上卻很在意別人的注意和稱讚、為謀取個人利益可以不擇手段，只願享受不想付出。

自戀是人性中廣泛存在的特質，但符合以上自戀型人格診斷標準的人，只有極少數。自戀型人格障礙者處處為自己的物質和心理利益考慮，不過一切利益實際上都因為自戀而受到損害。

**第一，自戀是一種對讚美成癮的症狀。**為了獲得讚美，自戀者會不惜一切代價。有人甘冒生命危險而求得知名度，最後走向自毀、自虐。

**第二，自戀是一種非理性的力量。**自戀者本人無法自由控制它，所以永遠不可能獲得內心寧靜，像被無形的鞭子抽打一樣，只知道向前奔走，而沒有一個可感可知的現實目標。

**第三，自戀者明白不可能總是獲得別人的讚美，**所以他會不自覺地限定自己的活動範圍，以迴避外界任何可能傷及自戀的因素。

**第四，在與他人的相處過程中，會因為自私而喪失來自別人的讚美。**這對自戀型人格來說是毀滅性的打擊，並且使其進入「追求讚美→失敗→更強烈地追求→更大的失敗」的惡性循環中。

自戀有時不可理喻，甚至讓人難受，例如：自戀者時常過度關心自己的健康，總是懷疑罹患任何儀器都查不出來的病。即使自己都認為荒謬，也無法擺脫心中的疑慮，惶惶不可終日。

關於自戀型人格障礙的成因，經典精神分析理論的解釋是，患者無法把自己的心理力量投注到外界的某一客體上，因此讓該力量滯留在自己內部，便形成自戀。

現代客體關係理論認為，自戀型人格障礙者的特點是以自我為客體，說得更直白一點，就是「你我不分，他我不分」。

造成這種現象的原因是，患者在早年的經歷中體驗過人際關係的創傷。例如：與父母長期分離、父母關係不和或父母態度過於粗暴或溺愛等，使得患者覺得只有自己愛自己才是安全、理所應當的。

一位古希臘哲學家說，瞭解自己是最重要的知識，而瞭解自己如何自戀，則是最好的途徑。在大多數情形下，自戀是不易被察覺的情感和行為模式，借助心理治療師的幫助，更容易瞭解。對於自戀人格患者來說，看心理科是唯一能使其走出自我和人際困境的選擇。

# 男女相愛，性是絕對的基礎

不能享受性生活，是否意味著生活質量不高？從心理學的調查結果來看，似乎並非如此。我們不會認為沒有性的生活質量比較差，但性究竟佔愛的幾分之幾，不同的人有不同的答案。

● **採訪對象：梁小羽，女，二十二歲**

我對他一見鍾情，一週後就開始留宿他家，性就像催化劑讓我們的愛情迅速變得更深入。有了這層親密關係，我們就像共同擁有個祕密，舉手投足間總流露默契。

他常常在我耳邊悄聲說些只有我聽得懂的情話，這讓我幸福無比，如果沒有性，我們也許會像陌生人擦肩而過。從這個角度看，我認為性佔愛的十分之七或八。

但如果單從性本身來看，情況又不同。我經常覺得自己是為了讓他滿足，只要看到他高興，我比他還高興。我對性並不如他那樣偏愛，但二十五歲正是荷爾蒙大量釋放的年齡，所以如果他需要，我可以為他奉獻一切，包括身體。

對我來說，其實性只佔愛的十分之三，有的話更好，沒有也不急。奇怪的是，每當我們吵架，我總會情不自禁地想：我們多久沒有性生活了？特別渴望他能像以往一樣抱我。

● **採訪對象：伊人，女，二十五歲**

我無法確切地知道性佔愛的幾分之幾，但我知道自己可以為他去死，前提是他給我最高峰的享受。

我在二十三歲時第一次談戀愛，關係非同一般，可是每次我都不太情願，嫌對方太粗暴，只把我當作發洩的工具。每次都是他求我，我才配合。雖然多次想分手，但想到他對我的身體已經瞭若指掌，就無法下定決心。有一天終於受不了，向他抗議說我不是工具後就拂袖而去。

二十四歲時遇到第二個男朋友。我們淡淡地交往，他的溫柔和沉穩讓我體會到連綿不絕的柔情。在一個飄著雪花的冬夜，我們倆圍著火爐吃點心。屋外寒氣襲人，玻璃上蒙著厚厚的熱氣，讓我們的關係急劇升溫。

至此我才真正領略到性的美好，以往的經歷根本是最低層次的發洩。我的新愛情和性一起成熟，我對他說：「你太好了，我可以為你去死！」感謝他給我新生命，同時也感謝前任男友，沒有第一次的遺憾，何來第二次的美妙？

● **採訪對象：小穎，女，三十歲**

女人一過三十，就不可能再有轟轟烈烈的愛情，有了丈夫和家庭，只盼望和愛人白頭偕老，這是我現在最重要的課題。

有人說：「女人三十如狼、四十如虎」，這話大概是從男人嘴裡說出來的，嘲笑女人們沒見過世面，現在我明確地回答你：性對於三十歲的女人來說，只佔十分之三！

● **採訪對象：張無忌，男，二十五歲**

無法想像沒有性的愛情會是什麼樣子，我認為十分裡至少佔八、九分。二十五歲正是壯年，可不能白白地過。珍珍愛我，我也愛珍珍，我的身心都屬於她，但是在我們的愛情裡，性佔主導地位。要是她和我嘔氣，我會把她抱到床上，她就又柔情似水了。

● **採訪對象：李誠尉，男，三十歲**

三十歲的男人經歷大風大浪，現在正是風平浪靜的時期。

我交過三個女朋友，第一次談戀愛時年紀還太小，但年輕時成天只想著性，但女朋友就是不給。好不容易有一次親密接觸的機會，但她一直拒絕我：「兩個人相愛在一起，什麼也不做，只坐在屋前曬曬太陽也挺好，為什麼一定要發生那種事呢？」所以最後我們還是分手。

第二個女朋友對性很麻木，從不主動要求，所以我摸不清她究竟需不需要。她對性本身也沒多大反應，也不配合我，因此我們也靜靜地分手。

第三個女朋友後來成為我的老婆。我們之間不僅有愛的基礎，還是最合適的伴侶。收穫了愛情，剩下的便是追求事業，性自然退居二線，對現在的我來說大概佔十分之三、四。

二十五歲的女性說可以為一次美好的性而死，讓人想到當代偉大的哲學家米歇爾・傅柯（Michel Foucault），他早年當過心理治療師，曾在精神病院工作。他對記者說：「**我認為快樂是非常困難的事情，不像自我欣賞那麼簡單。我夢想快樂，甚至希望獲得過量的快樂，寧願為它而死。對我來說，那種純粹、完全的快樂與死亡聯繫在一起。**」

傅柯所謂「過量的快樂」不知道是否包括美好的性愛，但他死於愛滋病，可能暗示過量的快樂是指什麼。這樣看來，確實不止一個人願意為美好的性愛而付出生命。

不過，並不是每個人都認為性是極大的快樂。對有些人，特別是女性來說，性並不是必要的事，少數女性甚至認為性是負擔或包袱。她們大多是為了滿足男性伴侶的需求，那位二十二歲的女性就屬於這一類人。只要自己覺得沒有不好，她認為性佔愛的幾分之幾都可以，但如果有不好的東西妨礙享受，就需要想辦法消除其中的因素。

即便是同一個人，不同時期的答案也會不一樣。人的一生從沒有性發展到有性，然後再從有性回歸到無性。

男嬰與女嬰雖然出生時有一點之差，但進入青春期後分道揚鑣。在性活動中，性別的分化更加明顯。性活動成為建構社會的基本單位：家庭。

進入中年隨著身體機能下降，以及心理上逐漸減少對性的神祕感，性活動的次數也會減少，不再是生活中重要的部分，男女又回歸到幾乎沒有性的狀態。另一代人，又重複從無性到有性，再回到無性的歷程。人類就在這樣的循環中世世代代繁衍生息。

男女相愛，性是絕對的基礎。沒有性的愛不會完整，而性的本質是種交流。我們可以從不同的語言中看到對性的解釋。在中文裡，「性交」、「交媾」包含交流的意思。德語「Geschlechtsverkehr」是一個複合詞，前半部分的意思是性，後半部分表示交通、交流。

渴望交流是人最本質的屬性，從交流的廣度和深度來看，性是滿足這種渴望的最好方式。

**對男人來說，如果在愛情中的愛成分過多，可能會對性造成不利的影響。因為在男性的性心理中有攻擊、佔有的成分，與愛的本意背道而馳。**男人的衝動可能在愛戀的女人面前被削弱，一方面會對他愛的女人有渴求；另一方面，如果他太愛一個女人，對性的渴求反而會減少。

一名女性即使非常漂亮，卻可能無法喚起男性的性慾，相反地，一名他也許不愛但具有性吸引力的女性，卻可能喚起強烈性慾。

**女性的性渴望跟愛緊密聯繫，沒有愛的性會存在女性的幻想，但那終究只是幻想。女性的性慾會因愛而起，而且在愛中才能充分享受性活動的樂趣。**

渴望性但又無法滿足的人是不幸的，研究顯示，長期禁慾的人壽命短於擁有正常性生活的人。但過度的滿足也會帶來心理問題，對性的厭倦感可能擴展到生活的各方面或愛情中，最後可能造成傷害。

**縱慾的人看起來是在滿足自己，實際上可能是在扼殺自己的慾望，同時也可能在扼殺自己愛人的能力。**

性毫無疑問是世界上美好的事物之一。但不知從什麼時候開始，性竟然成醜惡、骯髒的東西，不僅需要身處密室，而且不能在公共場所言及，使性因為神祕感而讓人格外嚮往。

如果性變得跟吃喝一樣隨意，是否還會有如此巨大的吸引力呢？性給人帶來的全部樂趣也許存在於探索之中，每個人都需要用自己的親身經歷，來回答性佔愛的幾分之幾，重要的是自己的答案。

食與色是人的基本需求，也可以是愛的一部分，但不可能是全部。**愛是如此廣闊深遠，即使把全世界的一切都填塞進去，也不可能填滿。**

## 不對性的任何活動做好壞、對錯之分

作家余光中有一篇文章叫〈我的四個假想敵〉。文中說他有四個女兒，在她們還很小時，就害怕有朝一日會失去她們。失去女兒最大的可能性就是戀愛、結婚，於是追求他女兒的四個男孩子，就成為四個假想敵。

當他在公園看到還坐在推車裡的男孩，覺得這小子長大後可能追求他的女兒，便有股衝動在他的爽身粉內撒胡椒。

余光中不會真的用這種方法讓爭奪女兒的男孩子卻步，這篇文章卻反映天下父母對兒女成長的矛盾心理。父母一方面希望兒女盡快長大，但兒女成人後心理上的分離，可能造成父母內心巨大的失落感。

一個每天陪著你、沒有你活不下去的人突然不需要你了，自己在最愛的人心中佔據的重要位置，突然被完全不相關的人佔去，怎能不感到憂傷憤怒呢？

實際上，**社會對年輕人性活動的限制，就是父母害怕失去兒女的焦慮，反應在時間和空間的背景**。正如余光中所擔心，父母在心理上失去兒女的最大可能性，就是戀愛和結婚。

青春期會使人的生理和心理逐漸成熟，為性活動做好準備。但婚姻是唯一合理合法、合乎風俗的許可，要在婚姻前或婚姻外從事性活動，總會導致人內心和現實衝突。

**內心衝突是做出自己認為本來不該做的事，由此產生自責**。自責的強烈程度與當事人的價值觀直接相關，人與人之間價值觀的差異可以非常大。**現實衝突是周圍的人認為我們做了不應該做的事，為此指責我們**。被指責的強烈程度與社會的開放相關，社會越封閉，當事人被指責程度越強烈。

婚前性活動會讓兒女認為是對父母的攻擊，也意味著對整個社會的攻擊。父母要求太嚴或在社會中遇到挫折，可能會讓兒女選擇透過戀愛甚至性活動，來對抗父母和社會的壓力。在這種情形下，對性的純淨驅動力被污染、扭曲，可能導致更嚴重的後果。性的本質是美好的，內心的和諧及所處的環境也應該美好和諧。

我在德國的導師有一個女兒，長得美麗動人。有一次導師來武漢，晚上喝酒時談到他的女兒。他說之前女兒還沒有男朋友，是班上少數沒有男朋友的女孩子，當時他和妻子還有點著急。現在她不只有男朋友，還經常住他們家。

我問：「他在你家與你女兒住一起嗎？」他說當然。我又問：「你沒有意見？」他說沒有。見我聽得目瞪口呆，他解釋：「我不能干涉他們，我妻子十六歲時就跟我在一起了，現在我女兒十九歲，能不讓她和男朋友在一起嗎？」我心想，不少華人父母也是十幾歲就談戀愛，他們仍然反對自己十幾歲的子女談戀愛。

聽過這個故事的人都說，文化差異太大，這種事在華人世界不可能被接受。我反問：「文化有先進與落後之分，在對待性的文化上，哪個文化更先進？如果限制年輕人的性活動，是父母害怕失去兒女或害怕兒女成長的反應，這種限制是否應該呢？」

未婚者不得從事性活動，沒有法律或道德的規定，只是無形、約定俗成。雖然過於嚴謹的道德規範可能導致問題，但也有積極的意義，因為遵守道德體系可以使我們的心靈更加寧靜和諧。

我們不能因為道德規範不合理，就想一夜之間打倒它，社會的價值觀應該逐漸被改變，暴風式的改變可能造成更多個人和社會的問題。我們太把性當成問題，因此在思考和討論婚前性活動時，也要注意不要擴大嚴重性。

**做還是不做仍然要由自己決定。不管你的決定是什麼，都請不要用對和錯、好和壞來評判。**除此之外，也請自己決定如何評判。

## 在男女成長過程中，性都會以問題的形式出現

世界對男孩和女孩的到來，分別以弄璋和弄瓦形容。璋者，美石也；瓦者，紡錘也。隨著孩子的出生、確定性別，男女的高低貴賤也在人們的企盼中顯露無遺。

當女孩來到這個世界，社會便為她設計了可以預見、被限制的未來。首先，人們在女孩的心裡，用社會的企盼構築精神，讓她的願望完全符合社會企盼。

接著在外面的環境繪製各類規則，像一張鋪天蓋地、疏而不漏的天網，以防她想衝破世界的企盼，將她限制在原地。

限制女孩的世界似乎就是男人，雖然男女人數上基本相等，但男性在世界的許多重要方面，可以說是代表或象徵。男人希望限定女人的力量、壓抑她們的衝動、控制她們的行為，以便自己能在任何時候、任何情形下都是最強大的一方。

當女孩意識到自己跟爸爸不一樣時，會產生戀父情結。這是為什麼經常聽到女孩聲稱，將來要跟爸爸結婚的原因，但她們長大後這些願望到哪裡去了？這些願望被人類千年來形成的規則壓到心裡深處，雖然看不見，但卻會以不被察覺的方式發揮作用。很多女孩最終愛上像父親的男人，不論男人是學者還是酒鬼，只要像父親一樣即可。

不論是男孩還是女孩，在成長過程中，性都是以問題的形式出現。任何滿足性需求的方式，不是被事先警告不可為，就是事後受到懲罰，唯有婚姻內的性才可以接受。

**性之所以是問題，因為社會把它當成問題來看，並且額外製造千百個問題增加解決的難度。**男人經常違背自己在性議題上設置的章法，而女人

是極好的遷怒對象，「女人是禍水」這句話便是鐵證。

這裡需要調整的，僅是哪些性觀念會導致心理問題。心理學畢竟不是倫理學，雖會涉及部分倫理領域，但在任何情形下，都不會反抗倫理的核心。

在男人眼裡，女人不是聖女就是蕩婦，兩種看法都是男性為了避免引發由性產生的焦慮感。很多女性不自覺地選擇在外表成為聖女，然而內心的衝動並沒有因外表而減弱，願望和真實之間存在巨大的裂隙，這就是為什麼女人多具有雙重人格的原因。

在男人的世界裡，女性有各式各樣反抗規則的方式。在性愛中的受虐傾向是女性的普遍心理，也是典型的被動反抗。女人不僅強烈感到生理需求被滿足，而且看男人破壞自己制定的規則，以此獲得心理上被接納、重視的愉快感。

另一種反抗方式是表達激情，只要是突破傳統的方式，都可以理解為反抗規則。表達激情可能來自個人經歷的因素，女性的成長過程中受到的壓制越厲害、需求越沒有得到滿足，表達激情的程度可能越強烈。就像分別讓酒足飯飽和飢餓的人寫一篇描繪美食的文章，後者可能會寫得更加飛揚。

**對現代女性而言，事業壓力雖然也是問題之一，但不如說是一個可以改變遊戲規則的機會，使女人也像男人一樣，一起代表和象徵世界。**

## 為何好妻子會讓丈夫築起情感隔離牆？

歐陽青是我的大學同學，我們的關係一直很不錯。她在大學二年級時交了男朋友，是他高中時的同學，名叫孫剛，在另一所大學唸書。孫剛經常到學校來看她，我們久而久之成為好朋友。大學畢業後，他們都到南方的大城市工作，後來結婚有了孩子。

畢業後我們一直保持聯繫。半年前歐陽青到我居住的城市出差，在參觀完母校後，我打算邀請幾位老同學一起吃飯，她卻搖搖頭，一臉嚴肅地說：「我想單獨跟你談談。」

我開始有點警覺，除了醫院的心理諮商外，熟人、朋友甚至親戚找我解決困惑也是家常便飯，但根據心理諮商的基本原則，這些人其實不適合找我。我知道她可能有個人的事情要找我談，但我不想這樣做，但歐陽青臉色抑鬱，低著頭沉默著，我只好投降。

我們找個咖啡館坐下來，她說：「我和孫剛過不下去了，最近正在考慮離婚的事情。」我聽後大吃一驚，沒想到天作之合的一對竟然會走到這步田地。

但我想著她應該找不認識的心理治療師談，於是調侃：「早就說孫剛那小子不如我，要是你當年跟了我……。」她的眼淚阻止我繼續說下去，這是我第一次看到她哭。

我有些不知所措地說：「我們之間太熟了，無法保證不把自己捲到你們的矛盾中，所以很難客觀公正。但你若堅持要講給我聽，我先聽聽也可以。」看到我認真起來，她開始講她的故事。

我們結婚後多年都很幸福，但自從三年前他辭去公職自己開公司，關係就慢慢變糟了。他工作很忙，幾乎每天都早出晚歸，但我無法理解他為什麼越來越喜歡對我發脾氣，有時簡直到了莫名其妙的程度。

即使他晚上很晚回來，我也很少問他幹什麼、跟什麼人在一起。我總認為夫妻需要有基本的信任，這卻成了他經常指責我的理由。他說我不關心他，甚至說他有一天橫屍街頭我也會無動於衷。

我哭笑不得，多少夫妻是因為妻子對丈夫的行蹤過於好奇，導致關係破裂。於是我心想今後多問問就好，但即使以最溫和的話語問他，都被他認為是懷疑有不軌，經常勃然大怒，半夜把孩子從睡眠中驚醒。

她喝了一口茶，接著說：

但我還是盡量做好該做的事情。婆婆手術住院一個月，他最多去看四次，每次都是待幾分鐘就走，但我每天下班後都去照顧。公公小腿骨折，我把公公接到家照料。若孫剛這一個月裡對我發脾氣，公公可能會拿棍子揍他，所以他有收斂一點。

公公婆婆都罵他：「你是前世修來的福分，找了這樣的老婆還不珍惜，是不是鬼迷心竅？」公公婆婆的肯定讓我覺得很安慰，但日子還是我倆要過。

在我印象中，孫剛給我大多都是正面的印象，與歐陽青現在所說的天差地別，像兩個完全不同的人。婚姻這種特殊的關係中，真的可以互相把對方塑造成天使或魔鬼。

歐陽青越來越抑鬱，聲音越來越小：

我還是一如既往地照顧孫剛，幾乎是無微不至，但他從來沒有一絲一毫感動。孩子課業的事也從來沒管過，我甚至懷疑他不知道孩子現在上幾年級。對孩子的態度時冷時熱，好的時候寵愛得沒有限制，壞的時候可以又打又罵。

我對他父母、他、孩子和我們的婚姻可以說是仁至義盡，不管是繼續過下去也好，還是離婚也好，我都問心無愧。

我點頭表示同意，但總覺得不對勁。她最後一段話裡的「仁至義盡」和「問心無愧」引起我的注意，我試著體會孫剛的感受，覺得這兩句話讓心裡堵得慌。

將思路整理清晰後，我開始提問：「妳真是好媳婦、好妻子、好母親，要不是當年被孫剛那小子捷足先登，現在就該我幸福了。但我想問一下，妳說仁至義盡，我想知道那麼多好事，多大程度是為了別人好，多大程度上是為了讓別人無話可說，或是為了安慰自己呢？想五分鐘再回答好嗎？」

歐陽青立即面露怒色，反問：「我做好事你還覺得動機不純！善惡都分不清楚，還當什麼心理治療師。」這是預料的結果，所以我馬上回答：「妳先別生氣，生完氣想一想，再回答我的問題，肯定有幫助的。」

我點上一支煙，假裝專心吞雲吐霧。對任何人來說，意識到自己從來都沒有意識到的東西，產生的震驚與困惑可想而知。

歐陽青臉色由陰變晴，再由晴變陰，嘆一口氣說：「也許我那樣做真的多半是為了保護自己，不讓別人有閒話說，也不讓自己覺得不對。」

我接著問：「如果在職場中面對一個成天說自己仁至義盡、問心無愧的人，你會有什麼感覺？」歐陽青想了想說：「會覺得這樣的人很假，離我很遠，好像有什麼很厚的東西把我們隔開，甚至會覺得很討厭。」然後她反問道：「你是說孫剛對我也有這樣的感覺嗎？」

我沒有正面回答她的問題，她會這樣問表明已經有所領悟。我接著提問：「假如兩個人同在一個屋簷下，一個人是仁至義盡、問心無愧的好人，另一個是喜怒無常、無惡不作的壞人，會是怎樣的情況？」

歐陽青想都不想就說：「那完全水火不相容嘛。」我說：「你們的關係走到這一步，也許是你沒有適應他工作上的變化，而且把對他的意見隱藏起來，所以兩個人的距離越來越遠。孫剛沒學過心理學，你隱身成一個好人卻讓他找不到老婆，他當然只好發脾氣。誰願意自己的老婆只是一個道德楷模呢？」

歐陽青破涕為笑，但馬上又不高興地問：「那難道他一點錯誤都沒有嗎？」我說：「當然有，而且大錯特錯。但為了問心無愧我不說他壞話，到時我單獨跟他說，或者你看需不需要找幾個老同學去揍他一頓？」

歐陽青笑得彎下腰來，我又看到大學時那個率真的女孩，而不是離丈夫越來越遠的妻子。她又問：「那我該怎麼做呢？」我說：「好事情繼續做，但也讓丈夫做點好事。看著他的眼睛，『問心有愧』地說我愛你。」

四個月後我去南方開會，孫剛、歐陽青夫婦請我吃飯。見到他們時，看到歐陽青自然地挽著孫剛的手，孫剛一臉笑容地點了歐陽青最喜歡吃的鮭魚生魚片。飯後他們挽著手向我道別，我知道他們之間隔離已久的牆已經坍塌。

愛是如此廣闊深遠，
即使把全世界都放入，也不可能填滿。

1
2
3
4
5

第5章

# 我從「看病」，到成為真正「人的醫生」

## 沒有深情，就沒有真正的深刻

二十多年前，我在《中國青年》雜誌上首次讀到佛洛伊德的介紹，覺得他把別人想說卻不敢說的話全都說出來。年輕時不缺乏勇氣，所以覺得沒什麼。

當時不知道出於什麼動機，竟然把那篇文章的內容抄了大部分，經常拿出來翻看。但那些文字實在太少，不足以滿足年輕人的求知欲，於是我走訪武漢幾所大型圖書館，尋找佛洛伊德的書，卻都被告知沒有藏書。

後來間接地從《朱光潛美學文集》等書讀到更多關於精神分析的知識，對精神分析的興趣日益增加，大學才上一半時，就決定自己要做精神科醫生、心理治療師。

從一九八〇年代中期到現在，佛洛伊德的書籍被大量譯成中文，我已經讀了大部分，不僅僅是因為興趣，還因為日常工作的需要。

很多同行覺得佛洛伊德的文章很難懂，實際上他的德文原文著作是很好懂的。滑稽的是，好懂的特點既讓很多人崇拜他，也讓很多人反對和討厭。**好懂的東西沒有神祕感，人們可以任意評判；不好懂的東西本身就迷人，根本就不需要懂它，就已經拜倒在幻影般的外表之下。**

精神分析能夠在世界迅速傳播，得益於佛洛伊德優美的文字，他本人還因此獲得德國的最高文學獎：歌德獎。然而，讓人覺得難讀的原因在於翻譯，不是因為翻譯得不好，而是由於中文和德文的表達習慣不同，使原本簡單的德語翻譯成中文後變得彆扭和晦澀。

若用專業的眼光讀佛洛伊德，心靈經常會受到劇烈的震撼。他以絲毫不帶情感的詞彙、語調和節奏，描述潛意識層面的紛爭。開始時我不太敢相信是真的，到後來又不得不相信，更後來還覺得很管用。

對非專業人士來說，可以享受佛洛伊德著作中帶來的愉快。至少他製造的術語，能夠滿足人認為「術語越多就越有知識」的潛在需求。但**精神分析來自臨床經驗，並且是可反過來指導臨床工作的理論。如果沒有心理治療作為基礎，很難真正讀懂佛洛伊德或精神分析。**

佛洛伊德的確能滿足人的哲學癮，學過精神分析的專業人士常常會有種利刃在手的感覺，面對紛繁的潛意識世界，不再感到慌亂、迷茫和無助。他的深刻經常讓分析者和被分析者，同時感到刀刃刺入肌膚的疼痛。就像外科手術一樣，但這樣的疼痛也使人變得更加健康。

我常常會猜想他是怎樣的人，從他的專業著作中，給人感覺是個不食人間煙火、冷漠無情的怪物，自然對他產生鄙視之心。然而深刻是智力造就的結果，一味地深刻總給人虛弱、偏執、僵硬和小氣之感。

但《佛洛伊德遊記》讓我們看到他有血有肉的一面。他用《少女杜拉的故事》的心靈和筆觸，描繪眼中的山川海洋、風土人情和日常。

深刻在這裡消失得無影無踪，只剩下深情，才知道原來他的深刻有那麼多的深情墊底。像一雙柔軟的手，撫慰著被深刻之刀切割的肌膚和靈魂，創傷慢慢被撫平，衝突也變得能夠承受。

**沒有深情就沒有真正的深刻，就像如果沒有深愛過一個人，就不可能真正瞭解他。深情包含深刻，而深刻只不過是深情的一部分。**

燒窯的師傅有種古老的智慧：如果長期燒製欣賞用的藝術品，人會慢慢變得小氣。因此要時常燒些碗、杯子等日常生活用品，才能平衡對藝術的整體感覺，後者其實是增加對生活感情的投入。

做學問，特別是從事心理治療師，學習專業固然重要，但更重要的還是要具有對人、人性和人生的深情。藉《佛洛伊德遊記》的文字，我試著從司空見慣的事物，重新體驗曾經被忽略的緊密、溫暖的關係。

深情改變我們，也會改變周圍的人和事。有如此深情相伴，我們從此不再孤獨。

# 心理治療的基本原則

多年前一位護士告訴我，如果每天都對著花講話，花會開得更鮮豔。當時的我認為那只是護士對浪漫和溫情的投射而已，她將自己需要的事物加諸在花身上。不過，報紙上也可以讀到西方國家的農場主人，每天給奶牛聽幾個小時的音樂，可以多產奶。

對世界和人性有更多的瞭解後，我發現需要學習的恰恰是自己。很多人的需求，特別是病人的需求總是被我忽略，我躲在精神病症狀的診斷標準和精神藥物背後，做機器人也能做的事情，自以為是真正的醫生。

我現在認為，心理諮商和心理治療（雖然二者有區別，但以下為行文方便，將二者統稱為心理治療）的基本原則，必須用在精神科的每個角落，針對每一種精神科疾病的不同階段。

這些基本原則應該用於調整、重建精神科領域內的醫患關係，沒有經過心理治療培訓，絕不是一個合格的精神科醫生。以下我們看看幾種疾病中使用的心理治療。

在網路上提到「植物人、母愛」，大部分講述母愛如何使植物人康復。植物人這個名詞指人像植物一樣無法動彈，但內在又是如何？也像草木那樣不懂情、不能對情感做出回應嗎？事實證明並非如此。植物人能感受到愛和關懷，當然也能感受到恨、討厭、忽略等情感。

愛和關懷有可能使植物人重新恢復能力。治療腦疾病時，除了藥物和其他醫學手段，關愛也是治療方法之一。從根本上來說，關愛應該是一切醫療手段的基礎，也是所有心理治療共同的基本原則。

英國著名精神分析師約瑟．桑德勒（Joseph Sandler）在《病人與分析師》（*The Patient and the Analyst*）一書中提到兩段話：

赫爾伯特·羅森費爾德（Herbert Rosenfeld，1952，1969）指出，根據赫曼·紐伯克（Hermann Nunberg，1920）對緊張型精神分裂症病人出現移情現象的觀察中，越來越多的精神分析師對佛洛伊德的觀點提出質疑。

他們認為移情確實可以在精神病人身上出現。值得提出的是，哈里·斯塔克·沙利文（Harry Stack Sullivan，1931）、保羅·費德恩（Paul Federn，1943）和 Rosen（1946）均屬於支持此觀點的作者。

移情的概念可以運用於病人與治療師的相互關係，甚至連緊張型精神分裂症病人在恢復理智後，也會顯露出患病期間與他人接觸的痕跡。我們在對待每位精神病人時都要小心，因為他們會記住我們的態度，並且會產生影響。

我曾不止一次看見醫生當著整個醫院工作人員的面，詢問一位明顯沒有智力障礙的大學生「一百連續減七」的問題，這裡包含的輕視不言而喻。更可悲的是，大學生還一本正經地回答，沒有絲毫憤怒。醫師的問答，暗示這名學生：我需要智力測驗，我只配被輕視、被侮辱。

這樣的感覺會在病患心裡留下痕跡，即便症狀消失、恢復自知力，他們能確信自己可以恢復已往的自信和社會功能嗎？精神科醫生如果致力於改善病人症狀和恢復自知力，卻不管病人的社會功能是否正常，就不算完整治療病患。

**一個懂得心理治療的醫生，即使在精神分裂症病人最嚴重時，也懂得尊重病人的人格，保護其自尊和自信，是為恢復社會功能做準備。**

與其說精神病院封閉的鐵門鐵窗是保護病人的安全，倒不如說是在展示精神科醫生的虛弱、膽怯和無知。把病人關在屋裡的同時，我們也失去醫者的勇氣和榮耀。

有些國家的精神病人可以選擇待在封閉式病房、開放式病房、醫院、中途宿舍（Halfway House，政府或團體提供的宿舍，讓精神或行為有問題的患者暫住、重新融入社會）或是工療站等。但我們的病患不是待在家裡，就是在封閉式病房，只有很少的時間去門診。

門診時，家屬都圍在醫生旁邊，病患完全無隱私可言。醫生既沒時間，也沒興趣聽病患說太多。唯一能給的是一大堆藥，也是病患唯一能得到。不願意跟精神病患建立平等、情感交流的關係，原因來自醫生內在的恐懼，他們不願面對精神病患者，其實是害怕激發自己內心非理性和負面情感。

醫患關係也是人際關係的一部分。在亞洲，親友之間的關係通常溫情脈脈，人際關係的距離比西方國家的距離更近。但非親友關係的距離卻又過遠，陌生人甚至有明顯敵意。按照趙旭東教授的說法：中國人把圈內人和圈外人分得很清楚。

這種人際關係特點必然會影響醫患關係。正常人和精神病患是不同圈子，精神科醫生屬於正常人圈子，會排斥少數派的精神病患者圈子。

以前排斥的工具是鐵門鐵窗，而現在則是藥物，精神科醫生經常用藥物從情感上將病人拒於千里之外。

ICD（國際疾病分類標準）、DSM（《精神疾病診斷與統計手冊》）和 CCMD（《中國精神障礙分類與診斷標準》）對症狀的分類診斷標準，加深我們對疾病的理解，是許多傑出精神病學家的智慧結晶。

但不能因為它隔離我們，使病患成為異類、使我們不能面對病人的正常思維、情感和行為。因此，有些現代心理治療學派不診斷病患，這樣可以不讓他背一生的包袱。

有段時間曾爭論精神分裂症改名的問題。提議改名的一方認為，「精神分裂症」已經具有非精神科專業的意義，包含許多貶低、歧視、恐慌等負面意義，導致病患難以回歸社會。

他們有豐富的心理治療知識和對世情卓越的洞察力，還有仁者的慈悲。如果在精神病學領域只重視精神科的生物研究，卻忽略心理治療，就像是父母只重視孩子的冷暖，而忽略孩子的精神。

心理治療在治療重症精神病上的效果毋庸置疑。遺憾的是，以診斷為中心的思維方式，在精神病症的治療領域裡也流毒甚深。

網路上有許多心理學相關網站，隨時可見「帽子滿天飛，標籤處處貼」的慘境。有些刻板印象的帽子是專家給的，有些是患者自己買的，還有一些是相互贈送的。

我見過最荒唐的是一個人照著診斷標準，一口氣對自己做出七個診斷，可笑的是，從看症狀來看還不能說他錯。

儘管社會改變速度還不令人滿意，但從目前心理治療的發展來看，前景還是樂觀的，畢竟我們已經開始改變觀念。不善待精神病患的社會，絕不是一個寬容、先進的社會。如果精神病患作為個體和群體的命運沒有改善，人類的命運也岌岌可危。

精神病患的命運與醫生的地位和價值聯繫在一起，不可能出現精神病人地位低下，而精神科醫生被社會重視的情況。遺憾的是，很多醫生在做的事既打擊病患，同時打擊自己。

一九九四年，我前往德國漢堡參加社會精神病學年會。與會者數千人，其中一部分是精神病患。年會的開幕式上，首先發言的是一位康復的精神病患，然後是德國精神病學泰斗、我的老師克勞斯・多納（Klaus Dörner）。

**對一個精神科醫生來說，最大的榮譽莫過於病人可以在數千人的會議上發言，對醫患合作發表個人的看法。**我個人認為，如果中國的精神病學年會沒有痊癒的病患參加，將是很大的遺憾和恥辱。

# 心理治療的誤解與方法

**【矯正性情緒經驗】**

美國一位心理治療師講過一個故事。一位匈牙利裔的治療師在美國寫了一本書，書中談到要給病人修正性的情感體驗，指病人在成長過程中缺少什麼情感，治療師就應該在治療過程中給他相應的情感。

此觀點一出，便遭到前所未有的攻擊，其後在學術爭論上，攻擊對方的言論，成為心理治療師能夠使用最為惡毒的語言。

這一故事讓我萬千感慨，主要有三點：

第一，他國的心理治療比我國先進許多。矯正性情緒經驗絕對是醫者無私奉獻、道德高尚的表現，但這種方法缺乏建設性，也不利患者的人格成長。不過，錯誤只在實踐中才可能發現，若僅在理論框架裡爭論，那位匈牙利醫生不會落得被眾人喊打的田地。

第二，如果沒有聽說過這段歷史，再加上東方與西方沒有在心理治療領域上有所交流，將來說不定有東方的心理治療師會提出，要給患者矯正性情緒經驗的觀點。我們經常說：「要把病人當親人、無微不至地關懷、病人的需要是我們的理想。」以上每一句話都與矯正性情緒經驗有關。

武漢一家醫院門口牆壁上寫著斗大的字：「一切為了病人，為了病人的一切，為了一切病人。」寫得很有氣魄，但過度誇大醫生的主動性，反而使病人變得被動。如果在每一句話前面加上我們，即變成：「我們一切為了病人，我們為了病人的一切，我們為了一切病人。」則是典型以醫生為中心的醫療模式。

第三，我相當羨慕西方百家爭鳴的熱鬧，可以不斷提出新的理論，不斷聽到贊成或反對的聲音。曾經被肯定的理論，可能被新的實踐推翻。如此造就一大批響噹噹的人物，心理治療也得以發展。

反觀我們很少有人提出新理論或論點，即使有人提出，也很少有人會歡呼和挑毛病。人煙稀少或淡漠到架都吵不起來的程度，實在可悲可嘆！我們就像大簍子裡幾隻有思想的可憐螃蟹，互相敬而遠之，當然不會有衝突。如若再放幾十或幾百隻螃蟹進去，恐怕想不打架都不行。

**【榮格和東方思想】**

一般認為，榮格是受東方思想影響最深的西方心理治療大師。但最近重讀他的論著後，覺得這種看法並不正確。也許應該說，榮格受影響的只有與本人思想相近的部份。也就是說，他可能只是為了證明思想的正確性，而利用東方思想。

榮格的東方思想指的是帶有神祕主義色彩的部分，如道教、佛教、易經等，但東方思想的核心內容應該是儒學。然而，儒學卻與榮格的思想格格不入。

從這一點來說，我們怎麼能認為榮格受東方思想影響很深呢？榮格對東方思想的理解尚有片面之處，凡夫俗子對東方文化的誤解，也就不意外了。

我認識的西方人最常說：「我對中國的一切表示驚訝。」彷彿中國應該是他們想像中的那樣，而不應該是現在這樣。

舉一個極端的例子，一位研究血液的西方人參觀我們醫院，他在交談中說，他覺得中國人有很多性方面的問題。我問他有什麼證據，他只說憑感覺。看到他自以為發現某種真理的樣子，我原想理性地與他爭論，最後完全被憤怒和鄙視淹沒。

即使事隔多年，我也不屑於用心理學知識來分析這些背後的個人原因，甚至不想透過解釋，讓如此愚昧無知之人變得聰慧。

**我想說的是，我們必須培養自己的主體意識，而不是成為被別人觀察的對象或客體。更重要的是，不必在乎別人觀察的結果。**

**【關於概念】**

有人說，心理治療的概念有限，包括病人和治療師的心理，都不足以描述心理治療過程的各種現象。從心理治療過程的複雜性來看，再多的概念亦不足以精確描述，更何況，太多專業概念對同行的交流來說，並非好事。

不如將心理學的專業術語改為一般語言，讓心理學的話語空間變得無限寬廣。這樣應該更利於同行之間交流，也利於大眾接受心理治療理論。過於繁複的術語概念，是心理治療師無法推廣自身經驗的重要原因。

在心理治療領域，我們應該防止知識概念拆解我們的思維、捆綁我們的感受和情感、僵化我們的行為。古代中國是個過度文明的社會，過度文明的標誌是：

- 社會規則的數量和強度，超過調節人際關係和穩定社會的作用。
- 社會對個人的要求超過個人應具備的標準。
- 個人會因為思想意識上符合社會標準，得到物質獎賞。
- 過多的人從事非生產性的工作。

如果用以上標準衡量，中國古代社會無一不符合。作為心理治療師，我們應該思考，過度文明的社會對個人帶來何種幸福與災難。魯迅曾經用獨特、犀利的風格說：「文化就是限定。」文化和文明可以通用，中國古代是一個過度限定的社會，對人格的發展顯然相當不利。

**【理解和體會】**

理解是疼痛時給你一粒止痛藥，體會則是陪著你一起疼痛、一起流淚。十五歲時讀唐詩是理解，四十五歲讀唐詩是體會。理解一個人就能操縱他，而體會一個人，則會與他融為一體。

與理解對應的是大腦，與體會對應的是整個身心。理解像一把手術刀，把對象肢解開來，體會則把所有的部分連成整體。**理解是邏輯，體會是情感；物理學需要的是理解，心理學需要的是體會。**

**【超越自我分析】**

要成為一名心理治療師，必須經過自我分析的過程。西方國家認為自我分析大約需要六百到八百小時。絕大部分心理治療的同行認為，我國心理治療發展的瓶頸，在於缺乏自我分析經歷的心理治療師。

但這問題從目前的情況來看無法馬上解決，但患者不能等，心理治療事業也不能等。所以我們應該找到可以替代自我分析的方法。

我曾經問當時擔任中德班的講師，同時是德國資深心理治療師的教授：「佛洛伊德也沒有與別的治療師做過自我分析，但並不影響他成為一個優秀的分析大師，是為什麼呢？」

她回答：「佛洛伊德長時間分析自己的夢、理解自己的潛意識，達到與自我分析同樣的效果。」回答不僅巧妙，也是事實。這對中國的心理治療師來說，幾乎是烏雲縫裡透出的一絲希望。因為如此一來，至少有兩種方法能成為合格的心理治療師：一種是自我分析，另一種是像佛洛伊德一樣分析自己的夢。

後者只要有人想做都可以做，不必飛越千山萬水、背井離鄉，也不必付高昂的費用，但心靈可能艱辛一些。女兒出生使我終於想到第三種方法，便是觀察女兒的成長，並且與我自己的成長做比較，使自己重新過一次童年。我堅信，即使這不是最好，也是足夠好的方法。

## 改變人的行為只有兩條途徑：獎勵和懲罰

每當有人得知我是心理治療師時，總是要問：「你們這一行，是不是可以馬上看出別人有什麼毛病？」或是「在你們眼裡，是不是每個人都不正常？」也許我該回答「是」，就像外科醫生熟悉人體的結構，心理治療師也熟悉人的心理結構。

長時間的專業訓練，可以讓心理治療師透過一個人的語言、表情、姿態，甚至衣著、髮型等，在短時間內判斷這個人的童年經歷、家庭狀況、知識結構、情感反應、行為方式、意志強弱、智力狀況、自我意識、成功的可能性、與他人交往的特點。

可怕的是，這些能看到的部份也只是冰山一角。**冰山藏在海的更深處，我們稱為潛意識，是連自己都不清楚的願望、衝動、痛苦、焦慮等，而這恰恰是心理治療師觀察的重點**。所以才有人說，心理治療師有像 X 光的透視目光。

他們觀察人往往有既定的模式或理論，核心內容是對人性的基本判斷，不同理論對人性的判斷有相當大的差異。傳統行為主義學派的心理學家認為人是動物。在他們眼裡，人和動物實際上是對刺激產生反應的機器，只不過人這個機器較高級，反應更靈敏。

他們認為，如果要使人的行為改變，只有獎勵和懲罰兩條途徑。想讓一個人做什麼，就用甜頭誘惑他；想讓一個人不做某件事，就用苦頭威脅他。前者是企業獎金制度和親子教育的理論基礎，後者是制止犯罪的有效手段。

若是二十年前，心理治療師只要掌握以上理論和技術，便能透過蛛絲馬跡判斷人的問題，並做出相應的診斷，可說是好的治療師。但現在反而可能是錯誤的。

以疾病為中心的心理治療模式，已經被以健康為中心的模式替代。行為主義不再把人看成是對刺激做出反應的機器，而是有感情、思想的活生生人類，不同的人對相同的刺激，也會有不同的反應。

要改變人的行為，不只有改變刺激來源，還可以藉由改變情感和思想達到目的。**現代精神分析學派也分析潛意識衝突，不再把潛意識看成是病態和罪惡的根源，而是看成智慧與創造力的發源**。如今，各個理論流派正相互滲透和融合，相信有一天，理論會在以人為本的大框架內統一。

一位擔任科長的男性去看醫生，他曾經是工作能力很強的人，但最近兩年工作能力大幅度下降，什麼都做不好。早上不想起床、害怕見客戶、害怕跟業務吃飯，每季都是勉強完成銷售任務，也沒管理好部門的部屬。以下是醫生與他的對話：

醫生：「你每天都能準時去上班嗎？」

男子：「是的，我是部門的管理者，所以我從不遲到。但是早上總不想起床，經常為了不遲到而不吃早餐。小孩上學總是妻子在照顧，我覺得很對不起她。」

醫生：「不管怎麼樣，你從來沒遲到過？」

男子：「是的。」

醫生：「你每天早上都是自己穿衣、刷牙、洗臉嗎？」

男子：「是的。」

醫生：「你是坐車上班還是騎車去上班？需要妻子送你嗎？」

男子：「騎車去上班。不需要妻子送。」

醫生：「你能完成每季的工作任務，對嗎？」

男子：「是的。但是很勉強，而且是最低標準。」

醫生：「不管怎麼樣，你還是完成了。」

男子：「是的。」

醫生：「你的主管仍然很信任你，不然不會把重要的工作交給你做，對不對？」

男子：「以前很信任我，現在我就不知道了。」

醫生：「如果他不再信任你，可以撤換你。他沒有這樣做，說明他還是信任你的，對不對？」

男子：「好像可以這樣認為。」

醫生：「你跟部屬發生過爭吵嗎？有沒有部屬因為不滿，而向你的主管告狀？」

男子：「我的脾氣比較溫和，幾乎沒有跟部屬爭吵，也很少對他們發脾氣。雖然不知道他們有沒有告狀，但至少我沒聽說過，但每月獎金變少可能讓他們心裡會有意見。」

醫生：「你能夠團結部屬，而且部屬在拿較少獎金的情況下，也不拆你的台，說明你管理得當。」

男子：「也許可以這樣推斷。」

醫生：「你說你害怕跟客戶一起吃飯，我也有類似的問題。有些應酬吃得很累人，但我跟家人或朋友一起吃飯時非常輕鬆愉快。你呢？」

男子：「一樣。」

醫生：「剛才你說什麼事都做不好，現在我們是不是可以說，你能做的事情比你不能做的事情要多？」

男子：「如果把洗臉刷牙這些事情也算進去，那我確實還能做很多事。」

也許有人會把醫生的提問和回應看成良性暗示，但在所有心理問題的發展中，不良的自我暗示是非常重要的因素。心理治療用良性暗示取代不良暗示，是非常重要的手段。

但以上的例子，醫生言語的背後不僅是良性暗示的技巧，也是心理治療模式在近二十年發生的變化：從以疾病為中心變為以健康為中心，並積極挖掘患者身上的潛在能力，注重病患能夠做什麼，並且刻意忽略問題或毛病，用優點剔除心裡的毛病。

在具體的治療中操作更複雜，以上對話只是治療過程的片斷。在心理治療師眼裡，每個人都是健康的人，而且將來會變得更加健康。如果你在醫院碰到一位心理治療師，你不僅不必緊張，反而應該輕鬆、自在，因為面對**一個能把自己洗臉刷牙都看成優點的人，你可以毫不費力展示更多的優點。**

# 身體知道心理壓力的答案

壓力是物理學的概念和軀體的感受，胎兒在母體內成長，也要承受四面八方的壓力。自然分娩時通過狹窄的產道，更是受到巨大壓力的過程。專家們曾認為，狹窄的產道是人類進化的障礙，如果產道再寬一點，人的腦容量可能再大一些，也會變得更聰明。

但現在普遍的觀點是，嬰兒出生時被擠壓的過程，像是一次心理和軀體的按摩，有助於活化心理、生理功能，增加對疾病的耐受力。統計數據也表明，孩子自然分娩比剖腹產更健康。

軀體感受到的壓力是有形的，我們能清楚地知道壓力的來源、大小和逃避的方式。我們知道在擁擠的公共汽車上，壓力來自周圍的人，人越多，擠壓的力量就越大，只要下車就能逃避這股壓力。

但心理壓力就沒有這麼簡單，這股壓力常給人鋪天蓋地、無處遁形的感覺。心理壓力一部分是由已經或即將發生的事件引起，如未完成的作業、即將來臨的考試、衝突，知道壓力的來源，處理起來就容易得多。**壓力的大小雖然有客觀標準可以衡量，但它們對人的影響，有非常明顯的個體差異。**

同樣一件事在某些人眼裡不足掛齒，另一些人看來卻是天大的事。舉重若輕或舉輕若重，與人格大有關係。對自己要求過多的人容易把小事放大，小壓力也會變成大壓力。

一般說來，造成心理壓力多半都是壞的事件，但好的事件一樣可以變成巨大的壓力。舉例來說，職務升高後責任和工作量增加，但對某些人來說，心理壓力可能與責任和工作量的改變不成比例，他們更容易被壓得寢食難安。

好事之所以會形成心理壓力，是因為打破我們內心的平衡。每個人都有現實的自我和理想的自我兩種人格，理想的自我通常會比現實更好。當發生在自己身上的好事接近理想時，通常沒有什麼問題。但如果好事遠超過理想的自我，容易不相信自己可以獲得這份幸運。

據說朱元璋當上皇帝後，不太相信自己能有如此好運，以至於在花園裡得意忘形，對馬皇后說自己不配當皇帝。事後為此後悔，要殺掉當時聽到那些話的人。

這就是把內心壓力轉為攻擊他人的極好例子。朱元璋是中國歷史上暴虐的皇帝之一，原因在於他不相信自己，並且把不信任投射到他人身上，認為別人也不相信自己，而殺戮成了對抗想像的工具。

即使沒有發生大事件，普通的人際關係也會造成心理壓力。只要有兩個或兩個以上的人在一起，不可避免地產生壓力，只不過有明顯和不明顯之分。

人際間的壓力主要來自相互競爭，希望自己比別人表現優異、控制他人而不要被人控制、使自己的言行符合他人的標準，或是取悅別人以達到目的。壓力程度較輕時都很正常，但程度嚴重時，可能讓自己或者別人感到不快，這種情況下應該做出改變。

此外，即使沒有外在事件的壓力，由內心衝突產生的壓力一樣令人難受。這樣的壓力首先出現在價值觀。**人在成長的過程中會接觸不同的價值觀，它們可能相互對立，於是心靈成為鬥爭的戰場。**一個沒有穩定價值觀的人，面對心理壓力時，比一個有穩定價值觀的人更大。

還有一種是來自生理和社會規則之間的衝突，也就是靈與肉的衝突。生理有為所欲為的傾向，社會規則的作用則會限定這種傾向，由此產生衝突。這是每個人都有的心理壓力，區別在於有人能將生理需要轉化為高級的需求，以適應社會，達到相對和諧的狀態。

另一些人則會鑽社會規則的漏洞，維持不與現實衝突的平衡，還有些人直接對抗這些規則，必須面對強制性的懲罰。

我們面對壓力時，可能會刻意、主動尋找方法解決，但我們處置心理壓力時，也不完全是意識層面。當壓力大到想不出應對方式時，它會滲透到潛意識層面。潛意識對壓力的主要處置方式有兩種，一種是用心理症狀表達壓力，如抑鬱、強迫、恐懼、焦慮等。

另一種處理壓力的方式是具體化，把心理問題轉變為身體問題。這個研究成為一門單獨的學科，叫作「心身醫學」。

高血壓、胃潰瘍、慢性頭痛等疾病可能由心理因素導致，很多胃潰瘍患者都是工作或生活在高壓環境中的人，在精神上表現得堅強，但強大的心理壓力在相對薄弱的胃找到突破口，胃潰瘍就是最好的象徵。

我去一位朋友家玩，剛好他的小姨在家。小姨偏頭痛症狀已經有三年，找了很多醫生、做各種檢查、中西藥治療前後花了兩萬多元，既沒查出什麼毛病，也沒有好轉。

我在旁邊偷聽，初步判斷她的頭痛是心理問題導致的身體問題，因巨大的工作壓力出現頭痛的症狀。我勸她服抗抑鬱藥物，她剛開始不相信心理治療師可以解決頭痛症狀。

後來經過我反覆解釋，她勉強拿我的處方買藥回家，為了增強她的信心，我給她開迅速起效的抗抑鬱藥物。三天後朋友打電話到我家，說她小姨的頭痛已經好了百分之八十。

舉這個例子只是想說，身體上的不適經過各種檢查都沒有問題，就要考慮是否因心理引起，這種情況下，看心理科是解決問題的唯一選擇。

心理壓力是魔鬼與天使的混合體。它帶來心靈和軀體的雙重傷害，卻也有好處。**在壓力下，我們能保持較好的精神狀態，智力活動處於較高的水平，可以妥善處理生活中的各種事件。**

我曾看過一幅漫畫：一個人坐在文件堆積如山的辦公桌旁，右手拿著筆、左手拿著一枚定時炸彈，漫畫的題目叫「只有在巨大的壓力之下才能高效工作」。

**若壓力不到無法承受的程度，則可以是一種享受，而且可能是最好的精神享受。**壓力之間有相互抵消的現象，當各種壓力混在一起，表面上能夠感受到各種壓力的總和。其實不然。

如果工作上壓力大時，去看一場對抗激烈的足球賽，會暫時放下工作的壓力。我們每個人都可以找到自己的方式，用壓力緩解另一種壓力。

完全沒有壓力的情況是不存在的，即使有，也一定比巨大心理壓力的情景更可怕。沒有壓力也是一種壓力，它的名字叫作空虛。無數文學作品描述空虛感，是比死亡更沒有生機的狀況，一種活著卻感覺不到自己活著的悲哀。

為了消除空虛感，人選擇極端的方式尋找壓力或是刺激，這種現象可以在工作、生活、友誼或愛情中找到。

## 「活著」是使人生更真切充實的清醒劑

我有次從德國準備回中國，特地繞道美國，親友勸我應該就此留下。他們認為美國的心理治療學術品質世界第一，可以學到想學的東西，而且生活水平高，只要有一份好工作，汽車、洋房應有盡有，孩子也可以受到良好教育。

每一條理由對我都有巨大的吸引力，但回國做自己想做的事，也是強大的力量。在必須做出選擇的壓力之下，我焦慮重重。目前定居美國、大學時期的女友看出我的焦慮，瞭解我的想法後，她說的話讓我記憶猶新。

她說：「**留在美國或回國都不重要，重要的是不管在哪裡，都是你自己活著。**」這真是一語驚醒夢中人。當你知道什麼事情最重要時，做選擇就會變得非常容易。

我果斷選擇回國，從未後悔當初的決定。因為不管在哪裡都是自己活著，不論年輕還是年老、漂亮或醜陋、健康還是病弱、有錢還是沒錢，都是自己活著。

還有，不管高興或憂傷、成功或失敗、居廟堂之高或處江湖之遠，不可改變的基本事實就是活著。既然是自己活著，一切外物自然變輕。

**活著的事實還需要有人提醒，大約是因為自己總是為自己之外的東西而活。人生只有一次，自己活著的感覺是使人生更加真切充實的清醒劑。**

## 有希望就能擁有一切，沒希望可能喪失已經擁有的

一九九七年，我在馬來西亞國際心理學會議認識一位俄國人，向我推薦他創立的積極心理治療理論。

他告訴我他的試驗：將兩隻大白鼠丟入裝有水的器皿中，牠們拚命掙扎求生，可以維持八分鐘左右。在同樣的器皿放入另外兩隻大白鼠，在牠們掙扎五分鐘左右時，放入一個可以讓牠們爬出器皿的跳板，這兩隻大白鼠得以活下來。

幾天後再將這對大難不死的大白鼠放入上述器皿，結果兩隻大白鼠竟然可以堅持二十四分鐘，相較於一般情況下的三倍時間。

這位俄國心理學家總結，前面兩隻大白鼠沒有逃生經驗，只能憑自己的體力掙扎求生，而有逃生經驗的大白鼠卻多了精神的力量，牠們相信在某個時候跳板會救牠們出去，因此能堅持更長的時間。**這種精神力量是積極的心態，或是內心對一個好結果的希望。**

這個試驗雖然殘酷，但給人很大的教誨。這位心理學家的理論在俄國很受歡迎，因為俄國當時處在相當艱辛的時期，他的理論可以用來鼓舞士氣、度過難關。

實際上，不必做試驗也知道，在艱難困苦的情況下，心中是否懷抱希望，會對行為造成完全不同的影響，結果自然完全不一樣。當時我心裡想著那兩隻大白鼠，略帶反感地對那位心理學家說：「有希望又怎麼樣，那兩隻大白鼠最後還不是死了。」

他的回答出乎我意料之外：「沒有死，我在第二十四分鐘時看牠們實在不行，就把牠們撈上來了。」我問他為什麼那樣做，他說：「有積極心態的大白鼠更有價值，更值得活下去。人類應該尊重一切希望，哪怕是一

隻大白鼠的希望。」

大白鼠的希望是人給的，而人類在任何情況下都能給自己希望。希望帶來的不只是精力和體力。也許冥冥中真的有天意在關照，會欣賞內心總是充滿希望的人，覺得這樣的人不僅應該活下去，還應該活得很好。

**希望就是力量，而且比知識的力量更強大，只有在有希望的情況下，知識才能被更好地利用**。一個人即使一無所有，只要有希望就可能擁有一切。相反地，即使擁有一切卻沒有希望，可能喪失已經擁有的一切。

在下一個節日來臨，需要祝福至愛親朋時，或許可以說：「祝你永遠都有很多美好的希望。」

## 反社會型人格障礙患者，以殘忍對抗內心的軟弱和焦躁

人性是善或惡已經爭論幾千年，性善論和性惡論各自都有證據證明自己的觀點，爭論到最後，人性呈現折衷的特徵。大多數人都不再單純認為人性是善或惡，而認為是中性，亦即不善也不惡。

人本主義心理學有個觀點得到很多人的擁護，他們認為**人性是「存在先於善惡」，意思是人性首先是一種存在，然後才有善惡之分**。善和惡只不過是人類眾多屬性的其中一種。

人本主義心理學基本假設每個人都有本質的天性，在人與人、種族與種族之間，這些天性沒有太大區別。而且天性是一種潛能，而不是最終的產品，它們是動態、可變的。人與人之間的差別，主要由心靈以外的因素決定，例如：文化、家庭、環境、教育等。

二十多年前，有個以惡魔張君為首的集團，在十多年間殘忍地殺害二十八名無辜百姓，他們的所作所為到了人神共憤的程度。從精神病理學上來看，可以判定張君是反社會型人格障礙患者。

這類患者在兒童時期就表現出異於常人的行為，例如：經常逃學或徹夜不歸、撒謊、偷竊、虐待動物、欺負弱小、故意破壞他人或公共財產、打架鬥毆、流浪、反抗紀律與權威。

成年後其本能、情緒氣質和價值觀也與常人不同，但並沒有認知、判斷、推理等智能方面的障礙，也沒有幻覺妄想。其心理特徵是情緒容易爆發、行為衝動，對社會和他人冷酷、缺乏同情心和羞愧心、有反常的價值觀念，無法從挫折和懲罰中吸取教訓。

張君從小就很霸道，同村的孩子又怕他又崇拜他。據張君的情婦說，他是個喜怒無常的人，常因為一件小事對她拳打腳踢。即使是對同夥也十

分冷酷，缺乏同情心。據說他的同夥陳世清僅僅犯了個小錯誤，張君就逼他自斷一根腳趾，更不用說他對無辜百姓的瘋狂殺戮。

張君十五歲時，因打架鬥毆被判勞動教育（編按：中國於1957年至2013年執行的「勞動、教育、培養」制度；實行限制人身自由、強迫勞動、思想教育等措施）三年，他不僅沒有從中吸取教訓，反而在成年後變本加厲，成為眾人皆曰可殺的匪首。他第一次買到槍後，竟抱著槍興奮得一夜未眠，在和平年代好槍如斯，其價值觀反常便可見一斑。

反社會型人格障礙患者不一定都會違法犯罪，即使犯罪也不一定像張君一樣殘忍。這類患者若觸犯刑律應該承擔完全責任，不能因為他們有人格障礙而從輕處罰。

張君被捕後，說他殺人搶劫是因為貧窮。貧窮的確是疾病和罪惡的溫床，但不一定導致犯罪。我見過很多的貧窮人能透過合法、辛勤付出後變得富裕，也贏得他人的尊重。當只與惡劣的品行結合時，貧窮才會導致犯罪。

張君一案是個人的惡與人類整體的善互相較量。有人說，在善與惡的鬥爭中，善在戰略上佔優勢，而惡在戰術上佔優勢。也就是說，惡會贏得小的、暫時的勝利，但善則會贏得大的、最後的勝利。但不要小看惡在戰術上的優勢，我們經常見到惡勢力欺辱善良的人們，這對社會心理的負面影響十分巨大。

很多人受欺辱卻不敢報警，是因為他們對正義和法制不夠有信心。但是，民眾對善良和正義的信心，是穩定社會最為重要的基礎，其重要性甚至超過政策和法規。**恢復信心不僅有賴於司法部門嚴格公正的執法，還需要每位公民維護自身的權益和安全，來實現社會的安全與穩定。**

罪惡的子彈不只是射向已經死傷的人，如果沒有防微杜漸的意識，下一位受害者可能就是你我。社會的安全感是建立在每個人的安全之上，應該建立起防範個人極端行為的系統工程。在這一系統中，教育的重要性不可替代。教育不僅是傳授知識，培養良好的心理品質，甚至比豐富的知識更為重要。

**全面發展的智力、相對穩定的情緒狀態，不但能適度表達和控制自己的情緒，也能設身處地體察他人的情感反應，並對他人的痛苦處境具有同情心。**保持良好的人際關係，即使發生衝突，也能應用理智而非極端行為解決衝突。

為了滿足個人的基本需求，並最大限度發揮自己的才能，但前提是不違反社會道德規範和法律。生活目標與自己能力相符、不好高騖遠，才能為他人和社會做出犧牲。

培養這些優良的心理品質必須從小開始，我認為每一所幼兒園、中小學都應該配備一定的心理輔導老師。他們的職責除了普遍提高孩子的心理品質，另一方面也要對有心理問題的孩子實施輔導，使他們健康成長，將來成為能讓自己幸福，也能給予別人快樂的人。

我們可以設想，如果張君所在的小學有心理輔導老師，並正確引導張君的行為進行，雖然不能百分之百說張君後來不會殺人，但可能性會大大減少，這一點是毫無疑問的。

張君一歲時肯定不會想到要殺人，在他十歲時大概也不會。在他第一次殺人前，罪惡的種子一定是長時間慢慢地長大。

**如果人本主義對人性的看法正確，每一個人的人格都是從一張沒有任何顏色的白紙開始，在這張白紙上塗任何一種顏色的難度應該相同。**

法律會嚴懲任何一個對他人造成嚴重傷害的人，但我們是否應該想想，如何才能使中性、不善不惡的人性變善而非惡？如何才能避免個人的極端行為造成社會的巨大傷害？

現代由於少子化的問題，對教育工作、特別是心理輔導提出極大的挑戰。在兩代甚至更多代長輩們的溺愛之下，不少小皇帝或小女王實在被寵壞了。

這些孩子以自我為中心、情緒不穩定，表達情緒的方式也過於極端，與他人相處時也不知道退讓，這不僅會限制能力發展，還會影響到個人的幸福，甚至成為社會不穩定的因素。

大學生、中小學生進行心理治療的人數也越來越多，心理疾病是大學生休學的原因首位，這些都證明應該關注現代人，尤其是孩子的心理問題。不僅為了公共安全和社會穩定，也為了子孫後代的安寧和幸福。

張君被捕後仍不改本色，常語出驚人，但他也有軟弱的時候。他讓一位記者轉告他的兒子：「你們要好好做人，要靠自己的本領吃飯，不要犯法，別人掉在地上的錢都不要去撿。」一個為錢殺人的人竟然這樣教育兒子，證明他不是完全不知道自己做錯，而是一直做著自己認為錯誤的事。

這樣的人不可能有真正堅強的內心，他的殘忍僅是為了對抗軟弱和焦躁。人的內心可以分為情感、認識和行為三個部分，三者之間沒有衝突時，才能有和諧、穩定的人格。

在張君的人格中，他的意識不同意自己的所作所為，由此產生的衝突會嚴重地影響情緒，進而會影響到人格的穩定性。

對他人的暴戾行為其實是對自己不滿的投射，也是緩解內在衝突的方式。向外投射的不滿，會反射負性的刺激，更減少自我認同，增加人格的不穩定性和暴力行為，形成無法逆轉的惡性循環。

這是所有作惡者色厲內荏的原因，也是所有善良人們可以勇敢與惡者鬥爭，並且最終會贏得勝利的原因。

## 十種不健康的中國家庭，十種典型的「界限不清」

健康家庭成員之間若分化得好、相互獨立，不需要對方也能活得下去。不健康的家庭成員之間的關係沒有分化，則會相互吞噬。以下是十種典型中國家庭界限不清的情況：

**【家庭角色】**

中國家庭中較常看見父親比較弱勢，而母親擁有過多權力的情況。一方面是對於性別的認同感，另一方面是用這種方式防止父親在家庭中失控。父親的攻擊性和侵略性比較強，而母親就算再凶悍仍保有母性，因此對家庭的傷害更少。

**【過度嚴厲的父親】**

中國人常說嚴父慈母，但父親其實可以很溫柔，這句話實在是對父親的限制。我認為理想的父親是：與他人有非常清晰的邊界，但也有溫柔的能力。

很多父親的人格沒有真正成長到男人的狀態，所以需要用嚴厲來偽裝得像男人。實際上，這是拚命掩蓋自己沒有長大的人格。試著回想一下，青春期的男孩在喜歡的女孩面前如何裝模作樣，你就可以理解有兒女的人，為什麼會在孩子們面前裝作嚴肅。

**【過分嘮叨的母親】**

母親過度控制家庭內的事，可能指責、嘮叨，或是對孩子說很多話，實際上是透過嘴巴獲得滿足，這樣的母親可能還停留在「口慾期」。

母親透過嘴巴表現攻擊性和情緒，像是用嘴巴對老公和孩子施虐，這樣的現象在中國家庭非常常見。一個家庭中，父親裝模作樣表現嚴肅，母親則無時無刻地嘮叨，會讓孩子備受虐待。

**【家庭話題被限制】**

在中國家庭裡最容易被談起，也最容易掩蓋事實的是孩子的課業。父母與孩子沒有任何話題時，只能談學習的狀況。當父母開口詢問孩子課業時，是因為他們自己沒有能力處理內心的恐懼和不安，因此用課業的話題來掩蓋。

性也是在家庭裡不能談論的話題。如果父母修復自己內心，就不會用恐懼來限定孩子。當父母對某個話題感到不安、不讓孩子討論，則需要觀察自己的不安來源，可能是自己有需要解開的心結。

如果父母此時能清理心結，孩子將獲得解放，因為這個結可能是童年被父母無意識植入的。我們畢竟是社會人，難免會有意識地迴避問題，但父母要清楚這個限制不是因為自己情緒，而是為了維持家庭必要的界限，需要家人共同迴避。

**【過度重視階級象徵】**

很多西方國家對中國的印象是孩子都在學鋼琴，中國人賦予鋼琴許多象徵化的意義，例如：高貴、優雅、階級。

家長希望靠鋼琴滿足自己，讓孩子學鋼琴也隱含著攻擊性需求。例如：家長帶著孩子考升級考試，看自己的孩子把別人打敗。

現在孩子參加很多才藝班，反過來想，這些孩子應該羨慕我們那時候玩更原始的東西，如泥巴、棍子或小動物。現在的孩子沒有機會親近大自然，也是相當悲哀的一面。過度象徵化會導致虛偽，降低人的實際生活能力，導致情感隔離。

當可以直接對一個人說我愛你時，反而為他彈首曲子。這可以看出心與心之間的距離，包含著害怕跟另個人親近的心理。

**【過度重視背景】**

現在社會上很流行「拼爹」（編按：中國的網路用語，指當今孩子在上學、找工作等方面，比的不是自己的能力，而是父母的背景）。老師在學生入學前，要先調查孩子父母的工作，孩子之間也互相比較：「我父母是做什麼的。」背景掩蓋人本身的特質，父母在孩子面前過度證明自己的社會背景，代表他很心虛。

父母害怕自己在孩子心中不是好父母，所以需要用背景擋在前面，避免孩子靠近真實的自己。說到底，父母自己覺得自己不是好父母，又害怕孩子們看到這一點，所以努力地編制一幅宏偉的背景擋住孩子的視線。

遺憾的是，孩子天生是父母的讀心器，他們非常清楚父母的所作所為。每個大人都當過孩子，應該不難體會到這點。因為孩子們很善良，所以配合父母當一個好觀眾。他們一開始會複製父母的言行，在學校或社會上宣傳這樣的社會背景。但在虛假中待得太久，孩子會在過程中失去真實的價值，忘記原本真實的自己。

同時，社會上的人會迎合孩子的行為，或是被華麗的背景吸引，而忽視真實的他以及內在潛能和特點，會讓孩子慢慢離真實的自己越來越遠，轉而以父母的背景為傲。

家庭背景也可能成為自卑的土壤。過度遮掩家庭背景，會讓孩子聽到父母心中認為自己不好的聲音，善良的孩子也會呼應父母的心聲，在學校羞於談及父母，並在心裡種下自卑的種子。

學校中常常看見一些人被欺負，因為對於家庭背景的羞愧感，是人群中非常注目的攻擊目標，彌散著「我不夠好、不值得別人尊重」的訊息。周圍的孩子捕捉到這個訊息，便會因而欺負他、加深畸形的心理。

這樣的孩子成人後會力爭更強大的社會背景，或者自怨自艾吸取周圍的能量，破壞社會背景。他會無意識地製造事件，讓周遭捲入悲傷或憤怒，所以身邊的人常會有無能為力的感覺，就像當年父母壓低背景，不讓真實的自己成長。

這種情況往往揭示家庭中有被掩蓋的問題，而有人敏銳地發現且真實表現出來時，則會受到指責。所以大多人往往選擇犧牲自己，來維繫家庭的表面平衡。

每個家庭成員應該承擔自己的責任，用心感受被指責的人，他們的內心世界究竟包含什麼，透過他們的勇敢看看自己逃避的問題。從被壓抑的自我可以看出人的價值和自尊，究竟是真實的強大還是虛張聲勢。

### 【過度重視工作】

我遇到許多父母拚命地工作，卻忽略孩子的成長。家庭應該是個少講理、多用情的地方，容易展現真實的自我。

家長為什麼要拚命工作？因為如果他們長時間待在家，會沒有辦法控制自己顯示出脆弱，所以在外面跟別人相處相對安全得多。很多孩子因為父母過度勤奮工作被忽略，雖然父母對國家、社會做出極大的貢獻，但相較之下，反而虧欠伴侶和孩子太多。

### 【人格分化對家庭的影響】

舉例來說，當住在宿舍時，深夜兩點鐘突然想放肆地唱一首歌，你的快樂跟別人的痛苦程度會成正比。你有多快樂，別人就有多痛苦，在人格沒有完全分化的關係中，某個人的快樂是另一個人的噩夢。

如果你住在一間獨立的房間、隔音效果好，晚上想唱什麼就唱什麼，你的快樂程度對他人沒有影響，正是人格分化得比較好的狀態。

在家庭中，如果父母在人格上依賴孩子，沒有分化和獨立的能力，孩子離開家庭注定會損害父母的利益，所以父母可能出現各種身心疾病，最嚴重的就是精神分裂症。

**【限制孩子的能力發展】**

有些孩子人際關係良好，但在課業上一塌糊塗。孩子想用不好的成績告訴父母：「如果我有缺陷的話，你就可以乘虛而入靠近我。」這是家庭成員之間沒有界限的表現。簡單地說，孩子如果有某項能力上的缺憾，表示父母離他過近，過度積極的行為會讓孩子變得無能。

**【隔代勢力介入家庭核心】**

我曾問劉丹博士，如何用一句話說明「結構式家庭治療」和「系統式家庭治療」的區別。結構式家庭治療非常強調家庭的核心是夫妻，因此無論如何都要穩住核心，才能維持家庭的根基。

然而，很多家庭將核心權力轉讓給孩子的爺爺奶奶，這可能導致孩子的內心衝突，因此解決家庭問題的重點在於鞏固夫妻的核心權力。

這樣說或許會引起許多人的反感，很多老人退休後，全部的心思都砸在孫子身上，但為了下一代的健康成長，我覺得提出這個問題值得所有人思考。

**【功利的關係】**

無條件的愛是不因你擁有什麼，而是你是誰。功利的愛，是你必須會彈鋼琴才愛你，或你必須在社會上取得成就才愛你。有條件的愛在親情裡變得悲哀，如果家庭中加入功利的條件，不知道生活還有什麼意思。

人格沒有完整成長、在原生家庭中人格沒有順利分化的人，無條件的愛會讓他恐慌，覺得失去自己，所以他需要用有條件、可以區隔他人的方式，來隔離另一個人的親密關係。

國家圖書館出版品預行編目(CIP)資料

心理解剖書：潛意識裡的傷，只有自己知道。用他們的故事，讓自己重新活一次！／曾奇峰著 -- 新北市：大樂文化，2019.03
240面；17×23公分. --（Power；21）
ISBN 978-957-8710-15-3（平裝）
1. 心理諮商　2.通俗作品

178.4　　108001976

Power 021

**心理解剖書**

**潛意識裡的傷，只有自己知道。用他們的故事，讓自己重新活一次！**

作　　者／曾奇峰
封面設計／蕭壽佳
內頁排版／顏麟驊
責任編輯／林嘉柔
主　　編／皮海屏
發行專員／劉怡安、王薇捷
會計經理／陳碧蘭
發行經理／高世權、呂和儒
總編輯、總經理／蔡連壽

出 版 者／大樂文化有限公司（優渥誌）
220 新北市板橋區文化路一段 268 號 18 樓 之1
電話：（02）2258-3656
傳真：（02）2258-3660
詢問購書相關資訊請洽：（02）2258-3656
郵政劃撥帳號／50211045　戶名／大樂文化有限公司

香港發行／豐達出版發行有限公司
地址：香港柴灣永泰道 70 號柴灣工業城 2 期 1805 室
電話：852-2172 6513　傳真：852-2172 4355

法律顧問／第一國際法律事務所余淑杏律師
印　　刷／韋懋實業有限公司

出版日期／2019 年 3 月 11 日
定　　價／300 元（缺頁或損毀的書，請寄回更換）
I S B N　978-957-8710-15-3

大樂文化

大樂文化

飛人傳說 1
阿布的飛行測驗
謝文賢——著 Aery橘子工廠——繪

作者序

# 對於飛行的想像

就像傳說一般，那個地方確切在哪裡，我已經忘了。

只記得是在一個旅行途中，我正開車在一條寬敞的鄉道，周遭大多是低矮平房，遠一點是綠色的山與黃色的土，時間是下午，五點左右吧，天光還亮著，但就要開始黯淡下去。

路上幾乎沒車沒人，僅有一臺小型摩托車。那是一位太太載著一個小女孩，不疾不徐騎行在我的右前方，我不趕時間，也緩緩的行駛在他們後面。

午後的氣溫舒適，應該是在春末夏初時節吧，鄉間景緻閒散，道路筆直延伸，飛機跑道似的。行進間，那位太太的袖套與衣襬隨風飄動著，後座女孩大約在九歲十歲之間，她背包上垂墜的帶子也被風吹得亂甩。我就這麼跟著他們行駛了幾分鐘，就在隱約感覺到天色轉變的時候，我看見那個女孩鬆開環在母親腰間的手，緩緩的平舉開來，彷彿攤開一雙翅膀，她的手掌隨著機車的輕微搖晃而忽高忽低，像是在保持平衡，準備起飛。

向晚天色魔幻，我看不見那女孩的表情，但我一直沒有忘記那一刻，我想，當時她一定感受到生命愉悅，輕鬆而美好。

我不會飛，除了坐飛機以外，我沒有任何飛行的經驗，倒是小時候曾有墜落的經驗。那是在外婆家外頭的一棵龍眼樹上，樹不高，但是很老了，老得樹皮斑駁脫落，像一條永遠在脫皮的蛇。老龍眼樹盤根錯節，枝幹肥大，我們一群小朋友喜歡爬到樹上去玩，有時從這一樹枝跳到那一樹枝，有時在樹枝間玩鬼抓人，有時就只是坐在樹上聊天，有時剝樹皮朝底下的人丟……。

樹不是水泥房子，它的樹枝會晃，它的葉子會隨風嘩嘩的響，它會落葉，它會掉果子，當我貼在樹的皮膚上，真的隱約可以感覺裡頭的生命。

有一天，我們又在樹上跳玩，就在我即將落到其中一處枝幹時，樹一晃，我腳上沒踩穩，摔了。

其實並沒有很高，大約就兩公尺左右，但是，當身體失去平衡往下墜落那一瞬，我真的感覺人類渺小，這世界好大。

創作這個故事時，我家的孩子還很小，與鄰居的兩個同齡孩子常常玩在一塊，他們會在巷子裡奔跑、丟球、溜著還不太會控制的直排輪、偶爾爭執吵架，偶爾受傷。那兩個孩子常來我家玩，他們喜歡在我家沙發上跳來跳去，甚至站到沙發背上去，我怕他們摔（也為了自家沙發的安全），總要出聲制止他們，但不過一下子，他們又在沙發上跳起來了。

不知為何，孩子總喜歡爬到高處，俯瞰這個世界。

在作文課上與孩子討論起超能力，我問，如果可以有超能力，你們要什麼？有人說隱形、有人說變身、有人說刀槍不入、有人說透視、有人要暫停時間……有個孩子說他想要這世界上數不清的錢，我想起了小王子在328號星球上遇見的實業家。

還有很多孩子沒想法，不需要任何一種超能力，這令我驚奇，他們對於生活感到如此滿足。

我想要可以飛，有個孩子這麼說，這樣就可以輕易到全世界旅行了。

一個孩子說，坐飛機不就行了！

另個孩子說，用任意門就可以啊！

再另個孩子說，瞬間移動不是更快！

我微笑看著孩子們討論，他們說得極是，跟各種超能力比起來，飛行一點也不特別，它似乎只是一種浪漫情懷的實現。

老師，那你想要什麼能力？一個孩子反問我。

人類嚮往天空，不斷嘗試飛行，關於飛天的傳說多不勝數，直到飛機出現，人類借用了對於鳥類翅膀的想像，終於離開地面。從此之後，人類越飛越高、越飛越遠，衝破了大氣層，開始探索宇宙。

人類沒有翅膀，但我們似乎注定就是要會飛行的，如果沒有對於飛行的想像與渴望，人類將永遠被困在地球。

這本書以前有另外一個名字，現在叫做《飛人傳說》，更接近我原本的想法，書裡說的是關於飛人阿布的故事，也是任何一個孩子的故事。有機會與幼獅文化合作，重新製作這個故事，我感到非常開心，也很感謝。我調整了許多細節，擴大故事格局，建構了一個更豐富、更細緻的想像世界，我自己非常喜歡，我相信也會有很多人喜歡，尤其是那些鍾情於飛翔的孩子們。

推薦序

# 如果可以，我想在愛中飛行

林用正──屏東縣中正國小老師

如果電影《阿凡達》的場景讓你感到驚奇，那《飛人傳説》的故事勢必讓你心馳神往，處處感到驚奇。

你有想過學校的新生闖關是飛行測驗？必修課程是飛行課、救援課和動物課？甚至教室是班班有飄浮布告欄，多麼有趣呀！在這裡還有吃了就會笑個不停的笑笑果、飛行測驗會登場的吵紅蛋、會吃飛行人的巨蛇、生氣就躲在洞穴不出門的太陽，滿足了讀者無邊無際的想像，讀完這本書，盡是驚嘆號。

這本書實現了大人與小孩關於飛翔的想望，那種徜徉於天空的自在舒適，那種順著氣流的涼爽舒暢，真是幸福無比。書中的主角是阿布，他生活在人類肉眼看不見的雲朵之上，裡面有座小小的村子，那裡每一個小孩上到一年級後得通過飛行測驗而長出翅膀，像是一場專屬飛人村的「成年禮」，擁有這對與眾不同、閃閃發亮的翅膀，正是飛人族的象徵，也是超絕的人生證明，代表自己已經邁入人生下一階段，需承擔更多人生責任與社會期待。

可是，阿布會飛卻沒翅膀，所以他被別人說他不是飛人。

雖然他沒有翅膀可是當他擁有飛行能力後，他的熱情、自信、勇敢，總是正面迎戰生命中的困境，熱心幫助身邊的朋友。那種無所畏懼的態度以及突破自我的勇氣，值得激賞。其實，生命中的勇者到處都是，人人都可以是挑戰自我的生命鬥士，挑戰自我便是勇士。

然而，故事總有轉折，生命總有曲折。每當發生災難時，就是看見人性的關鍵時刻。當飛人村的環境產生巨變時，阿布面對著危險時能運用與眾不同的飛行技能，以自己的優勢解救飛人村。讀著讀著，我耳邊傳來蔡依林的歌曲《不一樣又怎樣》，深刻的歌詞伴著悠揚的旋律，都告訴我們要珍視自己的獨特點。

其實，什麼叫做正常？什麼叫做不正常？都不是由世界規則或他人言語來決定，也許你的獨特會讓世界發光發熱。試著想一想：這個社會上，如果每個人都剪著一樣的髮型，穿著一樣的衣服，說著一樣的言語，那會有多無趣呀！

愛，克服一切難題、縮短人們的隔閡、拉近彼此距離。若你在書中讀到自己與阿布有類似的遭遇時，用正老師想要告訴你：「你不孤單，願我們都能在愛中飛行。」

推薦序

# 沒有翅膀的華麗飛翔

蔡淇華——臺中市立惠文高中圖書館主任

我常夢見自己在飛，由上而下俯衝，貼地飛行，幾次就要驚險墜地，但總在撞擊瞬間，再度拉起，穿雲入霧。閱讀《究極夢辭典》，如是解夢：「飛翔夢、墜落夢，都是心神不定、個性浪漫的人常做的夢。這類型的人個性真誠、精神層面崇高；但另一方面，似乎懷抱著不被周遭理解的孤獨。」這種孤獨的飛翔、栩栩如生的夢境，在閱讀《飛人傳說》時，再度重現！

十年前，曾在第二本書中寫下：「我們總是在墜落之後，才學會飛翔的。」《飛人傳說》深刻表現出這句話的精髓。在一座普通人抵達不了，也找不到的飛人村，那裡的人，都有一雙大大的翅膀！要成為一位真正的飛人，就必須進行「飛行本能與血統檢測」的儀式，而新生阿布，和同學們參加第一次飛測。如同飛人村的信仰，長出翅膀的要素，就是要有壓力。所以他們一個一個鼓起勇氣跳下懸崖，在落地前，一個個長出絢麗的翅膀，但一樣勇敢跳下的阿布，最後卻必須被老師接住，才不會摔得粉身碎骨。

是的，阿布成了那一屆，唯一未在飛測中長出翅膀的「異類」。當同伴休閒時，都在空中玩著飄浮、衝停、或是降落等技巧，只有阿布，孤單的留在地面。

沒有翅膀，真的就不能飛嗎？

與眾不同，難道就一無是處嗎？

被排擠的怪咖，真的無法靠過人的勇氣成為英雄嗎？

這些不僅是故事中精采的情節，也是每一個像我一樣，在真實生活中經歷過背叛、排擠、與孤獨的讀者，欲罷不能，要一直翻到最後一頁，想要找到的解答。

作者謝文賢是個說故事高手，讀這本小說，有閱讀《哈利波特》的快感。書中搶奪巨蛇鱗片的「搶鱗飛行競賽」，和《哈利波特》中的「魁地奇空中球賽」一樣扣人心弦，甚至更富哲學巧思。

極推薦這本層次豐富、情感飽滿的《飛人傳說》。期待所有讀者打開這本臺灣的《哈利波特》，從幾千個翅膀高的山壁，一路滑翔，飛出孤獨，也飛出傲人的勇氣與自信！

# 人物介紹

阿布

巴蘇亞

達海

比勇

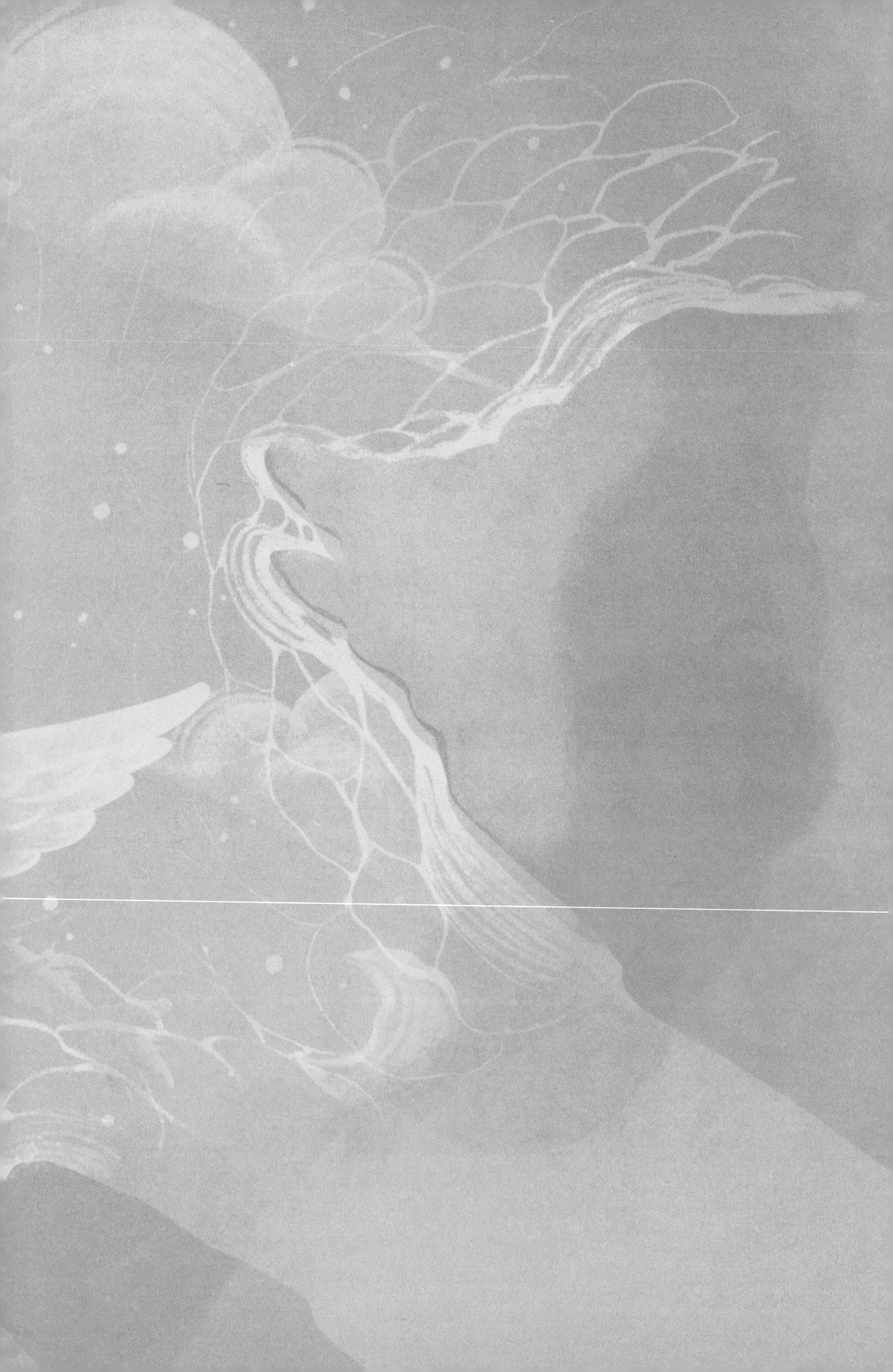

# 前言

飛人村，許多傳說開始的地方，那是一個非常非常神祕的地方，在一座人類怎麼找也找不到的高山上。

傳說中，那座山沒有腳，所以普通人類到不了。想要到飛人村一定要有一對翅膀。

沒錯，翅膀。就像蝌蚪會長出腳，人類有青春期一樣，住在飛人村裡的飛人們在成長到一定的年紀之後就會自然長出一對翅膀，飛行是他們的本能，天空是他們的遊樂場，在雲裡穿梭就像玩捉迷藏。

比很久很久還要久以前，飛人族還常常會到人類的世界，人類偶爾也可以看到飛人。但現在，飛人已經是人類世界裡一種古老的傳說了，如果你說你看過飛人，也許還會被別人笑。

飛人其實一直都在。

## 第一章

# 阿布

今天，正好就是飛人學校開學的日子。

這一天早上，太陽特地選擇從巨塔山右邊爬上來，那表示今天太陽的心情不錯，塔尖峰頂上放射出來的金黃色光芒把雲照成了一團一團快要融化的冰花球團，上面還像撒了很多金粉，看起來就很好吃。阿布坐在家門口綁鞋帶，爸爸就在他身後看著他，眼神有一點疼惜也有一點遺憾。當阿布綁好鞋帶走出院子，爸爸才從屋子裡飛出來，咻一下子就飛到阿布頭上。阿布抬頭看，陽光下爸爸的翅膀撐得好開，黑色的羽毛像一片大烏雲，陰影覆蓋了阿布和整座房子。左邊翅膀裡那一支金黃色的羽毛在風中一動也不動，遠遠看去，像是爸爸的身上被射中了一支箭。

「阿布……」爸爸收起翅膀，慢慢的降到阿布眼前。

「我知道啦！」阿布背起背包，不耐煩說著。

「今年，你已經升上三年級了，如果你還不能……。」爸爸擔心的說。

「所以，我說我知道了，你不要再跟著我啦！」阿布不耐煩的打斷爸爸的話。

「要……要不要我用飛的送你上學……？」

「不用，」阿布惡狠狠的回答。他其實也想讓爸爸送，但是自從上學期發生了那件事情之後，阿布就再也不敢讓爸爸送他上學了。

「我自己『走』！」他把走字講得特別重，因為他不能飛，只能走。

看著阿布走向陽光中，天空一點一點的都是正要上學的小飛人，還在陸地上走的，都是年紀比阿布還小的一年級新生，阿布已經三年級的身材在一群小小孩裡頭顯得很特別。

但就是這種特別，讓阿布在學校抬不起頭來。

爸爸望著阿布一直走到看不見了，才嘆一口氣轉頭回家。

飛人學校的開學日，也是每年飛人村裡最重要的一天，這天，所有一年級的入學新生都要參加「飛測」，以判定小孩確實到了入學年齡，可以學習飛人族所有知識與技能了。還有另外一點，就是要確定孩子們的飛人血統。

兩年前，阿布入學時也參加了飛測。

那一天，是阿布怎麼也忘不了的一天，他本來跟所有的小朋友都一樣，跟比勇、瓦路、達海、巴蘇亞都一樣；跟塔妮芙也都一樣，但是那天之後，他跟所有人都不一樣了。

到現在，阿布還很清楚的記得那一天的事情。

那天早上他很早就起床了，因為是第一天上學，他前一天晚上興奮得睡不著，躺在床上翻來翻去。在上床之前，他已經在爸爸的房間裡待了很久，問了許多問題，像是：上學是怎麼一回事？飛行的感覺？翅膀長出來時會不會痛？老師凶不凶？功課會不會很難？要怎麼認識新朋友？等等，很多很多的問題，直到爸爸終於打了第十二個哈欠，他才被趕回自己房間。

不過，睡不著的不只是阿布，那天早上的天空才一點點亮，月亮都還沒回去休息，達海跟巴蘇亞就在他們家門外叫他了。

「阿布～阿布～」

一聽到熟悉的叫聲，阿布馬上從床上用力跳起，這一跳至少有半個翅膀高，阿布感覺自己就像在飛一樣。

阿布衝進爸爸房間時，爸爸還躺在特大號床上睡覺，打呼聲像打雷一樣。阿布突然安靜下來看著爸爸，爸爸的臉上有一點點黑黑的鬍渣，全身的膚色都是很健康的咖啡色，那兩片巨大的黑色翅膀就微微的攤開在爸爸身體兩側，翅膀上黑得發亮又柔軟的羽毛隨著爸爸呼吸起伏，輕輕的搖動著。

在爸爸攤開的左邊翅膀內側，從上面數下來第七根，那支金羽毛在一片黑羽毛中閃閃發著光。

阿布望著那根羽毛傻笑，心想：過了今天，那就是我的了，呵呵……啊！正笑著的阿布發出一聲慘叫，把爸爸也驚醒了。

原來，睡夢中的爸爸像伸懶腰一樣，突然把翅膀撐開來，正好把傻笑的阿布打趴到地上了。

早餐都沒吃，阿布就匆匆忙忙的出門，蹲在門口的達海跟巴蘇亞早已等得不耐煩。

「吼，你很慢捏，傻布！」達海邊抱怨邊拿地上撿到的種子往阿布丟。

「你才是傻海咧！」阿布用背後的背包擋。

「好了啦，再不趕快又要遲到了啦，遲到的人可要自己上巨塔山，你們不怕？」巴蘇亞嚴肅的說。

「不怕，」阿布跟達海互望了一眼，伸手搶了巴蘇亞的帽子就跑，「不怕才怪咧！」

三個人邊跑邊笑，好不容易終於到了學校。看到學校門口兩個老師張開翅膀在登記名字，三個人都安靜了下來，乖乖的跟著排隊的人群走進學校。

進了學校後，阿布他們三個人同時都張大嘴巴「哇」了好大一聲，學校又大又美麗，光是正門前的廣場就大得幾乎看不到邊，連接著廣場的更是一望無際的彩色草原，草原上點綴著好多大樹和阿布他們幾乎都不認識的花草，看上去就好舒服哦！在廣場的正中央有一個噴水池，水池裡有一個巨大的雕像，祂的身體和臉都是白色的，但是身上的衣服是彩色，一條一條的紋路非常鮮豔。雕像站在水池中央，腳底浸泡在水池裡彷彿是從水裡浮出來似的。臉上的笑容很慈祥，雙手大開像是要懷抱什麼。

「你們看那個雕像，」阿布指著雕像大聲說著，「他長得好奇怪哦！」

「對啊，」達海跟著說，「他怎麼跟小孩子一樣沒有翅膀！」

「對啊，」巴蘇亞也說，「哪有大人沒翅膀的，一定是弄錯了！」

「對，一定是弄錯了。」達海說，三個人得到結論，點頭點得像被風吹過的小草。

校園大是很好，但對於還不能飛的一年級新生來說就不太好，因為光是走路穿過建築物前面的大草原就要走上至少半個太陽時間。

當這群一年級新生好不容易穿過校園，走進四方教室圍繞而成的天井中，學校裡其他高年級的同學都跑到陽臺上來看，指指點點的像在買東西。

今年新生總共有兩個班，阿布、達海跟巴蘇亞因為住得近，所以被編到了同一班，比勇的妹妹塔妮芙則被編在另外一班，他們都是好朋友，還沒入學前就時常玩在一起，家長們也都互相認識。

編好班級、領完書、所有新生都跟著各自的老師走到屬於自己的教室。

阿布他們班的導師是一位長得黑黑的男老師，他的翅膀是咖啡色的，攤開來又長又大，幾乎跟阿布的爸爸一樣。但不一樣的是這位老師的翅膀羽毛顏色長得非常均勻，上面一根金色羽毛都沒有。

「小朋友早安！」教室裡原本好熱鬧，在男老師開口說了第一句話後突然就變得很安靜，連無毛蟲爬過的聲音都聽得見。

「哈哈，安靜多了。小朋友，我是大為老師，我是你們班的導師，也是你們的閱讀老師，往後幾年我們都要一起上課唷！」

「那個老師講話好大聲哦！」達海低聲在阿布的耳朵旁邊講悄悄話，阿布聽了一直點頭，眼睛都沒有離開大為老師。

「好，老師自我介紹完畢，現在老師要認識同學們，也要讓你們互相認識，我們來做自我介紹吧。」

大為老師的長相看起來很凶、嗓門也大得不得了，但脾氣好像還滿好的。鬆了一口氣的小朋友們又開始活潑起來了，自我介紹就在吵雜聲中進行著，每個小朋友在臺下都嘰嘰喳喳好會講，上了講臺卻又害羞起來，頭低得像瞌睡花一樣。

全班同學都做過自我介紹後，老師突然嚴肅的要小朋友全都安靜下來，開始講解今天飛測的注意事項。

「『飛測』，就是『飛行本能與血統檢測』，是飛人族的傳統，也是飛人族的榮耀。」老師說：「我們飛人族，長年居住在飛人村，飛人村位在一座人類到不了，甚至連看也看不到的雲上之地。說是村，其實比較像一座島，是個南北向比較狹長的大島，飛人學校大約就在飛人村中央靠近西側的位置，再更往西邊去，接近飛人村邊緣的地方，有一座不停冒出泉水的湖，那是大家熟知的『動不停湖』，湖水往外流出一條河，河水繞過飛人學校外圍，向東方逆流而去，直到距離學校三萬六千個翅膀遠的巨塔山，那是飛人村最高的一座山，也就是今天飛測的執行地點。」

「喔～哇～」老師介紹到巨塔山，小朋友們不約而同發出驚嘆，因為還不會飛的孩子是被禁止靠近巨塔山的，而今天，他們就要去那裡進行飛測了，小朋友們的頭腦裡都充滿了想像。

「生活在飛人村裡的物種非常豐富多元，也許比人類世界的還多，因為氣候條件相似的關係，人類世界的生物也是可以在飛人村存活的，這些，往後你們都會在課程裡學習到。因為我們飛人族可以飛得比雲還高，而且神祕得就像雲一樣變化莫測，所以，在很少數很少數看過我們的人類中，有人也稱呼我們為雲族。」大為老師說。

「老師為什麼一直用人類世界來說明呢？」巴蘇亞低聲呢喃，阿布跟達海都輕輕的點頭表示有同樣的疑惑。除了他們三個，其他同學全都把頭抬高高，很專心的聽著老師講解。

看同學都很專注的在聽，大為老師便繼續講：「擁有飛人族血統的小孩到了九歲時，在一定的刺激與壓力下便會自然長出飛人族最引以為傲的特徵——翅膀。當然，若沒有特別的訓練與輔助，翅膀也一定會在十一足歲以前自動長出來，這是飛人族與生俱來的本能。」

哇！孩子們都發出好大的讚嘆聲，紛紛互相看著別人的背後，並竊竊私語起來，有人甚至還互相拍打背部，惹出一些尖叫。

「好，安靜一下，」大為老師繼續講解，「因為呢，九歲也正好是飛人學校的入學年齡，所以，飛人族的孩子們在新生入學的第一天，便要接受堪稱為飛人族成年儀式的『飛測』，以確定飛人族的血統。通過測試的人便等於自動取得入學資格，當然，雖然還沒有發生過這樣的例子，但如果有飛測沒通過的小朋友，我們還是會讓他入學，跟著大家一起上課的。不過，」大為老師的口氣突然變得好認真，孩子們也跟著緊張起來，「如果有小朋友在十一歲之前還沒長出翅膀飛行的話，那就會被認定為不是飛人族。按照飛人族古老的規條，不會飛的飛人會被送到人類的世界裡去生活哦……」

小朋友們聽到這裡，都安安靜靜不敢講話，一雙雙小眼睛都張得大大的，盯著大為老師看。

「但是…」大為老師突然發揮他的大嗓門，好幾個小朋友被嚇得高高彈起，連課桌椅都撞歪了，大為老師又笑著繼續說：「就老師所知，飛人村裡還沒有發生過這樣的事情啦！小朋友們不用擔心。」

「聽我爸說人類世界很恐怖哦！」巴蘇亞靠近阿布跟達海的臉，陰沈的說。

「你……你爸怎麼知道！」達海緊張得都口吃了。

「真的，我爸說人類世界又髒又亂，垃圾飛滿天，水都是黑色的。而且，人類長得很醜，喜歡在身上畫圖，卻又畫得亂七八糟，嘴巴畫紅色的、眼皮畫黑色的，連指甲都畫得髒兮兮的。他們嘴裡還會不時吐出煙來。最重要的是，他們什麼都吃，許多珍貴的生物都被他們吃到絕種了，有很多還是偷偷被救到我們飛人的世界來才逃過一劫的。而且啊……」巴蘇亞像真的去過人類世界的樣子，一直講個不停，還得吞一下口水才能繼續再說，「聽我爸說，聰明的飛人根本就不敢去人類的世界，飛人只要到過人類世界以後都會發瘋，就算有一天可以再回到飛人村，也跟以前都完全不一樣了。」

「聽你爸在放屁！」雖然表面上這樣講，但阿布跟達海聽得心裡毛毛的，對人類世界有無限的恐懼。

這時，學校的廣播器正好響了。

「請一年級的新生，到操場集合，準備參加飛測。」

聽到廣播，阿布跟同學們都很興奮，嘰哩呱啦的吵了起來。一位漂亮的女老師從窗外飛進來，她的粉紅色翅膀是透明的，窗外的陽光穿過她的翅膀，撒在教室裡的影子都是淡淡的粉紅色，女老師看起來好像很輕，翅膀只是微微的擺動，飛起來感覺非常的秀氣。

那位女老師跟大為老師講了幾句話之後便轉頭對著他們說：「小朋友，我將是你們的飛行老師，你們可以叫我毛毛老師。」

「毛～毛～老～師！」同學們奮力的叫得很大聲。

「好，很有精神，」毛毛老師露出滿意的微笑，「你們知道我們現在要做什麼嗎？」

「飛～測！」這次喊得更大聲，好像喊破喉嚨有獎品一樣。

「好，很好。那麼，請大家放下所有東西，跟我來。」毛毛老師講完後便帶領著阿布他們班的同學往運動場去。

到了運動場，阿布看見好多家長都已經在那裡等自己的小孩了，運動場熱鬧得像被吵醒的寧靜山坡一樣，家長們都在跟自己的孩子講話，為他們打氣。

阿布的爸爸不會來，他要跟同事開會，爸爸每天都要跟同事開會。阿布心裡知道。所以，他便沒什麼期待的在隊伍中東張西望。阿布看見塔妮芙也排在隊伍中，她的神情看起來很緊張。阿布想要走過去跟她講話，但是遠遠的看見她哥哥擺動著小小的翅膀往他們這邊飛過來了，阿布有點害怕比勇。比勇跟塔妮芙講了幾句話便又搧動他那對小翅膀飛走了，搖搖晃晃的，阿布很可憐那對翅膀。

阿布有時候想，翅膀真是個神奇的東西，比勇的身體那麼胖，偏偏那對翅膀又那麼小，為什麼還可以飛得起來呢？

隊伍一路浩浩蕩蕩的走出校園，校門口已經有幾隻大翅車在等候，孩子們搭上車，往巨塔山移動。除了隨車老師，還有許多老師擺動翅膀上上下下的圍繞在車隊周圍，維持著秩序跟安全。

大翅車的肚子裡柔軟安靜，坐在裡頭，隱隱約約可以感覺到這隻生物的心跳聲，就像被親人抱在懷裡一樣。阿布跟好朋友們一邊看著風景，一邊開心聊天，還吃著偷偷放在口袋裡的甜石皮，興奮得像第一次出門一樣。

到了距離巨塔山大約五百翅距離的地方，老師們開始要求小朋友們安靜，因為巨塔山下有一座超級大的蛇洞，隨時隨地會有巨蛇出沒。巨蛇們身軀龐大，身上的鱗片色彩斑斕，雖然漂亮卻是一種使人目眩神迷的武器，讓獵物自投羅網。

巨蛇已經在巨塔山下活了幾千年，據說巨蛇原本不叫巨蛇；也不像今天那麼巨大，他們的祖先原本是住在巨塔山頂上，擁有奇特的跳躍能力，因此被飛人族稱為跳跳蛇，被稱作跳跳蛇的時候最長也才一對飛人的翅膀寬，最胖也沒有超過水豬的腰圍，不像現在長得那麼肥大。

當初，因為跳跳蛇常常從巨塔山頂飛竄而下攻擊飛行中的飛人、跳躍中的食火蛙以及爬行中的洞洞蟹（因爲這樣，跳跳蛇這個物種有一度還被稱爲飛蛇呢！），最後三個族群忍無可忍合力與跳跳蛇打了幾場生存之戰，歷時了好幾個世代。最後一場戰爭的結果是跳跳蛇輸了，從居高臨下的巨塔山頂被趕走，所以他們只好逃到巨塔山腳下的洞穴裡躲起來。

真正的原因目前還不明朗，但也許是因為長年住在黑暗洞穴裡的關係，跳跳蛇的視力變得愈來愈差，後來幾乎就看不見了；或許也因為都窩在洞穴裡面沒有運動的關係，所以跳跳蛇的身體便愈來愈巨大，愈來愈巨大，到了最後就變成巨蛇了。失去了視力，讓原本只是頑皮愛惡作劇的跳跳蛇變成了暴躁易怒的巨蛇，飛人村的生物全都避之唯恐不及。

在老師們的要求下，小朋友紛紛閉上嘴巴、瞪大眼睛，一點聲音也不敢發出。到了巨塔山的山腳邊，大翅車紛紛安靜地降落，因為他們體型巨大，沒辦法飛得太高，只能把孩子們運送到這裡，接下來，便要由老師們開始一個一個將小朋友們抱上山。

雖然上山的位置距離巨蛇洞還有兩百翅那麼遠，但孩子們還是感到有點緊張，老師抱起孩子時，可以明顯感覺到他們的身體僵硬，有些還微微的發抖呢。不過有幾個調皮大膽的，還是手舞足蹈，大聲笑鬧著，不受控制。

當達海被大為老師抱著往上飛時，腳不小心踢到了山壁，叩叩叩的往下掉了幾塊石頭，在山谷間製造了陣陣迴音，迴音像敲在每個孩子的心裡似的，把冷汗敲出來。這時老師們紛紛以動作示意孩子們安靜下來、不要亂動。果然，墜落的石頭都還沒掉到地上，遠遠就可以看見巨蛇洞裡竄出一個超級大的蛇頭。

巨塔山一直是小孩子的禁地，一年級的新生只聽過大小孩們繪聲繪影的描述巨蛇，從來也沒人親眼看過，如今一條貨真價實的巨蛇就出現在眼前，小朋友們都害怕得像石頭一樣不會動了。

那蛇頭滑出山洞後，就惡狠狠的朝著石頭掉下來的地方張開大嘴一咬，幾顆比人頭還大的石頭輕輕鬆鬆就被巨蛇的尖齒咬得粉碎。巨蛇發現咬進嘴裡的只是幾顆落石後，咂一咂嘴，悻悻然的吐兩口舌信又慢慢的往洞裡縮回去，就在身影即將消失在黑暗裡的時候突然又快速的往前爆衝，確定真的沒有獵物之後才死心的緩緩退進洞裡去。

阿布跟同學們被巨蛇恐怖的樣子嚇得臉色蒼白，好幾分鐘連呼吸都不敢太大力。等巨蛇完全縮入洞穴中，而且沒有動靜之後，老師們才又開始輕輕的把學生抱上山。這時，連那些最皮的小朋友都變得好乖，手腳都不敢再亂動了。

阿布被教體育的阿建老師抱著往上飛了好久好久，久到他都想睡覺了，才終於飛到巨塔山頂端。到了巨塔山上，阿布真不敢相信自己的眼睛，眼前的景色實在是太美了。

原來巨塔山的頂端是一片平原，平原延伸到幾乎看不見的遠處，遠處隱隱約約還有一座尖尖的小山，那就是塔尖峰，大約有一百個翅膀高。從學校那邊逆流過來的河從巨塔山另一頭流上來，橫越塔頂平原，往塔尖峰那邊流過去，最後在峰壁上形成一道漂亮的逆流瀑布，消失在峰頂。

整片平原上都開滿了漂亮的七手八腳花、瞌睡花、故事花、詩人草、倒立草和許多阿布從來沒看過的花花草草，有的花小得比螞蟻還小，有的高得有一層樓那麼高，還有的花開出來是一張會變化表情的臉呢。看見有人上山來，那些花草們都紛紛動了起來，讓平原上變得好熱鬧。

在平原的最前端，靠近邊緣的地方有一棵無花果樹，樹冠無比巨大，幾乎可以掩蓋整座巨塔山，他的樹根深深的扎到土地裡去，有一半的樹根甚至延伸到平原旁邊的懸崖下面，遠遠看去就像一隻大鳥的爪子緊緊的抓住巨塔山的一端。

樹旁有一顆大石頭，石頭的寬度大約有阿布爸爸翅膀張開的兩倍寬，高度則是跟阿布差不多高，石頭是扁長型的，長的那端從懸崖延伸出去，大約有一大半都在懸崖外頭，就像巨塔山長出的一顆大暴牙。走到石頭旁邊往下看，整座飄浮在雲上的飛人村都映入眼簾，雲霧洶湧就像海水一樣，飛人村也像是一片海上的島。

「在那雲的下面就是人類居住的地方了……。」阿布在心裡想，但那裡卻灰濛濛的一片，怎麼都看不清楚。

等全部的學生都被送到巨塔山上之後，老師們便開始為學生編號，一個一個排隊站到那顆大石頭上面去。

「那塊大石頭就是我們今天要舉行飛測的地方。」

阿布他們聽到老師這樣說都笑了，那顆石頭雖然跟阿布一樣高，但是不管是要跳上去或跳下來，阿布都有信心可以做到。

原來飛測這麼簡單啊！大家心裡都這樣想著。

有一個老師從石頭後面拿出好幾個大籃子，籃子裡放了許多顆像滿月果那麼大的蛋，蛋殼紅紅的，有一種很新鮮的感覺。那些紅蛋在籃子裡興奮的跳動著，學生們看到都竊竊私語起來。

「那是卡比西的蛋，」教動物學的畢馬老師說：「卡比西是一種鳥喙呈現鮮豔紅色的鳥，他們所下的蛋大小跟滿月果差不多，只是蛋殼較薄，而且呈現淡淡的紅色，我們可以從外面看得到裡面小鳥的身影。」畢馬老師笑著說，「卡比西是一種奇特的鳥，他一生有兩種形態，目前我們看到的是他的第一種形態……」

「蛋！」有一個小朋友突然大聲脫口而出，惹得大家笑嘻嘻。

「對，小朋友說得沒錯，就是蛋。卡比西的蛋從被生出來那一刻起就有意識，可以自行活動，他們會笑、會跳、會吵架、會撒嬌，非常的活潑，只是智商不高，有點笨，那大概是因為他們的腦還沒發育完全的關係吧。因為卡比西的蛋很吵，我們又叫他們吵紅蛋，他們會維持這個形態將近兩年的時間，然後才會自然孵化為卡比西的幼鳥。變成鳥的形態之後卡比西的習性便會產生很大的改變，他們會變得害羞、沈默，善於思考，一生只在求偶以及生育這兩個時刻才會發出叫聲，聲音非常悅耳動聽唷。」畢馬老師說完，大家都露出一種讚嘆的眼神看著那籃子裡嘰哩呱啦亂叫的鳥蛋們。

畢馬老師接著補充說：「卡比西的蛋最喜歡的就是飛行，雖然他們還沒有破殼；還沒長出翅膀，根本就還不能飛，但這些早熟的蛋們總是非常熱衷於飛行，飛人族的歷史上曾經記載有卡比西的蛋集體從巨塔山跳落而全部摔破在山腳下的事件，還砸到了好幾隻正在飛仰式的單翅烏鴉呢。

發生了這樣的事件後，飛人族便將吵紅蛋列入飛測的使用項目之一，以防止因為飛行慾望無法滿足而自殺的破蛋事件。」

「好了，介紹完畢，今天的重頭戲要開始囉！等一下我們要請同學們依照順序站上那顆鳥人石，阿建老師會拿著一顆吵紅蛋往懸崖下丟，另一位大為老師會數拍子，當大為老師數到九的時候，站在石頭上的那位同學就要往下跳，在蛋掉到地面上或被山腳下的巨蛇吃掉以前接住他，然後張開翅膀飛回山上來，這樣，清楚嗎？」

「原來不是跳到石頭上啊……我好怕呀……會不會摔死啊？……我一定不敢跳的……」聽到老師的解說，小朋友們面面相覷，都發出同樣擔憂的聲音，幾個比較膽小的甚至已經哭了起來。阿布看到巴蘇亞的兩隻腿也抖到不行。

「請小朋友不要擔心，我們同時會有兩位老師跟著你們一起往下跳，以確保安全。不過，」那位老師說著說著突然大喊，又有好幾個小朋友被嚇哭了，「為了要給你們長出翅膀必須的刺激，老師只會在你墜落前一刻出手救你，當然，老師偶爾會失手；或者，巨蛇有時會有出乎意料的攻擊舉動……所以，請小朋友一定要努力想辦法使自己背上的翅膀長出來唷。」那位老師真是故意，這樣一點也沒有安慰到人，阿布跟同學們聽完說明後更害怕了。

那老師說完，就叫了編號第一號同學的名字，那同學聽到自己名字嚇得都尿尿了，阿布看了又想哭又好笑。

老師們死拖活拉的，那位同學卻死命抱住無花果樹的樹幹。最後，好不容易在幾位老師的努力下終於把他架到鳥人石上，那位同學只是站著哭，一點也沒有想要跳下去的感覺。

但老師們還是直接發號施令。

阿建老師從一堆吵不停大喊著「選我！選我！」的紅蛋裡面拿出一顆，然後把蛋高高的舉起，只聽見那顆蛋興奮得像吃了太多笑笑果似的喊著：「我要飛、我要飛、我要飛了，嗚咿。」阿布發現，當吵紅蛋興奮的時候，他們紅色的蛋殼好像也會變得更鮮豔。

「預備，丟！」發號施令的老師一聲大喊，阿建老師便迅速的把手上那顆吵紅蛋往山下丟，在掉落的瞬間，吵紅蛋發出了非常愉悅快樂的歡呼聲。

同時大為老師也開始數數。

一、二、三、四、五……當大為老師數到九，那位同學還呆呆的站在石板上，站在後面的老師不得已只好出腳往他的屁股上踢。只見那位同學閉著眼睛張開大嘴往下跳，所有的小朋友都聽到「啊～」一聲尖叫跟著他漸漸遠去，好像那個尖叫聲拚命要爬上來的感覺，大家都趕緊跑到石頭旁邊往下看。

巨塔山的肚子上有雲，同學們都看不清楚，只聽見風聲在講悄悄話。過了好久好久，突然聽見咯咯咯的笑聲跟物體高速移動帶來的呼嘯聲，同學們還來不及反應，咻一聲，那位一號同學就從山壁上飛衝出來了，手上還抱著那顆尖叫不已的蛋。

當那位同學出現的時候，全場都爆出了熱烈的掌聲與歡呼聲，他也炫耀的將剛長出來翅膀不停的搧動著。那翅膀看起來超炫的，不止有兩隻主翅，在主翅之下竟還各長出一隻小小的副翅，遠遠看去就像是一隻巨大的飛蛾一樣。而且他的翅膀還是雙色的呢，翅翼上的斑紋真是漂亮。

讚嘆之餘，同學們一個一個鼓起勇氣往下跳，也一個一個長出各種不同的翅膀來，興奮的從幾千個翅膀高的山壁飛上來，連達海跟巴蘇亞都通過測驗長出翅膀來了，最後終於輪到阿布。

他站在鳥人石上往下一看，石頭旁就是萬丈的懸崖，風呼呼的從下面灌上來，同學們在他身後喊著加油加油，老師對他點了點頭，便把今天已經被丟過好幾回、一臉滿足的吵紅蛋往山下丟。

阿布心裡倒是不怎麼害怕，等大為老師數到九，他眼睛一閉，腳一蹲，就往下跳去了。乘著風，阿布飛翔在雲裡面，他慢慢感覺到身體有一股張力，好像有什麼力量就快要從體內爆發出來了。他專心的照老師的說法，想像背後已經有一對翅膀，他只要努力控制背後的肌肉，自然就會飛起來了。

隨著墜落的速度愈來愈快，那股力量變得愈來愈強，愈來愈飽滿，阿布也對自己愈來愈有信心了，他微笑著張開雙手，他相信自己現在一定在飛，他可以感覺到背部翅膀抵抗風壓的抖動。原來，這就是飛行的感覺，這種感覺他永遠也忘不了。

就在他準備張開眼睛的瞬間，他感覺到有一隻手環抱著他，把他的身體向上拉扯，之後便是聽到老師們的驚呼聲了。

第二章

# 第三次飛測

老師與同學們的尖叫聲此起彼落，風的力量慢慢減弱，阿布感覺自己的身體依然很僵硬，直到老師在他耳邊說「放輕鬆」，他才慢慢地睜開眼睛。

眼前是愈來愈遠的地面，阿布正在上升，但他卻不是靠自己的翅膀飛行的，隔壁班的導師緊緊抱著他，正在把他往巨塔山頂上帶。

阿布沒有長出翅膀。

所以，他並沒有通過飛測。因為他不會飛，他的吵紅蛋不幸砸破在靠近巨蛇洞的石頭上，巨蛇正貪婪的在石頭皮上舔舐著，連阿布自己都掉落到巨蛇攻擊的範圍裡，還好老師們在千鈞一髮之際將他抓起來往上飛。

他成了當年度唯一一個沒有通過飛測的學生，雖然在飛人長久的歷史中也曾經有過這樣的例子，但在飛人村，這已經是好久好久不曾發生的事，久到連那些長老們的爺爺的爺爺的爺爺的爺爺的翅膀都還沒長出來呢。

回到學校之後發生了什麼事阿布全都不記得了，他只記得當天回到家，爸爸一個人坐在沒開燈的客廳，漂亮的黑色大翅膀像兩隻累壞了的拖地貓癱在地上，只有那支金色的羽毛還稍微閃著光芒。桌子上有一個很漂亮的大蛋糕，但是旁邊已經被挖了一大塊，阿布看到內餡是他最喜歡吃的黑蜜霜，蛋糕上面的圖案早就已經糊掉了。桌子底下則是散落了一大堆的空瓶子，爸爸的手上也還握著一個瓶子。

阿布進門的時候很害怕，看著爸爸一動也不動的坐在地上。阿布很傷心，爸爸一定知道了，金羽毛沒有掉落時，爸爸就該知道了。

阿布小心的在爸爸面前坐下，低頭無聲的啜泣著。好久好久爸爸都不說話，只是一直不停的喝著手上的傷心酒。

最後，阿布腿好痠，輕輕的在地上扭了起來，才聽見爸爸低沈的說：「去洗澡，睡覺了。」阿布抬起頭，看到爸爸的臉色好白，眼裡的光芒都不見了，變成一種黯淡又空洞的眼神，像是看著阿布，又像是看著阿布身後的遠方。

阿布不敢多問，點了點頭就趕緊進房洗澡睡覺，但那天阿布一整晚都沒睡著，腦子裡都是吵紅蛋砸破在石頭上的畫面。

從那之後，阿布變成了不會飛的飛人族，雖然繼續跟著同學們上課，但飛行課與救援課時他都只能在教室自習或者跟體育老師到運動場上去練習跑步。有時候，當阿布一個人在教室裡時，他轉頭望向窗外，看見同學們自由自在的在天空飛翔、遊戲，阿布都好想哭。

他覺得自己是異類。

已經會飛的朋友和同學不知道該怎麼安慰他，也不知道該怎麼跟他相處，因為多數時候他們都在天上飛，而阿布卻只能在地上走，最後大部分的同學都變得跟他愈來愈疏離。甚至，有些高年級的壞學生開始對不會飛行的阿布惡作劇起來了，他們常常突然就飛下來打他一下又飛走；或是把他的東西拿到很高的地方放，要他自己去拿。雖然阿布都會報告老師，但老師也沒辦法無時無刻陪在他身邊。每次被欺負時，阿布都在心裡許願，他希望第二次飛測趕快到來，他希望自己趕快變成飛人。

忍耐了好久，阿布終於又等到第二個學年。開學那天阿布跟著學弟妹們再度上去試了一次，在巨塔山上阿布表現出了二年級學長的成熟穩重，滔滔不絕的向學弟妹們述說去年的盛況，也以過來人的經驗安撫學弟妹們，要他們不用緊張。這時的阿布，展現了很強的領導與說服能力，讓一旁觀看的大為老師很欣賞。學弟妹們有了學長的開導，一個一個緊張而有信心的通過了飛測，最後又輪到阿布了。

當大為老師把吵紅蛋往下一丟，阿布心裡浮現了好複雜的感覺，但是當阿建老師一數到九，他一點也不遲疑，勇敢的往下跳。幾個長笑聲的時間後，毛毛老師又抱著阿布從懸崖下飛上來，而畢馬老師則搶救了那顆差點墜毀的吵紅蛋。

飛測又沒過了。

老師把阿布放到巨塔山地面時，原本需要阿布安慰的學弟妹們都飛在半空中看著他，有幾個還飛在一起竊竊私語。阿布難過得顧不得一堆學弟妹還在面前，失望得嚎啕大哭，好幾個老師都安慰不了他。

最後，終於到了今天。

這是第三次的機會，阿布今年已經十一歲了，要是再沒有長出翅膀通過飛測，他就會被送到人類世界去了。

阿布不知道自己為什麼不能長出翅膀，爸爸明明是飛人村裡翅膀長得最大最好看的人，為什麼阿布卻長不出翅膀來呢？

這兩年來，同學們都因為他長不出翅膀、不能飛而不願意跟他玩了。幾個原本與他比較好的同學，跟他玩了幾次之後，因為他沒辦法玩空中遊戲，而且走路的速度比起飛行又實在太慢了，也都漸漸的跟他疏遠。

因為沒有翅膀，不能飛行，阿布也自卑得不願意跟別人交流，變得愈來愈孤僻了。最後，幾乎只有達海、巴蘇亞跟塔妮芙還肯跟他講話，可是他們怕傷害阿布，所以對他講話都變得吞吞吐吐的，這樣的說話方式令他感到更難過。

阿布變成了一個孤單的飛人，不，他甚至於還不算飛人。

而那些喜歡惡作劇的壞孩子則愈來愈變本加厲，常常跑來欺負不能飛行的阿布，他們總是將阿布的東西搶來藏到樹梢上或屋頂上，讓他拿不到；不然就是在空中拿東西砸他。

尤其是比勇跟瓦路，不知道為什麼他們特別喜歡欺負阿布。這些遭遇讓阿布幾乎不想上學了，每天都要爸爸一邊催促一邊鼓勵，他才願意出門，而且他都要爸爸親自送他上學。

然而，自從去年發生了那件事之後，阿布就再也不肯讓爸爸送了。

那是在第二次飛測過後的某一天，那一陣子阿布因為飛測又再度失敗了心情非常的沮喪。

那天早上，阿布睡過頭了，爸爸為了讓他心情好一點，在送他上學的途中特地抱著他飛到好高好高的高空，把地面的一切全都拋在腳下。爸爸的懷抱加上高空飛行的感覺，讓阿布覺得好舒服又好有安全感，地面的一切都那麼渺小，他一隻手就可以全部遮去了，讓他鬱悶的心情放鬆了不少。

然後，爸爸突然往學校的方向全速俯衝，爸爸全力飛行的速度真的是快得驚人，連風都因為追不上而發出淒厲的呼聲，阿布也興奮的放聲大叫。阿布只眨了眨眼，就已經到學校了，爸爸放下阿布也要去上班了。

沒想到的是，阿布到了學校後，竟然被比勇跟瓦路取笑，說他已經二年級了還要爸爸送，說他是不會飛的雜種。比勇還說，要叫他妹妹塔妮芙不要再跟阿布講話了。

阿布一氣之下就跟比勇打起架來，可是比勇是三年級，有翅膀、又能飛，阿布根本打不過他，達海跟巴蘇亞不在現場，其他同學們也都因為害怕凶狠的比勇，一個都沒有出手幫助他。最後比勇跟瓦路聯手把他抓上空中，丟到學校最高的樹梢上，害他好久都下不來。

後來，每次想到這件事情，阿布的心裡就很難過，也不再要求爸爸送他上學了。

終於，又到了開學這一天，阿布拒絕了爸爸的心意，懷著既期待又害怕的心情，自己走路上學。

上完第一節課，阿布就跟老師請公假，跟著一年級的學弟妹們一起到運動場上排隊，準備搭大翅車往巨塔山出發。

學弟妹們看到他都開心的跟他打招呼，但他卻冷冷的不想理人。他現在已經是學校的名人了，全飛人村的人都知道學校裡有一個不會飛的飛人。

「阿布，今年要加油哦！」毛毛老師照往常一樣，溫柔鼓勵每位學生。「阿布，最後一次機會，要專心。」阿建老師跟大為老師兩個人依然在隊伍的上空守護著參加飛測的學生們。

因為來了好幾次，阿布跟這些老師們的感情變得非常好，他們都很關心阿布。教飛行學的毛毛老師、教體育課的阿建老師、教動物學的畢馬老師、還有班導師大為老師，他們閒暇時總是撥空教導阿布飛行的技巧，也會拿很多好吃的東西給阿布吃，毛毛老師做的冰花球真是好吃。

雖然有這麼多人關心他、教導他，但是阿布自己知道，翅膀長不出來，他學再多的飛行技巧、降落技巧、飄浮技巧或銜停技巧都是沒有用的。

而且，更令他擔心的是，飛人族長出翅膀的要素之一就是要有壓力，學校之所以會用這樣的方法舉行飛測，也是希望讓小朋友們親身體會生命遭遇危險的壓力，藉此刺激他們的身體反應，長出翅膀。

但是，因為熟悉的關係，阿布已經愈來愈不怕巨塔山了，甚至連巨塔山下的巨蛇他都不太怕。

「會不會我真的是個人類，我永遠也長不出翅膀來？」阿布常常這樣想。但看到爸爸飛行時的英姿，又讓他對自己產生了信心。

「哇，阿布你變好重！」這一年輪到阿建老師帶阿布上山，阿建老師邊揮舞翅膀邊順著風在阿布耳邊說。

「哪有，是老師老了吧！」阿布裝著笑臉跟老師開玩笑，其實是心不在焉。

到了山頂，學弟妹們都已經排好隊伍了，老師們也在前置作業準備著。

看著學弟妹們稚嫩的臉龐與無邪的眼神，阿布想起兩年前自己的模樣，當老師宣布飛測的方式後，學弟妹們也露出跟他們當年一模一樣的害怕表情，讓阿布看得想笑。這時，後面突然傳出一陣吵雜的聲音，原來是教飛行救援的阿姆老師已經把今年的吵紅蛋搬出來了，那些蛋們也一如往常，興奮的在籃子裡又叫又跳，吵著誰要當第一個。

就在巨塔山上正熱熱鬧鬧的準備飛測的同時，距離好遠好遠，遠到幾乎看不見的高空中，有一對黑色的大翅膀藉著淡淡烏雲的掩護，默默的注視著小朋友們的動靜。

那是阿布的爸爸，飛人村的傳奇飛人——黑卡。

雖然距離非常遠，但是爸爸一眼就能認出阿布的身影，他看著阿布的眼神裡透露出無限的關心與擔心，不過他不能現身。他了解自己的兒子，如果他現在出現一定會傷害阿布的自尊心，而且也會影響他的表現，所以他只能選擇躲在雲後面，暗自為阿布加油。

然而，包括阿布的爸爸在內，所有的人都沒發現到，有一件驚險的小意外即將發生。

正當老師們都在準備熱身的時候，隊伍中一位頑皮的小學弟偷偷地跑到籃子裡抱出一顆吵紅蛋，蛋一被抱離籃子，馬上就扭動身子掙脫那位學弟的手，往懸崖邊滾去。小學弟看見蛋滾走了，也跟著追上去。那顆蛋滾了幾下，來到崖邊「咚」一聲就跳下山去了，小學弟追到崖邊探頭看，沒想到一個重心不穩竟然也跟著摔下去了。

學弟身影掉落的瞬間正好被阿布看見，他先回頭大喊一聲「老師救命」，然後就趕緊衝到崖邊。往下一看，學弟墜落的速度非常非常快，小小的身影嚇得慌亂揮舞，阿布只猶豫了半個呼吸的時間便跳下去。因為體重比較重的關係，阿布掉落的速度比學弟快，很快的就落到學弟上空幾個翅膀遠的地方，他隱約聽到學弟的哭喊聲音，那聲音就像拖地貓做惡夢的鬼叫聲一樣。就在阿布逐漸接近學弟並準備要伸手抱住他的同時，「啵」一聲，學弟背後穿出兩片可愛的小翅膀，伸縮了幾下隨即快速的拍動。

一瞬間，學弟就往上飛到他頭上去了。

情況產生了令人措手不及的變化，阿布這才突然想到自己目前的危險狀況，雖然看見崖上已經有兩三位老師飛衝下來了，但是阿布墜落的速度愈來愈快，老師們眼看是來不及了。

遠處，爸爸的黑色翅膀也像流星一樣高速逼近，那速度快得連雲都被衝擊散開來，空氣邊緣都發紅了。可惜，距離實在太遙遠了……。

阿布死命的控制自己的身體，希望可以長出翅膀來。他全身使力漲得滿臉紅彤彤，整個背都拱了起來，努力想像翅膀就在背上舞動。但是，下降的速度還是愈來愈快。

地面上，剛剛跳山自殺的吵紅蛋已經砸爛在石頭上，破蛋的氣味把巨蛇引出了洞穴，巨蛇好像也聞到了阿布的氣味，緩緩抬起頭來，阿布憋得連尿都快噴出來了，可是巨蛇那醜陋的頭還是愈來愈靠近，巨蛇得意的張開他那巨大的嘴，等待阿布自投羅網，嘴裡那尖銳的毒牙閃著懾人的寒光。

終於，阿布絕望的閉上眼睛。

就在阿布閉上眼睛的那一剎那，腦裡自動浮現了許多畫面，有爸爸飛翔的英姿、想像中媽媽的樣子、塔妮芙的微笑、老師們上課的樣子甚至還有前年那顆因他而摔破的蛋。

突然，身體有了一些不同的感覺，本來一直由下往上衝擊的風停止了，然後，慢慢的……慢慢的……變成從上面往下吹拂的風，阿布覺得自己的身體好像變輕了，變得好輕好輕。

我應該死了吧。他心想。

但是，阿布的身體卻沒有那種被咬住的感覺。他張開眼睛一看，嚇了一跳，他竟然正在遠離地面，大蛇張開的大嘴幾乎就在他眼前了。但是他卻慢慢的往上飄，沒錯，這是在飛，不是墜落，阿布慢慢的在飛。

阿布回頭看，幾個老師們停在上空愣愣的看著他，眼神裡有喜悅，也有驚訝，他知道自己一定有了什麼變化。

他轉頭看自己背後，沒有。

他想用力的揮舞背後的肌肉，卻也沒有感覺。

他並沒有長出翅膀。

奇怪的是，他卻在飛。

他專心使自己往上飛，速度便愈來愈快，他又驚又喜，持續使自己加速飛行，很快就超越幾位飄在空中的老師，直直往巨塔山頂飛去。

飛越山頂之後，他又持續往上飛，然後在空中翻滾、旋轉、倒立、橫躺、衝刺又停止、假裝走路、表演默劇，然後再重新翻滾、旋轉、倒立……

阿布會飛了，雖然他和飛人村的飛人還是有點不一樣，但是他現在跟他們一樣會飛了。

他併攏四肢飛行，老師同學們遠遠看去就像看到一條飛行的蛇。

他張開四肢飛行，他們又好像看到會飛的青蛙。

他把四肢快速舞動，彷彿又變成一隻在空中飛行的螃蟹。

阿布不停的在空中變換姿勢飛行，又在雲朵裡面鑽進鑽出的像隻吃果子的小蟲。看見阿布快樂的樣子，老師與學弟妹們也不停的送出驚嘆和掌聲。

那些在籃子裡的吵紅蛋更是卯足了勁的狂吵大叫，興奮得莫名其妙。

阿布聽不見，他什麼都聽不見，但是在空中、在巨塔山谷甚至是整座飛人村裡都迴盪著他的尖叫聲，那聲音叫著：「我會飛了！我會飛了！我終於會飛了！」

不遠處，爸爸飄落到低空中，不可置信的看著這一幕，感動得眼眶泛紅。大為老師發現了，轉過頭來向爸爸輕輕的點一點頭，兩個人交換了一個很欣慰的微笑。說也奇怪，在交換眼神的瞬間，大為老師卻發現爸爸的神情裡藏著一絲絲不容易察覺的哀傷。

不過無論如何，阿布終於會飛了。

# 第三章 根本就不是飛人！

飛測之後，日子就像秋天過後的河水，嘩啦嘩啦的熱鬧了一整個雨季，就在大家以為水面永遠都會這麼湍急時，它早已悄悄的平靜下來了。雖然表面平靜，但水底下可是一點都不安分，依然興高采烈的湧動著。

校園裡頭，時間還是以上課下課的規律來區隔，而當課外時間一到，同學之間便都像突然掀開了滾水的鍋蓋般，熱烈激昂的討論著兩件事情——

第一件當然就是那個三年級的阿布終於會飛了，他是飛人學校創校以來唯一經歷了三次飛測的飛人，光是這點，就已經讓孩子們編造了無數神祕話題……

「一定是傳說中擁有神力的白羽族後裔。」

「笨蛋，白羽族也有翅膀，阿布又沒翅膀。」

「那，該不會是人類混進來臥底的吧？」

「蠢蛋，人類會飛嗎？」

「我知道，他一定是從石頭蹦出來的！」

「傻蛋，我看你是人類的神話故事聽太多了吧！」

總之，關於阿布的傳言千奇百怪，但沒有一個人知道真正的答案，包括學校的老師們。

老師們雖然嘴上不說，但對於阿布的情況也非常傷腦筋。雖然阿布好不容易已經通過飛測，也證明了自己可以飛行了，但他的背上卻沒有長出正常飛人應有的翅膀。他是一個沒有翅膀的飛人，這讓他在飛行時看起來有點怪怪的，不太像飛人的樣子。

最傷腦筋的莫過於教飛行學的毛毛老師，阿布的樣子讓她根本就不知道該怎麼教他用翅膀飛行。

據說飛測那天，現場所有人看到阿布飛行的樣子，都驚訝得說不出話來，連那個翅膀最大隻，專門在教體育的阿建老師都一副不敢相信的樣子。

可是，事實擺在眼前，沒有翅膀的阿布就那樣在空中亂飛亂竄又亂叫，最後還得意忘形的在空中尿尿。

除了阿布之外，另外一件讓同學們感興趣的事，就是學期中即將舉行的校慶典禮。除了有好吃好玩的園遊會和各種有趣的競賽活動，最主要的重頭戲就是配合校慶典禮所舉辦的「飛行比賽」，這可是飛人學校的大事。

飛人學校裡沒有考試，飛人們不喜歡考試。

其實，在不很久以前，飛人們也是有考試的，他們仿照人類族群的考試制度，以分數來區分學生的優劣。一開始很方便，學生的程度一下子就區分出來了，但後來老師們發現，考得越好的學生越不快樂，而且在許多課外活動上的表現也越笨拙，單純以考試來區分學生程度的方法，根本就不值得參考。所以後來，他們便再也不考試了。

飛人老師們得出一個結論，考試是讓飛人學生變笨的最大原因。

雖然沒有考試，但學校的學期活動與競賽可不少。丟蛋比賽、吹羽毛比賽、搧落葉比賽、放臭屁比賽、大便造型比賽、寫詩比賽、送禮物比賽、模仿人類比賽、慢飛比賽、翅膀裝飾比賽、換老師週、空教室活動、說反話活動、翅膀休息日、嘗試失敗日等，活動多到數不清，而且還不停的增加中。

不過，飛行比賽依然是他們最熱烈期待的。

但是，就在飛行比賽前兩週，卻發生了一件令大家感到遺憾的事情。

飛行比賽，是飛人學校裡每年一度最重要的賽事，它通常被安排在飛人季慶典的第一天舉行，時間上可以算是拉開了飛人季慶典的序幕，飛人學校的學生都非常期待。

飛行比賽又可稱為「搶鱗競賽」，名稱源自於最古老的一次生存大戰。所謂搶鱗，就是搶奪巨蛇的鱗片。

作為獎品的巨蛇鱗片非常稀有，這是當年生存大戰時飛人族們從巨蛇身上獲得的戰利品，是勝利與強者的象徵，在飛人族裡這是非常尊貴的榮譽。在每年舉辦的飛行比賽中一個年級只會發出兩片，將分別由競速組和競技組的優勝冠軍獲得。而且，比賽的規則中有一項規定，就是只要曾經獲得蛇鱗的冠軍就不能再繼續參加比賽，所以每個人在飛行比賽中最多只會擁有一片蛇鱗，一片專屬於冠軍的蛇鱗。

在飛人的世界裡沒有衛冕冠軍這回事，所有人都有機會，無需一再地收集蛇鱗以證明自己的能力，每個人都會相信冠軍的實力。

比賽可分為競速與競技兩個類別。競速就是以高速繞行飛人學校十三圈，參賽選手們比的是飛行的速度。在最後一圈的終點處會有一片巨蛇的鱗片，飛得最快，率先搶到巨蛇鱗片的飛人就獲勝，成為當屆的「速冠軍」。

而競技組，顧名思義則是由老師們設計各種不同的飛行障礙，比如說：忽上忽下的輕瓜攻擊，需要有靈敏的動作才能閃避；或者突然出現的三腳樹幹，需要的是高速飛行中緊急停止的反應。每年的障礙設計都不一樣，所以飛人們對於每年的障礙設計也非常期待，設計得好或不好都會引起討論。

獲得競技組冠軍的，則稱為「技冠軍」。

最讓老一輩的飛人們津津樂道的障礙設計，就是伐伐校長剛入學那年，由現在已經退休的阿里曼校長所設計的。

那年，阿里曼校長還只是一位老師，他用了許多家庭用品來設計障礙，而且設計出來的障礙非常困難，參賽的同學不僅飛行的技巧要很高明，還得會打掃、劈柴、洗碗盤、擦玻璃、縫補襪子、修理一扇歪掉的門、解除父親們的左翅膀痠痛……不僅考驗個人技巧，還需要團隊合作，難倒了許多參賽的學生。

正好那一年又是第三次生存大戰過後的第一百個九年，飛人學校的入學人數多了好幾倍，所以參加比賽的新生也就變多，裡面有不少厲害的學生，當然包括伐伐校長。他可是當年其中一組的冠軍得主，擁有一片漂亮的蛇鱗，至於到底是哪一組的冠軍呢？因為年代久遠，飛人村裡幾乎沒有一個人還記得，而伐伐校長本人則從來不肯透露。

那一年的飛行比賽非常的精采，尤其是競技組的比賽，簡直是飛人村歷史上的經典。不過，這都是古早的歷史了，雖然孩子們聽長輩提起的時候，都會羨慕得嘴巴開開的，但是他們根本沒人看過，腦子裡一點畫面都沒有。

因為參加比賽的同學們需要具備的不僅是飛行速度的能力，還要有敏捷的思考、良好的溝通與絕佳的翅膀操控能力，才能一一通過這些飛行障礙，在最後奪得珍貴的蛇鱗。所以，相對於競速組，競技組的挑戰難度更高，比賽也就更刺激，更多人想參加，還曾有學生認真到比賽時連翅膀都摔斷了。

隨著校慶時間一天一天的靠近，大家都引頸期盼著今年的比賽，也紛紛預測起每個年級的冠軍來了。

然而，今年的情況卻有點不一樣，因為阿布。雖然已經會飛行了，但是阿布卻跟所有會飛行的飛人長得不一樣，他沒有翅膀。

那麼他到底算不算是飛人？能不能參加飛行競賽呢？

這些問題，因為校慶的日期愈來愈近而被討論得愈來愈熱烈。

其實原本是沒有爭議的，阿布也老早就報名參加了，但瓦路卻在朝會時舉手問了這個問題。主持朝會的阿姆老師先是不當一回事的笑笑，因為瓦路是出了名的爛問題大王，他問的問題通常都是沒有建設性的爛問題。但當阿姆老師笑完開口要回答時，卻好像突然口吃了一樣，完全講不出話來，臉色僵得像一坨大便。

阿姆老師的反應，給了底下同學們竊竊私語的想像空間，大家紛紛交頭接耳聊起來，原本整齊的隊伍開始凌亂，連隨班老師們都管不住，有個學生還因為聊到忘了揮動翅膀，差點摔到地面上去呢。最後還是伐伐校長出面，宣布了這個問題會在這一期的教務會議上討論，結果會公布在辦公室外面的飄浮看版上，才讓現場的秩序又平靜下來。

阿布原本就已經是飛人小學的話題人物了，經過朝會上這一個插曲，他是不是飛人的身分就變成了更大的話題。

在等待會議結果的日子裡，學校依然正常作息、上課，阿布和同學們根本也不管大人們那些複雜的看法，只管每天開心的上學放學，聊天遊戲。

這天，阿布邀請達海和巴蘇亞一同去寧靜山坡上玩順便找許願花，阿布想摘一朵許願花送給塔妮芙。

許願花不容易找，因為寧靜山坡根本就不寧靜，上面所有的花花草草都會講話。寧靜山坡上的花都是無根花，不必從土裡吸收養分，他們呼吸、飄浮並且吃聲音，應該說是吃其他物種的聲音，因為除了寧靜山坡上的花草以外，所有的生物到了那裡全都發不出聲音來，他們的聲音都被花草吃去了。

所以，在寧靜山坡，寧靜的是其他物種，並不是寧靜山坡上的花草。那些花草們平常都好安靜好安靜，但只要發生一點風吹草動，他們就會一個一個吱吱喳喳講起話來，有的花還會唱起歌來，吵得整座山坡不得安寧。直到所有植物都口渴了、累了，他們才會慢慢的安靜下來，通常那已經過了好幾天了。

許願花是寧靜山坡上唯一安靜的花。所以，當整座山坡安靜的時候，你是絕對找不到許願花的，唯有山坡上的花草都開始吵的時候，你才有機會一株一株的靠近去聆聽，找到安靜、沒有發出一點聲音的許願花。

但是，許多人都受不了這樣的酷刑，因為寧靜山坡上的花草們一看見人們的耳朵靠近，便會興奮的大吼大叫，彷彿你的耳朵深處有什麼東西睡著了，他們非得要把它給吵醒不可。

而且，阿布根本不知道許願花長什麼樣子。沒人看過許願花，或者該這樣說，沒有人會告訴你許願花長什麼樣子。

傳說中，如果你想要願望實現的話，你就要把得到許願花的事情當作祕密，越少人知道越好，偷偷地對他許願，從許下願望那一刻開始，直到願望實現那天都不能告訴別人。如果你的願望實現了，那株許願花便會枯萎，死去，彷彿他是為了你的願望而精疲力竭了一樣。

所以，所有的飛人們到別人家裡都會猜疑，人家家裡種的那些花花草草，是不是有一株是許願花。

此外，許願花的養分是聆聽，他喜歡聽人家講話，你要保持他的生命與美麗，就得每天跟他講話，講話的內容裡有越多的祕密，許願花就會開得越美麗，維持得越長久，而你願望實現的方式就會越接近你的期盼。

所以，阿布邀請達海跟巴蘇亞一起來幫他找許願花，是絕對找不到的。

看來，他也只是想找兩個好朋友一起到郊外走走，玩一玩。

途中三個人打打鬧鬧，巴蘇亞帶了好多零食分他們吃，達海看到好興奮，走不到半路就吃掉了好幾塊綠蜜蛋糕和甜石皮。

聊著聊著，話題突然聊到阿布的飛人身分上。

達海氣憤的說：「瓦路實在太過分了，阿布都已經通過飛測了，當然是飛人啊，問那什麼蠢問題！」

但巴蘇亞卻有不同的意見，他說：「嚴格說起來，阿布確實跟我們長得不一樣，雖然他也會飛，但他沒有翅膀的事實也是不能忽視的。」

「但是，阿布他會飛了啊，會飛的人不叫飛人叫什麼？」

「卡比西也會飛，火蛾也會飛，連滑翔猴都可以從這座山滑到那座山，他們怎麼不叫做飛人？」巴蘇亞回答。

「可是，阿布的爸爸是飛人，他總不可能不是飛人吧……」達海說。

「搞不好……阿布不是他爸爸生的唷。」巴蘇亞刻意壓低聲音，製造一種悄悄話的氣氛。

「不可能啦，他們長得那麼像，瞎子都看得出來他們是父子。」達海大聲回答，不知道自己說了一個冷笑話。

巴蘇亞和達海一來一往辯論著，阿布一直安靜的看著這兩個他最要好的朋友，看著他們在空中緩緩搧動的翅膀，達海的翅膀又粗又壯，深淺交雜的灰色羽毛布滿了翅膀，激動時還會稍微豎起，使翅膀就像兩隻小刺蝟。

而巴蘇亞那對接近金色的亮棕色翅膀跟他爸爸簡直如出一轍，在藍色的晴空下有一種貴族般的氣息。

阿布回頭看著自己空蕩蕩的背後，搖了搖頭，出聲制止他們繼續討論下去了。

「好了啦，不要再吵了啦，」阿布強裝快樂的說，「我們來比賽！」

「好啊好啊，自從上學後，我們好久都沒有比賽了。」巴蘇亞說。

「好啊好啊，輸的人要倒著飛回去！」達海說。

「好來，一起數到三哦，一～二～三！」三個人說完，都使勁的往寧靜山坡方向飛去，三個小小孩很快就變成小黑點，在空中交錯嬉鬧著。

那天，他們各自從寧靜山坡帶走許多不同的花，一副害怕讓對方知道的樣子，三個人都神神祕祕的回家了。

好幾天過去了，教務會議的結果還沒出來，但同學之間討論的聲浪卻愈來愈熱烈了。

本來也只是大家聊天的話題，但不知不覺間阿布發現同學們好像慢慢的分成兩種立場，一邊是主張阿布既然已經會飛就應該是飛人的立場；而另一邊則是信誓旦旦的說，阿布既然沒有翅膀就不能算是飛人。

那些已經參加了好幾場教務會議的老師們，似乎也很疑惑，各有立場。

那天，會議似乎特別激烈，上課中的阿布突然被通知需要出席會議。正在上繪畫課的同學們同時停下了描繪教室中間那株詩人草的動作，嘰嘰喳喳竊竊私語著，連詩人草都改變了姿勢望著阿布飛去的窗外，幽幽的念著不知哪裡抄來的詩句：「今天的天空，很阿布。」

直到老師重重的敲了好幾下黑板大家才回神，敏感又膽小的詩人草被繪畫老師嚇得吐了一桌子，導致教室裡都是酸酸的味道。

進到會議室，阿布緊張得直發抖，大為老師趕緊走過來迎接他，並將他帶到議場前方的椅子上坐好。

阿布從來沒進過教職員會議室，他覺得會議室好大，裡面早已經坐了好幾十個老師。

直到坐定後阿布才發現，原來爸爸也來了，這大概是他突然被叫進會議室的原因吧。看爸爸的神情很嚴肅，之前會議的狀況一定很不好，阿布被爸爸的眼神盯得很害怕，低下頭去了。

「基於前面黑卡先生提出的說明，學生阿布的飛人身分顯然很值得商榷。」首先開口的是巴蘇亞的爸爸，也是學校的家長會長——都布斯。他是一個長得非常帥氣的飛人，那對淺棕色的翅膀在他說話時些微的張開，氣勢非凡。

「學校是教育場所，身分認同的事情不應該影響到學生的受教權。」大為老師說話時直接飛上空中，背後咖啡色的翅膀大張，非常的理直氣壯。

「如果身分認同的事情不能在學校討論，那飛測又是為了什麼？」教打獵的達給斯老師發言，深綠色的翅膀張開像一棵樹。

「但孩子只是孩子，因為一件他自己也搞不懂的事，而剝奪了他參與學校活動的權力，實在太殘忍了。」毛毛老師一臉擔憂的說著，身體輕飄飄。

「我說那個，規定其來有自，一次又一次破例那還要規定做什麼？」教數學的布袞老師頂著他那著名的黑框眼鏡，低沈的說著，瘦弱的淺紫色翅膀顫抖著，「我說那個，對其他學生也相對不公平，不是嗎？」

「我個人認為，既然該生確實為飛人黑卡所孕育，業已通過了飛測，是沒有理由可以禁止他參加學校的任何公開活動。」教動物學的畢馬老師發言永遠有條不紊。

「如果他真是飛人，又通過了飛測，那黑卡先生身上為何還留有那隻金色羽毛？」植物學的布妮老師發言了，「而且，正因為他是黑卡先生的孩子，這件事才更有爭議，不是嗎？」

「翅膀是黑色的就有爭議嗎？」指導飛行救援的阿姆老師大吼一聲，這句話阿布其實聽得一頭霧水，但會議室裡卻突然陷入一種莫名的沈默，彷彿音樂演奏中間的停頓，你不知道這時候該不該鼓掌，只好東張西望等待別人先動作的尷尬感覺。

「是不是飛人，有那麼重要嗎？」列席坐在遠處的一個老師打破了這份尷尬，遠遠地喊出一句。

「如果不重要，那我們可以不當他是飛人嗎？」另一端隨即又傳出一個聲音，爭論再度開始，彷彿音樂演奏又開啟了另一個章節。

「黑翅膀的都是一些怪人……」

「話也不是這樣講……」

「詛咒……」

「他只是個孩子啊……」

「……」

隨著會議愈來愈熱烈，發言的人也愈來愈多，但他們講的話阿布大部分都聽不懂，他聽不懂什麼身分認同、教育場域，也不知道學校為什麼會有這麼多規定，而且，這跟爸爸的黑色翅膀又有什麼關係？他聽得頭好痛。

看著爸爸坐在貴賓席上板著一張臉，他就好緊張，好想尿尿。

「我，黑卡是飛人，我的兒子就是飛人。」爭論中，阿布的爸爸突然大聲怒吼，一下子竄升到空中，黑色翅膀張得像兩把發亮的刀，把所有人都嚇了一跳，幾個膽小的老師還突然彈起來搧了幾下翅膀，像是受到攻擊一樣。

全場同時都安靜下來了。

「黑卡，冷靜一點，大家只是在討論。」大鬍子的伐伐校長沉穩而洪亮的聲音，安撫了眾人急促的心靈。聽見校長的話，爸爸緊握著拳頭跟校長對望了一下子，才收起翅膀慢慢的降落到位置上。

「阿布同學，」校長轉頭對阿布說話，「我可以請你慢慢的飛離座位嗎？」

「嗯。」雖然不知道伐伐校長為什麼突然做這個要求，但在眾目睽睽之下阿布也沒有其他選擇。他站了起來，雙手離開身體兩側，微微的張開，心裡想著離開，身體便輕輕的飄離了地面，浮飛到大約一個人的高度。

離開地面後，阿布有一種輕飄飄的感覺，好像心裡也跟著脫離了剛剛聽見的爭執，低頭看著會議座上的人，他們也正抬頭望著他，阿布好想就這麼越飛越高，遠離這場他自己一點都不關心的奇怪紛爭。

雖說阿布早已是飛人學校的名人，但真正看過他飛行的人畢竟還是少數，他在會議室裡露這一手，算是讓學校的老師們大開了眼界。就像上課時學生在講臺下偷偷講話一樣，許多老師們看見這個異象，也不管會議的嚴肅性，紛紛交頭接耳的低聲交談起來，像看表演似的，有的人還不客氣的對阿布指指點點。

「好厲害，竟然真的能飛……」

「真是不合常理，他要怎麼控制風呢？還有……」

「你看他那個樣子，真是褻瀆……」

「難道他以為他真的是……」

「看起來還挺方便的，不知道他能不能……」

「飛人的世界變了……」

「荒謬，離經叛道，嚴重違反飛人傳統……」

「各位，請保持安靜，尊重會議，尊重當事人。」低語聲此起彼落，而且有愈來愈大聲的跡象，伐伐校長便開口維持秩序，隨即轉頭和緩的對阿布說，「阿布同學，這樣就可以了，非常感謝你的示範。毛毛老師，麻煩妳先帶阿布回教室上課吧。」

「好的。」毛毛老師隨即溫柔的牽起阿布的手，慢慢的飛出會議室。

離開前阿布又回頭看了一眼，他感覺爸爸的背影好像很生氣又好像很失望，兩隻黑色大翅膀緊緊的收攏在背後，身體便一下子小了好多。

阿布沒聽過爸爸那麼大聲說話，他心裡原本想著的是反正只要會飛就可以參加飛行比賽，飛行比賽比的不就是飛行嗎？又不是比翅膀。

而且，這到底跟人家承不承認他是飛人有什麼關係呢？

但是，看到那麼多人為了他的身分爭吵，看到爸爸那麼氣憤又那麼無助的為他辯護，他突然也覺得他應該要捍衛自己的身分。他是阿布，他會飛，他不是飛人又是什麼呢？所以，他一定要以飛人的身分參加飛行比賽。

然而，就在會議的隔天，卻發生了那樣一件事情。

# 第四章 我是飛人！

「你根本就不是飛人！」

這是隔天一大早阿布上學時，比勇對他講的。

也就是這句話，引發了一連串後續效應。

那時阿布正在上學的路上，哦不，應該說是上學的空中，他跟達海邊飛邊講著話，達海一大早就拉著阿布不放，要阿布把昨天會議上發生的事情告訴他。

阿布正說到爸爸生氣的大喊時，比勇突然從後面重重的衝撞了阿布，害阿布頭昏腦脹失去平衡差點就掉下去了。

還好達海緊急伸手拉住阿布，他才沒有摔到地面。

比勇跟瓦路則幸災樂禍的飛到前面說著風涼話，「哈哈，這樣也配叫做飛人哦，笑死人了，叫會飛的蚯蚓還差不多，嘻嘻。」他們大聲取笑著。

達海氣得衝上前去理論，沒想到卻被比勇跟瓦路合攻，被打得毫無招架之力。阿布看到達海被欺負，緊張得加速往前飛，沒想到他衝刺的速度太快，又沒有翅膀可以緩衝，根本煞不住車，直接就撞上正在扭打的三個人。四個人在空中滾了好幾圈，還擦撞了前面幾個在聊天的同學，惹來一頓罵。

他們幾個翻了幾圈一起撞進前面一棵大樹的樹枝叢裡去，達海、比勇和瓦路的翅膀因為事發突然，來不及收攏都卡在樹枝上了，就像被網子網住的鳥一樣，動彈不得。只有阿布因為沒有翅膀，雖然也被樹枝刮了幾道傷口，但很快的就竄出樹枝，飛到天上去。看到達海被卡在樹枝上，阿布又鑽進樹冠裡，幫助達海。

等到所有人終於都掙脫樹枝的糾纏，那棵樹的樹葉已經掉滿地了。

比勇跟瓦路脫困後氣得發火，比勇很快的衝上前抓住阿布的衣領咆哮：「你不要以為通過飛測就有什麼了不起，沒有翅膀的飛人算什麼飛人，你根本就不是飛人。」說完話就狠狠的給他一拳，打得阿布眼冒金星。

這時，一旁跟瓦路拉扯中的達海空出一隻手從後面將比勇拉開，阿布稍微掙開比勇的手後，本能反應舉腳就是一踢，正好踢中比勇的肚子，痛得他翅膀縮起來，整個人筆直的往地面跌落下去。

阿布跟達海還來不及反應，比勇就重重的摔到地面了，瓦路見狀趕快飛下去察看，阿布跟達海隨後也跟著下去，但比勇已經昏迷了。

這下糟了。

有幾個反應靈敏的學生已經第一時間飛進學校裡去找老師，老師們來到之後，趕緊把比勇送入學校醫護室。阿布他們幾個當然也得跟著進去。就在要進入校園時，阿布看了一眼剛剛被他們撞到的其中一個學生，才發現原來他不是學生，他是一個穿著一身長袍的大人，阿布沒在飛人村裡看過他，而且他的穿著打扮也有點怪怪的。阿布很不好意思，一直對他道歉，他只是笑笑的說沒關係，就飛進校園裡去了。

到了醫護室，阿並老師檢查之後發現比勇頭部受了點傷，雖然沒有生命危險但是需要繼續觀察。等到老師們安頓好比勇後，因為學校已經開始上課了，阿布他們就被隨後趕到的大為老師帶回教室了。

走出醫護室的時候，阿布正好看見塔妮芙被她媽媽牽著匆匆往這邊飛來，阿布趕快躲在大為老師的翅膀後面。其實，阿布的顧慮是多餘的，他們母女兩個人臉上都寫滿了擔憂，根本就不會發現旁邊有什麼人飛過去。

看著他們的神情，阿布心裡覺得好過意不去。

回到教室，大為老師平靜而嚴肅的帶大家讀了一本彩色繪本，阿布又擔心又害怕，根本沒專心上課，只大約記得那是關於一隻沒有翅膀的鳥的故事。

果然，一下課阿布就被叫到導師辦公室。辦公室的門一關上，大為老師就非常生氣的對阿布說，他在教務會議上替阿布說的好話都沒用了，阿布今天表現出來的野蠻，根本就不像是愛好和平的飛人會做的事情。竟然在校園外打架，而且還把學長打傷了，這叫他怎麼繼續在教務會議上為阿布說話呢？又怎麼對得起他的爸爸呢……。大為老師霹靂啪啦講了一大串，把阿布罵了個狗血淋頭，阿布聽得好愧疚，真想把天花板打開，把頭藏在上面。

這天，阿布都在學校的辦公室之間度過，一下子被叫到那邊，一下子被叫到這邊，每一個辦公室都要阿布解釋一遍早上打架的原因和經過，講完後就要他寫一些文件和簽名。

最後，在快放學的時候，爸爸被通知到學校來接阿布。

夕陽在村子的另一頭發出紅色光芒，又大又圓的太陽今天就停在村子盡頭的樹梢上，似乎決定永遠都不要落下，就像教室前面爸爸和大為老師的談話永遠都不會結束一樣。

但是，夕陽不會永遠美麗，爸爸現在已經結束談話飛向阿布來了，阿布趕緊把悠閒的心情收起來。遠遠看，爸爸那對黑色的大翅膀真美，左翼上露出來的金色羽毛在夕陽下閃著耀眼的光，看起來就像爸爸的翅膀黑得會發亮，但爸爸隨即用手撥開其他位置的黑羽毛企圖遮住那金色羽毛。

爸爸的金羽毛還沒掉落。

這真是一件令人沮喪的事實，阿布明明都已經會飛了，但爸爸翅膀上的金羽毛卻還沒掉落。這有違飛人族的常理，也是阿布的飛人身分這麼無法讓人認同的原因之一。

對於飛人來說，金羽毛是一項特殊的標記。每一位成為父親的飛人，在孩子出生的同時身上會自然長出一根金羽毛，不是那種金頭髮一般的羽毛，是真正純金的羽毛，非常的漂亮但也像黃金一樣又硬又重。所以，那是一種值得炫耀的驕傲也是一種沈重的負擔。

在各種場合裡，身負金羽毛的飛人總是能得到最多景仰的目光，他們也總能得到最多的禮讓與福利，但那沈重的金質羽毛也同時會使得男人們原本順暢的飛行變得遲緩、傾斜，無法再像年輕時的隨心所欲。

而且，每多了一個孩子，那男人身上就會多出一根金羽毛，有一些生了許多孩子的飛人爸爸們，幾乎被金羽毛壓得無法飛行呢。據說，達海的父親翅膀上就曾同時有四根金羽毛，那段時間他幾乎都飛不起來了。

這種狀況會一直持續到孩子也變成飛人的那一天。當孩子通過飛行測驗，長出一對翅膀，父親身上那根屬於孩子的金羽毛會自動脫落，父親的重擔也將因而減輕了。那根羽毛會傳承給那位孩子，由那孩子終身保管，象徵父子關係的永久不變，也讓孩子了解父親的辛苦與驕傲。

但是，阿布爸爸的金羽毛卻沒在阿布通過飛行測驗的那天掉落，也許是因為阿布並沒有長出翅膀；也許還有更複雜的原因。

總之，這在飛人村是非常不尋常的事情，也是常常會被人冷嘲熱諷的弱點，人們總會在背後討論說也許是阿布的爸爸本身有什麼問題，那根金羽毛才會遲遲不脫落。因此，雖然已經不是什麼祕密了，但爸爸還是一直很小心掩飾，不願意讓人家看到那根金羽毛。

這天，爸爸一定是氣到失去理智，才會在飛行時不小心又露出了金羽毛，阿布心想。看著爸爸細心遮掩金羽毛的動作，阿布覺得好對不起爸爸。金羽毛原本應該是當爸爸的驕傲，如今卻成了爸爸非常難堪的負擔。

阿布知道，爸爸心裡一定很想將金羽毛親自交給他，就這麼簡單的快樂，他們父子倆卻無法享受。

爸爸飛近，慢慢的舉起手，阿布已經做好挨打的心理準備了，沒想到爸爸只是摸摸他的頭說：「回家吧。」

阿布難過得掉下眼淚，默默的跟著爸爸回家。

當天晚上，阿布失眠了。

隔天一早，阿布便主動去找大為老師，說他不想參加飛行比賽了。

但老師跟他說，這已經不只是飛行比賽的討論了，不管他要不要參加飛行比賽，他的飛人身分既然成為爭議了，就必須要爭取認同。否則，影響的不只是飛行比賽而已，而是阿布能不能繼續住在飛人村的大問題。

能不能繼續住在飛人村？有這麼嚴重？

阿布這才開始感覺到害怕，為什麼他已經會飛了還不是飛人？那怎麼樣才能叫做飛人呢？難道一定要有翅膀才叫做飛人？翅膀有那麼重要嗎？不是飛人就不能住飛人村嗎？他小時候不是住得好好的？為什麼長大了反而不能住？飛人村是他的故鄉啊！

那天午餐阿布根本就煩惱得吃不下。

午餐時間過後，學校突然宣布放半天假，要舉行公聽會，由全校老師和家長代表參與討論。學生們聽到消息全都大聲的歡呼，校園一時熱鬧得像一大堆放屁石撞在一起。

要離開學校的時候，阿布發現了一件奇怪的事情。正當他和全校同學們一起往校門口飛，他竟然又看見了昨天早上被他們撞到的那個人。那個人和伐伐校長站在會議室的門口講話，看兩個人講話時的神情和動作好像很熟的樣子。阿布雖然有點好奇，但這幾天他實在太沮喪了，他不想再在學校多待一秒了，便放棄念頭，轉身飛離校園。

離開校園的阿布，刻意不跟達海和巴蘇亞一起走，等人潮散去後，他一個人在天空中失魂落魄的飛著。他閉上眼睛放任自己被狂亂的風隨便亂吹，吹到哪裡就算哪裡，也沒在注意前方是否有大樹或是山壁。飄蕩的期間，他的心裡也亂得像刮颱風一樣，完全沒有條理，他才剛滿十一歲，在他還不成熟的腦袋裡根本不知道自己現在是什麼處境，應該做什麼？

突然，不知道是冥冥中注定還是潛意識的驅使，阿布一睜開眼，發現自己竟然飄到了塔妮芙家附近。

看著塔妮芙家窗臺上的幾株花草，還有那片跟天空一樣藍的屋頂，他想起了小時候的事情。塔妮芙是個愛笑又愛跟的女孩，每次總是想要跟他們幾個男生一起去冒險，不管是爬樹、挖土、跟釣人魚拔河、幫拖地貓洗澡、抓食火蛙來生火烤肉、跳進尖齒穴尋寶或是爬到誰家的屋頂，玩一種故意讓輕瓜爆炸的遊戲……等等，她都想跟，但是每次的結局都是她哭著回家，有時是遊戲太危險令她感到害怕、有時是阿布他們欺負其他生物的方式讓她感到不忍心、有時則純粹是被男孩們的惡作劇氣哭了……最後，總會驚動比勇生氣的跑來「為妹妹報仇」。

到了下次，當阿布他們約好要出去玩時，塔妮芙又會充滿興趣，露出甜美的微笑說：「我也要去。」阿布覺得自己永遠拒絕不了塔妮芙的笑容。

此時，塔妮芙正好回到家，阿布從窗外看見她放下書包，洗了手就先跑到比勇房間裡去。比勇躺在床上，受傷的頭上還包著一團白布，看見塔妮芙回來了，便撐起身子坐在床頭。

「還好，比勇看起來滿有精神的，應該沒什麼問題吧。」阿布心裡想。

比勇坐在床頭，塔妮芙張開翅膀在房間裡四周飄動，看她嘴裡念念有詞而且又比手畫腳的，一定正在跟哥哥說著什麼有趣的話，兄妹倆的表情都很輕鬆。

這時，比勇突然抱著頭一臉痛苦，只見塔妮芙慌張的收起翅膀降落到床邊，一臉擔心的看著哥哥，還伸手想要幫他拍背。沒想到等塔妮芙一落到床邊，比勇就伸出手把塔妮芙抓到床上，用手指呵她癢，塔妮芙雖然在掙扎，但臉上卻在笑。

阿布透過窗玻璃看著這一幕，看著塔妮芙一下子笑一下子假裝生氣，但臉上的神情都是開心的樣子；他也看到了平日只會凶狠的欺負弱小的比勇，原來對自己的妹妹這麼疼愛。

後來，比勇還很溫柔的幫塔妮芙梳起頭髮來。

正當比勇專心的幫塔妮芙梳那一頭長長的金色頭髮時，門口突然響起敲門聲音。兄妹倆面面相覷，不知道這時候會是誰來。

等待塔妮芙打開門的時間，阿布好緊張，兩隻手抓了又放，感覺到自個兒手心裡全是汗。

當門打開的那一剎那，門裡門外的兩個人都愣住了。

竟然是比勇來開的門。

阿布瞪大眼睛，呆呆望著面前的比勇，而比勇看到門外站的竟是害他受傷的阿布，原本客氣溫和的表情慢慢變成要冒出火生氣的樣子，張開嘴巴就要罵人，沒想到他身後先發出了聲音：「阿布，」塔妮芙從比勇的背後跳了出來，開口問，「你怎麼來了？」

「對啊，你這個飛蚯蚓，你怎麼敢來啊？」比勇酸酸的說。

「我……我想……」阿布看著兄妹倆，有點不敢說出口。

「想想想，想什麼想？想再被我揍一拳嗎？」比勇氣憤的說。

「你……你、你不要這麼凶啦，上次還不是你先這麼凶才會被我踢倒的！」

「你還敢說！」比勇被阿布的話氣得捲起袖子就要衝出門，塔妮芙趕緊出手拉住。

「哥，你不要這樣啦！」塔妮芙邊拉住比勇邊說，「阿布，你要說什麼？你說沒關係，我哥哥不會打你的。」

「誰說不會！」比勇還是惡狠狠的瞪著阿布。

「我……我想說，」阿布吞了一口口水，大喊出來，「對不起啦！」

阿布一聲大喊，三個人全都停止了動作，比勇和塔妮芙兄妹倆都愣愣的看著阿布，阿布頭低得都快掉到地上去了。

「沒關係，我哥會原諒你的啦。」最後，還是塔妮芙打破了僵局。

「誰……誰說的！」比勇也被阿布突如其來的道歉搞得不知所措，跟著結巴起來。

「對……對不起，都是我的錯，我不該踢你，害你受傷的。」阿布終於把話完整講出來了，心裡突然覺得好輕鬆，原來認錯的前一刻是最恐怖的，認錯之後比勇要不要原諒他好像已經都沒關係了，阿布都願意承擔。

「那你進來，也讓我踢一腳再說！」

「哥哥，你好小氣唷，人家都已經道歉了。」塔妮芙端起可愛的笑臉，「我的哥哥哪是那麼小氣的人呀～」

「誰說我小氣，我只是要他也嘗嘗被人家踢到腦震盪的滋味！」

「哎唷，哥哥才不會這樣咧，哥哥最大方了，一定會原諒阿布的啦，對不對，哥哥，對不對嘛……」塔妮芙的撒嬌攻勢似乎起了作用，比勇臉上的神情慢慢的緩和下來了。

原來，不是只有我拒絕不了塔妮芙的笑容……。阿布心裡偷偷的想。

「好……好啦，害我受傷的事情我就原諒你，但是，」比勇說著，「你害我不能參加下禮拜的飛行比賽這件事情，我絕對不原諒你。」

比勇去年也參加了飛行比賽，從入學以來他每年都參加比賽，當然，去年他仍然是競技組裡第一個抵達終點的，因為賽道上所有的障礙都被他撞爛了，他沒有意外的再度被判違規，又順利的得到了「最後一名」。

「那，我應該怎麼補償你？」阿布問。

「嗯……我想一想再告訴你！」比勇在心裡盤算著，還沒想出答案。

就在阿布他們講話的同時，學校那邊也有了動靜。

原本緊閉的會議室大門緩緩打開了，沈重的大門發出一陣咿呀的聲音，好像很痛苦的樣子。隨即，下午的陽光就趁著大門開啟的縫隙鑽進會議室裡去，在地上占據一個四四方方的位置。首先從那扇門裡飛出來的，是阿布的爸爸，他看起來一臉嚴肅又疲憊的樣子，翅膀揮動得比平常還要緩慢。

他竄出來後又回頭去跟伐伐校長還有大為老師握手，講了幾句話，三個人臉上的表情都帶著一點遺憾。阿布之前撞見的那個神祕飛人是最後一個飛出會議室的人，爸爸看見了，很激動的飛向前與他擁抱，那個人始終保持著微笑。

最後，爸爸跟大家道別，便轉身往回家的方向飛。爸爸飛得很慢，一路上他心裡都在思考，要怎麼把這個消息告訴阿布。

第五章

# 極樂森林的異象

阿布是飛人了，他被承認是飛人族了！

但是，會議的結果也確定了阿布無法參加這一屆的飛行比賽。

「為什麼？」阿布飛到爸爸的眼前問。

爸爸沒有馬上回答，只是平靜的看著他，然後慢慢開口：「阿布，我想你心裡一定知道為什麼。」

「……」不知是不想回答，還是真的不知道，阿布沒有講話，只把眼睛瞪得大大的看著爸爸。

「唉……」爸爸先嘆了好大一口氣，「阿布，這樣的結果跟你是不是飛人一點關係都沒有。」

「那……」阿布一聽，正要開口問。

「阿布，你違反了校規，不只跟人打架，而且還把人打傷了！」爸爸說，「不能參加飛行比賽，是學校對你違規的處罰，跟飛人的身分無關。」

「可是，比勇跟瓦路他們還不是……」阿布還想辯解。

「學校對他們也都有了一定的處罰，」阿布話沒說完，爸爸又搶先回答，「阿布，你該知道責怪別人並不會改變你做過的事情，對你的處罰只針對你犯的錯誤，跟其他同學一點關係也沒有啊！」

「……」

得到這種結果，阿布的心情好複雜，雖然已經被承認是飛人族了，應該感到開心，但是生平第一次可以參加飛行比賽的機會，竟然被自己一時衝動搞砸了，讓他好沮喪。

為了安撫阿布的心情，爸爸替阿布向學校請了一天假，而學校體諒阿布的特殊狀況，也准假了。

這一整天，阿布把自己關在房間裡，想來想去都想不通，究竟真的是他打人闖禍了才被禁止參加比賽，還是學校只是為了省事，不要讓人有閒言閒語而禁止他出現在比賽場合？連大人都煩惱的問題，光憑阿布的小腦袋怎麼可能想出解答來，下禮拜的校慶他根本就不想參加了。

黃昏了，紅紅的胖太陽躲在三腳樹林的樹梢間偷笑，笑得身體扭來扭去，跟吵紅蛋激動起來的樣子還真像。不過，太陽今天的笑容好像有點怪怪的，看起來像中暑的樣子，臉色也紅得很僵硬，像大便太用力的感覺。

這些現象，阿布其實都沒注意到，他這時正坐在自己房間的窗沿，心裡想著沒有答案的問題。他的窗臺種了許多花草，其中一棵詩人草看到夕陽景色，重重的嘆了一口氣，就在太陽終於落到看不見的同時，阿布也學起詩人草的樣子，重重的嘆了一口氣。

遠方，學校方向的天空上，數不清的斑斑點點像一大堆指甲蜂一樣緩緩的往四面八方移動，近一些的斑點阿布看得出來是住在他家附近的飛人朋友們，有些往遠處去的就愈來愈小，直到看不見。

看著大家高高興興的放學回家，臉上都是疲憊又開心的神情，阿布雖然輕輕鬆鬆沒上學，卻好羨慕他們。

那顆胖太陽終於慢吞吞的退回光盲洞的方向去，天色跟著一層一層的暗下來，太陽不見後，月亮和星星就像放學的孩子一樣，慢慢出現在已經變成黑色的天空。

白天的熱氣還沒消去，夜就已經降臨了，這一天，慵懶的結束了。

黑夜過去了，圓圓的太陽又從巨塔山的另一頭升上來，把明亮的一天帶給飛人村，一天又開始了。

一早，阿布垂頭喪氣的進學校，飛過校門口的時候連頭也沒抬，所以沒看見校門口上面掛滿了布條，全是學生自己製作的。上面寫的大都是：「支持三年級生阿布參加飛行競賽！」、「飛人會飛、翅膀不會飛！」、「飛人不只一種！」、「阿布是飛人！」之類的支持標語，甚至還有「我愛阿布！」這樣令人害羞的字眼。

在四方教室的最外側，有幾個人在那裡飄著，其中一個人在空中揮舞著一面超大的旗子，旗子上一面寫著「飛人」，另一面寫的字阿布仔細端詳了

好久才終於確認，那是他自己的名字：「阿布」。

更令他感動的是，揮舞著旗子的人頭上包著一圈一圈的白紗布，竟然就是他平時的死對頭——比勇。

等到阿布飛近，比勇已經揮旗子揮得好喘，他把旗子交給旁邊的瓦路，飛過來跟阿布說，「喂，我想到你應該怎麼補償我了，」比勇邊說邊喘，「我要你參加飛行比賽，這樣，我才有機會打敗你！」

「耶！」許多老師跟學生都在教室走廊上看著，當看到阿布點頭時，所有人都歡呼起來，幾乎把教室屋頂掀開了。

雖然阿布得到了這麼大的支持，但教務會議上的決議還是沒有改變，因為阿布不能參加比賽的原因很清楚。而且，基於要尊重一堆阿布聽不懂的程序、原則或是某些人的觀點問題，最後伐伐校長還是在當天的朝會上宣布，四年級飛人學生，比勇、瓦路；三年級飛人學生，阿布、達海，以上這四位同學因行為不當，禁止參加本屆校慶活動舉辦之飛人比賽。

「噗嗚～」

在伐伐校長的宣布結束同時，全校學生都發出了不滿意的噓聲。雖然確定不能參加比賽了，阿布的心裡卻很高興，多數人的支持讓他有一種溫暖的感覺，就算還是有不少人對著他的背後指指點點，他也感覺沒那麼介意了。

在大家的期盼下，日子像數羊一樣，看起來幾乎都沒在動，但終於也到了校慶這一天。

這天，幾乎所有學生的家長都出席參加，這是盛大的活動，飛人村大部分的工作全都自動放假一天，有些家長們的老闆也是家長，他們也放假。

孩子們的傷心事總是很快就消失，阿布也一樣，不能參加飛行比賽的沮喪過幾天就變淡了。反正已經證明自己是飛人，明年還是可以再參加。

當然，阿布能這樣看得開，很大一部分還得歸功於笑笑果的幫助。

公聽會結束後的星期日，巴蘇亞跟達海為了安慰阿布，就約他到飛人村最南端的極樂森林去找笑笑果。阿布原本不想去，是達海他們說服了好久他才答應。其實，阿布不想去的原因不只是因為他心情不好不想出門，也是因為極樂森林跟巨塔山一樣，都是未成年飛人的禁地，小孩子是不准進去的。

達海平常愣頭愣腦的也就算了，但連一向聰明冷靜的巴蘇亞都來約他，阿布雖然不是很想去，但沒考慮多久就答應了。

為什麼極樂森林會是小孩子的禁地呢？其實，不只是小孩子，連大人之間也有一項禁忌——最好不要單獨進入極樂森林，否則後果不堪設想。

極樂森林是飛人村裡最大的一座森林，為什麼會有極樂森林的存在呢？沒有人知道，據說那裡原本是一座人間天堂，所有的生物與食物都在那裡和平相處，因為生活所需根本取之不盡用之不竭，所以住在那裡的某些生物就有點肆無忌憚起來，雖然原因不明，但根據老飛人們的口耳相傳，所有的動物會撤出極樂森林並且將那裡封為禁地的原因，似乎跟兩腳蛇以及一種紅色水果有關，至於詳細的情形如何，則沒有任何一個飛人清楚，因為早在飛人族出現以前，極樂森林就已經在那裡了。

據說，第一次的生存大戰就跟極樂森林有點關係，而從那之後的幾次大戰，戰場最遠也只到極樂森林周邊一千翅的距離之外，就算是戰況最慘烈的第三次生存大戰，也從來沒有任何戰役波及到極樂森林，飛人村所有生物對於極樂森林的忌憚，由此可見。

就孩子們有限的了解，極樂森林裡目前沒有任何一種動物，整座森林裡全都是植物，而那裡的植物都有一種共同的特性，就是他們全都是快樂的植物。森林裡沒有任何一棵悲傷的植物，只要一走進去那森林自然就會感覺到一股快樂的氣息，而漸漸的放鬆自己。

森林裡面的植物種類很多，光是阿布聽過的就有講笑話植物、傻笑植物、好脾氣植物、非笑不可植物、呵癢植物、笑死活該花、扭扭樹、狂歡草、含笑半步蕨、樂樂菇、哈哈菌……等等，當你一進入森林裡，森林裡的植物就會對你示好，你會自然而然的感到非常開心，而且裡面的天然食物非常的豐盛，每一種果實都在大聲的笑著，綻放出最鮮美的顏色，飄散出讓人流口水的香味，並且不停喊著吃我吃我，讓人眼花撩亂、食指大動。

當你沈醉在極樂森林的愉快氣氛裡，吃下那美麗又動人的果實後，你就會漸漸忘記了痛苦、忘記了悲傷、忘記了壓力，也忘記了責任，從此流連在極樂森林裡，覺得人生真是美好，幹麼要回去辛苦工作、痛苦的學習，偶爾還要跟家人朋友吵架呢？那未免太累了！

飛人村裡沒有真正強制性的法條，像這樣的禁令也只是父母對孩子們口頭上的警告。飛人村偶爾還是會發生幾件走入極樂森林的事件，有些飛人從此就住在森林裡過日子，當然，也有飛人曾經回來。回歸的飛人思想全變得非常的單純快樂，想事情總是用最簡單的方式思考，就算被人在背後指指點點也沒關係，只要沒看到沒聽到就好了，就算聽到了看到了，他們也能安慰自己說沒關係，對別人包容就是對自己寬容，好像這世界上再也沒有可以讓他們動怒的事情了。

至於那些長住在極樂森林深處的飛人，他們是死是活，究竟過著什麼樣的生活，則沒有人知道。

老實說，所有飛人們內心深處其實都有一點點小小的疑問，不知道這樣快樂有什麼不好？單純樂觀、完全沒有悲傷的情緒，想像起來應該非常美好，只要別樂極生悲就好了，但是看著自己的親友產生這樣莫名其妙的變化，總是會令人感到不適應，甚至害怕。因此，極樂森林雖然有一個聽起來像天堂一樣吸引人的名字，但卻是飛人村裡除了巨蛇洞以外最鮮少人跡的地方。除了生命中經歷了重大挫折與悲傷的人以外，就是一些醫生們為了調配藥方，需要冒著快樂過頭的風險，到這裡來摘取笑笑果。

這一天，卻有三個才剛升上三年級的小飛人想要冒險闖入極樂森林，他們就是達海、巴蘇亞跟阿布。

他們一大早就出發了，就在胖太陽還沒用力發亮，顏色還黯淡得像樹根一樣，他們就往南飛去了。一路上阿布都沒有講話，倒是達海跟巴蘇亞兩個人聊得很起勁。

「你們有沒有覺得最近的太陽很奇怪？」巴蘇亞問。

「怎樣奇怪？」達海疑惑的問。

「你都沒在注意嗎？」巴蘇亞提高聲調說著，阿布回過頭看他，「最近太陽的臉色很蒼白，看起來好像比以前亮一點。」

「亮一點不好嗎？」達海問。

「笨蛋，」巴蘇亞大聲的罵著，「不是亮不亮的問題，是變化！變化！」

「變化……不好嗎？」

「變化不是不好，但一定有原因。」巴蘇亞壓低著嗓音講話，飛行的風聲幾乎把他的聲音蓋過，「一定有某種原因……」

「……」阿布依然沒有說話，但他心裡也認同巴蘇亞的觀察與看法，最近的飛人村，連風都有點不一樣了，變得好涼，明明才剛進入秋天而已。

但沒有人知道為什麼，或許是胖太陽心情不好，施放的熱度不夠；或許是今年的風特別愛現，吹得特別起勁；又或許，有什麼大災難就快要發生了，卻沒有人知道。

他們很快的飛到了極樂森林的外圍，開始聞到香甜的氣味跟嬉鬧的風聲，他們停止往前，緩緩向下飛，從樹冠底下進入森林。當達海帶領巴蘇亞跟阿布由森林入口進入後，第一次來到極樂森林的兩人，嘴巴都張得像還沒成熟的輕瓜一樣大。

極樂森林達海來過，他跟父親來過兩次了。父親在達海第一次進入森林前告訴他，只要不在極樂森林裡吃下笑笑果，笑笑果就不會長期影響你的個性，只會帶給你短暫的快樂。

所以，許多醫生才會冒險進入極樂森林裡摘笑笑果，在其他地方，笑笑果治療悲傷、自卑、緘默以及孤單有很大的療效，甚至連需要開刀治療的傷口也有麻醉效用，當病人笑到不能自己的時候，醫生就可以趁機把流血的傷口縫好，而不會被忍受痛苦的病人抓傷打傷。

那是在達海的曾曾曾祖母過世的時候，父親為了她的遺願而來，因為她臨終前說：「別讓人在我告別典禮上哭哭啼啼的！」所以達海父親和達海拿了幾個袋子，摘了幾十顆笑笑果回去釀開心酒。

「但，即便如此，笑笑果仍然是危險的東西，可能你會從此上癮，不斷的想吃笑笑果。」達海的爸爸嚴肅告誡他，「所以，時機與分量很重要。」

達海的父親就是巫馬斯醫生，他可以拔牙、接生小孩、幫寵物看病、給植物打針還可以陪傷心難過的病人講話，是個很厲害的醫生。

「輕瓜」就是巫馬斯醫生在光盲洞附近發現的。

光盲洞是胖太陽下班時住的地方，就在巨塔山的屁股後面兩天飛程的金箭山谷裡。金箭山谷是一個隱密的地方，山谷裡都是一叢一叢茂盛的鐵草，走在其中，一不小心就會被割傷。在山谷的正中央有一棵長得像超大噴泉的巨翅樹，樹葉大得可以蓋房子，山壁上則掛滿了螺旋藤，在其中一面山壁上不知為何插著九支巨大的金箭，金箭山谷的名稱就是這樣來的。而光盲洞就在山谷裡面距離九支金箭最遠的另一頭，隱藏在一顆大石頭後面，是個非常隱密的洞穴。

雖然飛人村的胖太陽懶惰又愛搗蛋，早上常常遲到，又老是喜歡從不一樣的地方日出日落，讓人捉摸不定，但最後他一定都會回到光盲洞去。因為胖太陽睡覺的時候不喜歡亮亮的，所以他便選擇在任何光線都會像瞎了一樣消失不見的光盲洞裡面睡覺，在他睡覺時千萬不可以去吵他，否則他會生氣，好幾天不肯離開洞穴去上班。

在光盲洞的旁邊有一個波波湖，胖太陽常常跑到那邊去洗澡，波波湖的湖水平常都是冷的，只有當胖太陽在裡面洗澡時，湖水就會波~波~波~，變成滾燙得可以煮湯的熱水，那時，附近就會冒出一陣又一陣讓人無法靠近的熱氣。在湖水旁邊的草原上，就長著許許多多的輕瓜與重瓜。那是達海他爸爸有一次為了尋找藥材時發現的。

輕瓜很大顆，越年輕的輕瓜越大顆，他們都輕飄飄的飄浮在空中，而他們細細軟軟的藤莖就像一條線一樣，把他們固定在一個地方，如果在還是輕瓜的時候藤莖斷了，那麼輕瓜就會輕飄飄的飛到無限遠的天空去。偶爾，孩子們看到孤零零飄在空中的輕瓜，都會興奮的向他揮手說再見，而大人們則會有點哀傷的嘆口氣，好像有什麼東西不見了，找不回來的樣子。

輕瓜們是吃熱氣維生的，所以波波湖附近才會長出一大堆，當胖太陽洗澡的時候，也是輕瓜最快樂的時候。

當輕瓜愈來愈成熟，體內的熱氣也會愈來愈消退，變得愈來愈小顆，而且愈來愈硬，慢慢的他就會往地上垂落，當終於垂落到接觸地面那一刻，輕瓜就熟成了重瓜，連結在輕瓜蒂上的藤莖就會自然脫落，那藤莖可是絕佳的縫製材料。

輕瓜裡面的熱氣可以燃燒，目前是飛人村最主要的燃料之一。而輕瓜的脾氣暴躁，一受到刺激就會氣得爆炸，這時輕瓜體內五顏六色的種子就會四處飛散，看起來非常漂亮，所以也常常被拿來當作聚會慶祝的道具。

至於重瓜，也會爆破，但重瓜比較成熟，甚至是有點淡淡的憂鬱，所以不像輕瓜動不動就會爆開，需要比輕瓜更強力的撞擊才能使他們產生爆炸。也因為他們比較成熟，會考慮到爆破對於他人的危險，所以爆炸威力也小很多，常常被孩子們拿來當嚇人玩具。帶點憂鬱性格的重瓜也是傷心酒的製造原料之一，但那個東西是大人們的飲料，超苦的，孩子們都不愛喝，孩子們比較愛喝笑笑果製成的開心酒，又甜又香。

輕瓜與重瓜的利用價值很高，因此，發現他們的巫馬斯醫生雖然很低調，卻是飛人村的大紅人，與學校的阿並醫生都是整個飛人村中相當有名的醫生。

「我喝過輕瓜燉食火蛙的湯，」聽完達海說他爸爸找輕瓜的事情，巴蘇亞開口說，「超～級～難～喝！但我媽說那個可以『幫助發育』，硬逼我喝，我喝一碗要吐三次！」

「我爸做過一道『重瓜皮炒無毛蟲』的菜，有夠好吃，如果再撒上一點……」阿布話還沒講完，就被達海制止了。

「噓～」達海要他們安靜。

原來是他們已經飛入極樂森林的植被範圍裡，三個人趕緊閉嘴，彼此都輕飄飄的不敢再發出一點聲音，但原本寧靜得像在沈睡的花草植物們早就已察覺他們的到來，開始此起彼落的唱起歌來。那聲音還真好聽，讓人聽了心曠神怡，不自覺的就開心起來。

這時達海靠在兩人的耳朵旁邊低聲的說：「不要做出摀耳朵的動作，否則植物們會更大聲唱歌，而且會散放出一種樂多精，使我們更難以招架。」

阿布跟巴蘇亞原本已經聽得恍神，幾乎連靈魂都要出竅了，聽到達海的聲音在耳邊響起，才趕快專心起來，緊跟著達海的腳步。

三個人進入森林之後，不再搧動翅膀，在地面上專注謹慎的往前走，對於心裡一直快樂起來的念頭怕得要死，一邊嘴角微笑一邊冷到腳軟發抖。達海知道進入極樂森林會忍不住微笑，但會冷到發抖就有點奇怪了，之前來的時候並沒有感覺到這麼冷啊，而且，今天的植物們實在太含蓄了，唱出來的快樂歌聲好像剛從冷凍庫拿出來一樣，有氣無力的。達海邊走心裡邊產生疑惑，但因為要專心抵抗快樂，所以他就沒有向阿布他們提出。

三個人專心走路，不敢東張西望，耳朵裡聽著植物唱歌，心裡一直提醒自己保持專心。雖然氣氛很緊張，但阿布心裡卻一直感到很開心，因為他想起好幾年前跟爸爸一起去「放心沼澤」泡澡的事情，那時真好玩，爸爸超級搞笑……。

正當阿布陷入回憶，開心得嘴角上揚，就要笑出聲音來的時候，他的眼角餘光突然瞥見一道黑影，從他的右側方叢林裡一閃而過，他趕緊轉頭看去，除了幾株正在賣力唱歌的植物之外，卻什麼也沒看見。

這時，走在他後面的巴蘇亞輕輕拍他的肩膀，用手勢示意他不要有太大的動作，阿布點點頭表示知道，但他心裡感到真疑惑。

奇怪，剛剛好像看到了爸爸的黑翅膀！阿布心裡想著。

當他們終於走到森林深處之後，一棵大得像小山的樹出現在他們眼前，整棵樹散發出一種柔和誘人的光芒，樹上結滿了漂亮的果實，從這棵樹傳出來的歌聲是全森林最悅耳動人的。

「那樹上的果實就是笑笑果。」達海指著那些果實，悄悄的在阿布他們的耳邊說，然後三個人便輕手輕腳慢慢的靠近那棵樹。

到了樹下，阿布發現那些果實長得還真可愛，每一棵都又圓又大，幾乎有他們的頭那麼大，橙色的果皮兩側卻像害羞一樣有淡淡的紅色，看起來就很好吃。而且每顆果實在靠近底部的地方，都有一道往上翹的弧線，就好像真的在微笑一樣，難怪會叫笑笑果，阿布想。

每個人都小心翼翼的摘了一顆笑笑果後，達海用眼神示意他們該走了，阿布輕輕的把果實放進口袋裡轉身就走。

可是，這時候，巴蘇亞卻呆呆的站在樹下，抬頭對著樹上的笑笑果傻笑，達海跟阿布看到了之後眉頭一皺，趕緊回頭拖著巴蘇亞往外走。沒想到三個人跑步的腳步聲太大聲，森林裡的植物聽見了，便卯足全力把歌聲唱得又響亮又好聽，花朵們也紛紛散放出令人非常快樂的花粉，植物的樂多精更在無形中充滿了整座森林。

阿布跟達海拖著巴蘇亞跑了幾步便往上飛，但邊飛邊笑肚子好痛，根本飛不快也飛不高，跌跌撞撞的好不容易才終於飛出極樂森林。飛行過程中，三個人都隱隱約約聽到一陣尖銳的叫聲，稍稍蓋過了植物們有點衰弱的歌聲，讓阿布他們鬆了一口氣，不至於笑到無法呼吸！剛離開森林範圍，三個人就重重的墜落在草皮上，還翻滾了好幾圈。

他們躺在草皮上笑了好久好久才終於停止，阿布差點就快喘不過氣了，這種快樂的感覺好恐怖。

但巴蘇亞大概沒這麼想。

「哇！」笑聲才剛停止，巴蘇亞一翻身就跳起來大叫著，「剛剛的感覺好奇妙哦，真快樂。」

「快樂？」達海衝上前往他頭上拍了一下，「剛剛要是我們沒有把你從森林裡拖出來，你就會在裡面一直吸收樂多精，直到你完全忘記生命中所有悲傷難過的事情。」

「這樣有什麼不好？」巴蘇亞說。看來，他已經受了影響，巴蘇亞原本是個理智又很注重細節的人。

「是你的記憶耶！而且不只是你的記憶哦，」達海繼續嚴肅的說，「連你以後做事情的方式、態度，全都會變一個樣，變成一個只想要快樂什麼都不想的人哦。」

達海跟巴蘇亞好像交換了身分一樣，平常都是巴蘇亞在數落達海，今天竟然輪到達海來糾正巴蘇亞。

「那樣很好啊！」巴蘇亞拿著笑笑果一副沉浸在夢中的樣子，而且看起來還是一場美夢。

「笨蛋，不跟你講了。」達海賭氣說，「把笑笑果給我，你現在不能再吃了，再吃會快樂死人。」

「哦好，」巴蘇亞一副什麼都不要緊的神情，「反正我現在已經很快樂了。」

「他……怎麼會這樣？」阿布開口問。

「他吸入太多樂多精了，要幾天才會恢復正常。」

「所以？」

「所以，這幾天他都會是這樣耍白痴的巴蘇亞！」

「好了，趕快走吧。」達海說。

「嗯。」阿布回答。

三個人才一轉身要走，阿布腳下卻踢到一個東西。那東西被阿布一踢，滾了幾圈停在一顆大石頭旁邊。

阿布走上前撿起來後，發現——好輕。仔細一看，那是一個透明的圓柱

形瓶子，表面長得凹凹凸凸的，窄小的瓶口周圍有一些螺旋紋路，瓶子的身體上貼著一張有顏色的紙，上面畫著一些彩色的圖案，看起來像一個人在喝水的樣子，但那個人卻沒有翅膀。人像下面還有一排黑色紋路，像是文字，但阿布他們看不懂。

「這個東西好奇怪！」阿布拿著那瓶子左看右看，瓶子身體有點硬硬的，按下去又會彈上來，瓶子裡面有一點水，看起來是裝水用的。

「對啊，」達海也湊上前去看，「沒看過這種東西耶。」

「只是一個瓶子而已，有什麼好大驚小怪的，」巴蘇亞快樂的說，「趕快走了，我想要回家告訴我爸爸我好愛他，我好快樂。」

「好吧，走吧，天氣變好冷。」阿布隨手把那瓶子丟掉，瓶子滾呀滾，滾到了旁邊一個草叢邊。

阿布他們沒看到風吹開了草叢，露出裡面一個紅色的紙盒，那盒子上面有一個很大的黃色M形圖案，旁邊還有一些透明的袋子跟更多五顏六色的瓶子。而離那草叢沒多遠的地方就是飛人村的盡頭了，那裡原本是平靜的懸崖，如今卻不停的吹上來冰冷的風，那風冷得幾乎可以把人凍結了。

如果阿布他們離開的時候有往後看一眼，他們就會看到極樂森林後面一大半幾乎都被凍結了，也是因為如此，極樂森林裡的快樂歌聲才會這麼虛弱，阿布他們才有機會逃過一劫。

但卻沒人發現這個異象。

第六章

# 歡樂的校慶典禮

隔了幾天，比風變涼了更吸引人的事就是——盛大的校慶盛典終於到來。

阿布吃了笑笑果之後，心情果然好多了，所有事情他都可以看到令人快樂的那一面，不能參加飛行比賽的遺憾也全都忘光光了。這三個偷偷去過極樂森林的人，就這樣快快樂樂的過了好幾天，直到校慶這天，三個人才總算稍微恢復正常。

校慶這天早上，還下了一點毛毛雨，雨勢不大，而且很快就停了，但卻讓氣溫一下子涼爽了好多，這在以前的飛人村並不多見，每年的校慶總是很熱，一點都不像秋天的樣子，那顆胖胖的太陽從來沒有饒過飛人們，每次都是火力全開，好像他也要湊近來看比賽一樣。

所以，今年的好天氣讓參加校慶典禮的人數變多了，許多家庭都是全員到齊，媽媽們準備的點心也都特別多。

達海跟巴蘇亞照例一大早就在阿布家門外大聲的喊著。

「傻布，傻布，快起床，不要再睡覺傻呼呼！」他們叫阿布起床的次數已經多到可以編成一首歌了。

「早就起床了啦，你們兩個笨蛋不要在那裡鬼吼鬼叫的。」阿布從窗戶探頭出來大叫，隨即轉身進屋裡，只聽見屋子裡傳出一陣碰撞的聲音，沒幾分鐘阿布就從屋子裡飛出來，嘴角還掛著一些水豬肉片跟清涼草渣。

「你們幹麼那麼早啊？」阿布邊用袖子把嘴角的食物抹掉邊問，「今天又不會登記遲到。」

「你忘記校慶開場會有合唱表演哦，那可是重頭戲，你不想聽我還想聽咧，笨蛋，飛快點啦！」巴蘇亞邊飛邊回答。

阿布一聽趕緊跟著飛上去，可是還沒飛遠，阿布的爸爸就從後面追了上來並喊著：「阿布！」阿布疑惑的回頭，發現爸爸手上拿著他的背包，他才發現自己急著出門竟然連背包都忘了帶，趕緊回頭接過背包。

「開心點玩，勇敢嘗試。」爸爸對阿布說了幾乎所有飛人父親都會對孩子說的話。阿布點點頭，向爸爸道了再見後便轉身趕上達海跟巴蘇亞，三個人打打鬧鬧的往學校方向飛去。

爸爸看著阿布飛遠的身影，伸手撫摸了左邊翅膀上的金羽毛，微微的笑了一下，便收起翅膀降落到地面上，用兩隻腳慢慢的散步回家。

雖然阿布他們提早出門了，但到了學校一看，外面還是擠滿了來參加校慶的人。不管是在地面上走的，或是在天空飛的，人群就像洪水一樣不斷的流進學校裡。

今天，所有的人都可以自由進出學校，平時代表嚴肅與規矩的學校大門早就失去了效用，人們都發揮創意，嘗試從各個不同的入口進入學校，有個胖學生還異想天開從送便當的窗口爬進來，結果他太胖了，反而被窗口卡住。幾個老師去救他時，還把他的褲子給扯下來，讓圍觀的人都笑死了。

在學校裡，每個班級都盡力把自己的教室布置得好漂亮。有的教室是一個超大的禮盒、有的教室是一個大鳥巢、有的教室是一張巨大的臉，隨著人們進出教室，那張臉上的嘴巴還會一開一合的，好像把人吃進去又把人吐出來，非常有趣。

有的教室則布置成一個紫色果蜜凍的樣子，人從果蜜凍教室裡看出去，所有的景色都會變成紫色的；還有的教室變成了一條巨島魚，背上的十六個氣孔還會輪流噴水；也有好幾間教室互助合作，共同布置出了一條超大的無毛蟲……總之，今天的飛人學校看起來，真是非常的不一樣。

開幕典禮上，伐伐校長依照每年的慣例——長篇大論。先把飛人學校自由開放的理念說了一遍，大概講了半個太陽時，接著繼續講到今年校慶活動籌辦的經過、取消哪些活動，又增加了哪些活動等等，又講了快一個太陽時，小朋友們都已經開始扭動不安，把翅膀撐開在伸懶腰了。伐伐校長看了笑一笑，再簡短的把活動注意事項以及各個老師的職務分配講完後，就張開他的大翅膀宣布校慶活動開始。

從這一刻起，飛人學校就開始了為期三週歡樂與學習的盛典，空中飄出了無數顆各種顏色的輕瓜，飛到了一定的高度就開始爆破，散發出鮮豔的彩色種子，把飛人學校的上空點綴得又漂亮又熱鬧。

首先登場的，就是大家期待已久，讓人沈醉的「飛音合唱」。

一開始先由一個聲音響亮的飛人在空中邊飛翔邊唱出優美的旋律，當他的聲音慢慢消失在空中的時候，便由下一個人接著唱。每個演唱的飛人都穿著很漂亮的衣服，衣服的尾端都有各種顏色不同的彩帶，彩帶非常的長，當演唱者在空中曼妙飛舞著的時候，就好像一道一道活的彩虹在空中穿來穿去，真的非常好看。

因為表演者是在空中飛翔演唱，再加上每個人的嗓音特色都不同，所以聽起來好像聲音在空中高高低低的移動一樣，帶給聽眾非常精采的視覺與聽覺享受。當所有的演唱者都輪流唱過一遍後，便會開始合唱，仍由一個人開始，然後慢慢加入演唱者，高低音和鳴，演唱的力道慢慢的增強，到最後全體合唱團成員共同發聲，形成一種和諧而強大的聲音力量，而這聲音在空中盤旋的效果就好像流水一樣是活的，每個人的心靈都像被水洗過一樣乾淨。

跟吃了笑笑果會使人雀躍興奮的作用相反，聽到飛音合唱的人心裡都會不自覺湧出一股祥和平靜的感覺，情緒變得冷靜，思考也變得敏銳而理智。

「如果一直聽這種音樂，腦筋一定會變得很好。」阿布一邊看得嘴巴大張一邊在心裡這麼想。

接著飛音表演之後上場的是熱鬧又動感的「飛球舞」，好多穿著鮮豔服飾的「小飛球」在舞臺上飛高飛低，每個表演者身上都穿著跟自己翅膀一樣顏色的彩球裝，巨大的彩球把表演的小飛人包覆住，只露出與彩球一樣顏色的翅膀，彩球的後面也是各種鮮豔顏色的彩帶，在哈娜老師的指導下，各種不同顏色的翅膀、彩球跟彩帶在空中有秩序的舞動著，讓現場的觀眾看得眼

花撩亂。

飛球舞結束之後便是由高年級學生上場表演的「止戰舞」，緊接著止戰舞之後，則是老師與家長們合作演出的「瘋狂穿梭劇」，後續還有「樹舞」、「石頭秀」、「動物吟唱」……等等節目，不過，雖然唱歌跳舞的表演非常精采，但已經拴不住學生們的心，他們早就離開位置開始瘋狂的到處去玩了。校慶的各種活動也在舞蹈表演下開始熱絡起來了。

一整個早上阿布他們就已經參加了猜植物比賽、放屁技巧比賽和拍翅膀比賽（這項阿布沒有參加），巴蘇亞在放屁技巧比賽裡出盡了鋒頭，他放屁的花招還真多，把吵紅蛋臭得都說不出話來了。阿布還是第一次看到吵紅蛋把蛋殼憋得紅紅的，一動也不動的躺在地上。

到了中午，玩得飢腸轆轆的學生們在餐廳裡吃完了豐盛的午餐之後，便又像爆衝龜一樣往校園各個地方衝去。下午，阿布他們還去參加了慢動作比賽，達海在這項比賽還獲得了一個死兔獎牌呢。

「真可惜，差一點就可以拿到跛腳豹獎了。」達海抱著剛剛到手的死兔獎牌，還興奮的講個不停。

「對啊，要是你那個姿勢再撐久一點，我看那個五年級的就要輸了。」巴蘇亞也為達海感到可惜。

本來他們還想再去參加翅膀倒立比賽跟彩繪羽毛活動，這時候，學校的廣播器裡傳來了毛毛老師溫柔悅耳的聲音：「大會報告，大會報告，今天的飛行比賽即將在太陽十四度整於後山球形運動場舉行，請全校師生家長踴躍前往，為參賽的選手加油打氣。」廣播的聲音一停，全校原本就鬧哄哄的氣氛便吵得更熱烈了，人群也都緩緩的往後山移動過去。

「啊，對哦，飛行比賽快要開始了，我們趕快去占位置吧！」達海說。

「對啊，去年太晚到了，整個球形運動場都被人群占滿了，連一點縫隙都看不到，今年一定要趕快。」巴蘇亞邊說邊往運動場飛去。

阿布愣了一下，又想到自己不能參加的傷心事，有點不太想去。等到達海跟巴蘇亞在前面喊他，他才輕飄飄的跟上去。

學校後山的運動場是一個有圓形屋頂的運動場，占地超級大，幾乎可以容納飛人村一半的居民。圓形的透明屋頂平常是開啟的，遇到重大活動或有特別需要時可以關閉。觀眾席與運動場之間還有一個透明的隔離裝置，那是一個活性裝置，有生物彈性，可以吸收十五個流星速的撞擊力道而不會使撞擊者受傷。這個裝置是為了在進行像飛行比賽的競技組之類有點危險的活動時所設計，活動進行時可以將觀眾與工作人員、運動員隔離，以防止互相干擾的意外。但那透明裝置除了隔開人群以外，並不會阻隔聲音，所以，觀眾的加油聲以及運動員比賽時的狀況依然可以清楚的互相感受到。

阿布他們趕到運動場時已經慢了，場地都站滿或飛滿了黑壓壓的人群，大家都各自占據了好的觀賞角度，阿布他們只好在人縫裡鑽來鑽去，好不容易找到了一個位置，可惜距離很遠，只能隱約看到運動員的動作，他們的表情和聲音幾乎都沒有辦法看到與聽到。

一開始舉行的是低年級競速組比賽，由剛入學的一年級小朋友率先上場。一年級的小朋友一個一個搖搖晃晃的飛進場內，他們那剛長出來的小翅膀，不熟練的拍打著好像隨時會掉下來的可愛模樣，惹得場外家長與老師們不斷尖叫鼓掌。其中一個胖小子，翅膀比他的身體大好幾倍，他幾乎搧不動，飛進場內的時候忽高忽低的，他自己都被自己巨大的翅膀嚇了好幾次，不停的拍胸口，這個可愛的動作又引來場邊尖叫。

阿布看著那些小學弟，想起了自己一年級時的蠢樣，嘴角也不自覺咧開，輕聲的笑了出來。

維持秩序的老師們請阻擋到比賽路線的觀眾退離到觀眾席之後，裁判老師就緩緩的飛到起點線上領取重瓜，準備在比賽開始時丟出，當重瓜落地爆出聲響，所有的參賽者就要快速的衝出起點線。這時，參賽者也一個一個到運動場外面的步道上排好了，不時的動動翅膀，扭扭腰，每個人看起來都一副殺氣騰騰的樣子，等待著裁判老師手上的重瓜落地。雖然動作還有點笨拙，但一年級的新生們比賽奪冠的鬥志正昂揚，裁判老師的重瓜一離手，大家就開始停止呼吸，當重瓜接觸地面發出爆炸聲響的同時，每個參賽者就像是剛睡醒的爆衝龜一樣，頭也不回的往學校的另一邊飛去，速度之快，讓人不敢相信這只是一年級新生的比賽。

所有的觀眾開始鼓譟起來，為自己支持的選手加油，維持秩序與安全的幾位老師也追了上去，跟著選手們一起飛行，彷彿是追逐明星一般。

「哇嗚，七號那個學弟速度還真快！」達海說，「我看，蛇鱗他拿定了。」

「那可不見得，」巴蘇亞莫名興奮了幾天，終於恢復原先的理智，「我看二號選手雖然暫時飛在第五名，但看他飛行的姿勢非常標準；而且他的神情一副胸有成竹的樣子，很有可能會後來居上。」

達海跟巴蘇亞在抬槓的時候，阿布因為沒有興趣，便隨意的在現場四處張望起來。選手們飛走之後，現場的人潮也退去了許多，整個後山視野變得好開闊，今天的天空積了好多雲，把太陽遮住了，雖然如此，太陽仍然非常的刺眼。

「奇怪，太陽這麼大，今天的天氣竟然讓人感覺到很涼爽？」阿布心裡胡思亂想著時，突然看見在遠遠的樹蔭下，比勇他們一家人在野餐，比勇頭上的紗布已經拆掉，還剪了頭髮，塔妮芙穿著帥氣的粉紅色運動服，看起來好可愛。

看到塔妮芙的身影阿布很開心，想要飛上前去跟她打招呼，可是眼前突然閃過一個人。

「咦，他怎麼會來？」阿布心裡疑惑，隨即轉頭飛向巴蘇亞說：「巴蘇亞，那個是不是你爸爸？」

「咦，對耶，他明明說今天要上班，不能陪我來學校參加校慶，怎麼突然又來了？」巴蘇亞又驚又喜，衝上前去，阿布跟達海也跟上去。

「爸爸……」巴蘇亞才喊一聲就被爸爸制止了。

「等一下，爸爸有重要的話要跟老師們說。」巴蘇亞的爸爸講完話一轉身就往指揮臺飛去，留下一臉錯愕的三個人。

「我爸爸看起來怪怪的，一定發生了什麼重要的事情。」巴蘇亞說話的聲音裡有著一點點的擔憂。

阿布看著遠處樹蔭下的塔妮芙和他的家人，想了一想，隨即開口說：「走吧，我們也跟去看看。」

「好。」達海也附議。

這時，選手已繞行學校一圈回到運動場，圍觀的群眾爆出了一陣歡呼。

比賽還有十二圈。

第七章
# 猝不及防的災變

到了運動場的指揮臺裡，阿布他們發現不只是巴蘇亞的爸爸跟大為老師，連大鬍子伐伐校長、畢馬老師跟布妮老師都在場。

「這是數據。」巴蘇亞的爸爸把一份報告拿給校長看，邊說著：「還有，根據畢馬老師跟布妮老師這幾週來的觀察，動植物習性都有了劇烈的轉變。」他朝兩位老師看了一眼，兩位老師像是認同他的樣子，用力的點頭。

「……」大鬍子校長認真專注的看著手上的報告，沒有回答。

「而且，近期太陽的表現也證明了我們的觀察。」聽見巴蘇亞的爸爸這樣說，阿布跟巴蘇亞互相交換了一個眼神，因為太陽的變化他們早就發現了。

「還有幾樣東西，你看！」巴蘇亞的爸爸邊說話邊從網葉袋子裡拿出幾樣東西來，「這個、這個，還有這個。」

「啊！」阿布他們一看見巴蘇亞爸爸拿出來的東西，馬上尖叫起來。

「我們看過那個！」達海衝上前，手指著巴蘇亞爸爸剛拿出來的一個透明瓶子，「在極樂森林外面。」

「什麼？」巴蘇亞的爸爸聽了臉色變得很難看，轉頭看著巴蘇亞說，

「你們跑去極樂森林？」

「呃……」發現自己說溜了嘴，三個人都低下頭，不敢再講話。

「如這個學生所說，這些都是在西南邊境極樂森林周圍搜尋到的。」不愧是巴蘇亞的爸爸，他很快的忍住怒氣，繼續向校長與老師們說明。

「人類的東西……」伐伐校長的眼神變得銳利，神情非常嚴肅，這是阿

布他們從沒有看過的樣子。在學生眼中，這位大鬍子校長一向是個愛笑又好講話的好好先生。他們還在校長室裡面看過一張伐伐校長穿著紅衣服戴紅帽子背著一個大背袋的畫像，第一次看到的時候他們蹲在校長室的地板上笑好久，除了吃笑笑果，那是阿布笑得最厲害的一次。

那東西拿出來之後，在場所有人都陷入了沈默。

伐伐校長走到身後的櫃子裡翻找資料，畢馬老師、布妮老師與大為老師壓低著聲音交談著，他們講話的速度很快，好像怕什麼事情就要來不及的樣子；巴蘇亞的爸爸都布斯則是站到窗邊，一隻手叉腰一隻手扶著下巴，若有所思的望著外面熱鬧的校慶活動。巴蘇亞爸爸看出去的方向，最遠最遠處，被濃厚雲朵遮住的地方，就是極樂森林，沒人清楚那裡到底發生了什麼事。

阿布他們三個處在這樣嚴肅的氣氛裡，已經有點不耐煩，互相使了眼色之後，便緩慢的移動身體，想要不被發覺的偷偷離開指揮臺。

就在移動之間，阿布無意的瞥向窗外，正好同時看見了巴蘇亞爸爸看見的景象。那是在極樂森林的上空，厚重的烏雲突然間破開了一個大缺口，就像是有一隻隱形的刀子正在切開一塊綠蜜蛋糕一樣，那個缺口也正快速的往學校這邊破裂過來。

「大家快看！」阿布根本看傻了眼，倒是同時看見這一幕的巴蘇亞爸爸反應很快，立即回頭大喊。

就在巴蘇亞爸爸大喊的同時，現場所有人都可以感覺到指揮臺上的器具輕輕地震了一下，彷彿指揮臺剛剛撒了一泡尿，發了一陣哆嗦。這是很不尋常的震動，運動場的指揮臺空間很大，而且建造得非常穩固，如果連這裡都感覺得到震動，那剛剛肯定是整個飛人村都震起來了。

「地震！」指揮臺上所有的人同時喊了起來。

但是，或許是比賽活動太熱烈了，除了指揮臺裡的幾個人，運動場上的飛人們幾乎沒有察覺這場輕微的震動，仍然專注在場上的比賽。

地震停了之後，指揮臺上的人都瞪大眼睛像在等待什麼，阿布他們心裡感覺既緊張又刺激，他們這些孩子從出生以來，還沒體會過什麼叫做地震，突然遇上了，簡直像是校外教學那麼興奮。

反觀大人們可就不一樣了，每個人的表情都很緊張，眉頭皺得要打結，臉色都暗沉得像土一樣，甚至可以感覺到這些大人們在害怕。

伐伐校長不愧是領導者，很快恢復鎮定，彷彿突然想到了什麼，開口說：「馬上停止校慶活動，把所有師生與家長集合到後山運動場來，」伐伐校長一開口就是很快的速度，跟他以前的樣子完全不同了，「請都布斯先生前往通知……」校長話還在講，阿布遠遠就看見爸爸的黑色身影快速的逼近，像顆黑色的流星，快得都冒出煙來了。

然而，不管是巴蘇亞爸爸的研究、校長的指揮，還是爸爸那快得接近十二個流星速的飛行速度，都來不及了。許多的災難都是如此，即使我們密切注意、百般防範，它卻仍能搶先在我們反應之前發生，使我們措手不及。

伐伐校長的指示還沒傳達完，飛人村便發生了有史以來最大的災難。

首先，是一陣超級強烈的地震，就在伐伐校長手指著巴蘇亞爸爸，而阿布爸爸即將落地的一瞬間。地面突然就變成了洶湧的海浪，翻動不停，原本應該是非常堅硬的石塊也全都像輕瓜爆炸一樣碎裂。學校外面的大樹一棵一棵倒下，發出慘痛的叫聲，三腳樹、倒立草這種可以移動的植物全都逃命去了，飛人村的建築物就像漏水的船一樣，慢慢的沉入地底。

隨著地震而來的是大地的傾斜，整座飛人村誇張的往南傾斜，就像是要把碗裡的食物倒光一樣，沒有固定在地面上的物品全都往低處滾動，率先逃命的動物植物，現在卻是最先遭殃，紛紛往低處摔落。空中傳來許多飛人們恐懼的尖叫聲，反應靈敏的飛人都飛上空中避災，但仍有許多來不及飛升的飛人被石頭或建築物砸中受傷。

不僅如此，災情還持續不停的擴大，飛人村裡幾座充滿能源的山開始爆發熱氣，熱氣爆發的威力足以把一顆像教室那麼大的石頭噴飛到太陽裡去，簡直就像是從地面發射的流星。而且從山裡面噴發出來的熱氣非常的燙，只要熱流岩漿經過的地方全都無一倖免，不是燃燒就是熾熱的熔化了。

更不幸的，是位於飛人村東北方的巨塔山起了大變化，山上的逆流瀑布因為失去平衡，瞬間變成了順流瀑布，全都往飛人們居住的低處區域倒沖下來，巨大的水流夾帶著巨塔山的泥沙，形成了泥漿洪流，很快的就把飛人住宅區全都淹沒在水裡。而洪水淹過高溫岩漿之後就變成了滾燙的熱水，把經過的動植物像丟進火鍋一樣煮熟。所有的飛人看到這一幕全都嚇得目瞪口呆，連翅膀都忘了搧，以為自己早上還沒睡醒，還在做夢。

但這夢境，卻又真實得可怕。

地震一波接一波傳來，而岩漿仍然不停的噴發著，飛人村變成了一個超大型的發射武器，在空中的飛人們必須不停的閃躲從地面上噴射出來的岩漿與亂石，那種感覺就好像是被自己的家園攻擊一樣。

更悲慘的是，有些動物植物的屍體也被噴上空中。藍色的天空漂亮得像一幅畫，白雲在上面緩緩的變化，肥肥的太陽也安分的蹲在他該在的位置，如果能舒服的投入藍天白雲與溫暖太陽的懷抱裡，那是多美好的一件事情。而那些被噴射到藍天懷抱裡的動物植物此刻正在經歷這些美好，如果他們還有生命的話，他們大概也會輕輕的讚嘆這美麗的世界吧。

唯一可以談得上幸運的是，因為正好在校慶期間，大部分的飛人全都聚集到了學校，所以救災的工作以及人群的疏導比較容易一些，學校裡的人群在八個長笑聲的時間裡就很有效率的被聚集到球形運動場裡面。原本是要保護外圍觀眾的彈性隔離裝置，現在變成了最佳的防災裝置，躲在球形運動場裡的飛人們暫時沒有生命的危險。

面對這場飛人村有史以來最大的災難，大家都被嚇了一大跳，但是沒有時間害怕，需要馬上想出應變措施。

伐伐校長很快的開始發號施令。

他先請巴蘇亞的爸爸與畢馬老師飛往極樂森林邊境去，看能不能找出災難發生的原因；而阿布的爸爸跟大為老師則負責帶隊巡視整座飛人村，勘查災害的情形以及找出可供災民避難的地方；毛毛老師、布妮老師還有其他幾位老師負責的是人員的疏散、引導與照護，其餘的老師與救難人員們便全都跟隨伐伐校長前往校園各處協助救出受困的災民。

「以藍火蛾標示受災區，以綠火蛾標示安全地區，千萬不要使用紅火蛾與黃火蛾，以免使救災人員錯以為還有新的火災地點，請畢馬老師放出學校養殖的所有食火蛙協助滅火，一切行動以鱗達魯鳥傳遞訊息連絡，但以不影響這些生物逃生為主，請各位動作快。」伐伐校長帶隊離開以前，再度發布了命令。所有的老師們便快速的離開，阿布他們從沒看過老師們全力飛行的樣子，此時他們發現老師們平常上課的時候，根本只是在玩而已。

健康教室變成了臨時的醫護所，阿並醫生與有醫護經驗的哈娜老師忙得不可開交，幾個護士媽媽來回不停的飛著，幫忙把大翅車上的傷患先抬進醫護所做簡單包紮，等待後續處理。

在校外，還有許多飛人毫無章法的在空中逃竄著，煙霧瀰漫在飛人村上空，根本找不到方向。沒到學校參加校慶的人都從家裡逃了出來，有些上千歲的飛人已經老得飛不動了，只好由家人拉著或抱著往避難處飛去，這中間還得躲避岩漿與落石。好多隻發著紅光的大翅車，一閃一閃的亮著載滿傷患的後車廂，在空中不停的來回飛趕著。有些翅膀都被岩漿燒破了，有些頭頂上的觸角也碰斷了，但他們還是勉力的飛行，只為了把傷患送到醫護所。

因為災情嚴重，大翅車送回來的傷患像群居的指甲蜂一樣多，醫護所床位不夠，傷患都躺到外面了，但空中的大翅車還是不停的運回受傷的災民。

眼看災情持續不停，伐伐校長終於發布了最高等級的危險指令，指示學校裡所有人都要進入「圓船」。沒有任何一個學生聽過「圓船」這個名詞，但是，大人們好像全都知道校長的意思。原來，圓船是一艘非常巨大的飛行船，比球形運動場還要大好幾倍，是學校為了因應嚴重災難發生合力打造的避難所，從來沒有人預期有一天需要啟動它。

說是圓船，但它不是圓形而是長長的繭形，就像是一顆橫躺著的無毛蟲的繭，只是比蟲繭稍微寬一點，船身也像無毛蟲吐出的絲一樣整個都是雪白的。但它的構造跟蟲的繭又有點不一樣，在它的中間有一道很大的長縫，橫向圍繞著船身，使整座船像是上下兩片蓋子合在一起的樣子。近一點看，那一道縫是由圍繞著船身的好多片觀景窗構成的，船艙裡的人可以透過那些觀景窗看到外面的情況，而每一片觀景窗之間都有一個大門，整艘船前後左右算起來總共有八個，那就是圓船的出入口。另外，在船身其中一側的兩端上還各有一個超大的圓形孔洞，現在緊閉著，當大翅車把傷患送過來時，那圓形的孔就會打開，伸出一條管子運送傷患。

當圓船從校園地底升起，伐伐校長就指示毛毛老師、布妮老師、阿並醫生跟哈娜老師協助把人群指揮到船艙裡。

飛人們在圓船裡很安全，不是因為圓船很堅固，相反的，圓船的外殼非常的柔軟有彈性，跟運動場裡的隔離裝置很像，圓船的船身不僅可以耐冷耐熱，最重要的是它可以吸收掉的撞擊力道超過一百八十個流星速，足足是運動場的一百二十倍，就像是一塊巨大的吸震海綿一樣。

「好大的白色大便啊！」一個一年級的小飛人看到巨大的圓船時驚訝得脫口而出，惹得隊伍騷動。

「對啊，我們就是吃大便的小蟲！啊，要進到大便裡面了……」小朋友天真的一人一句，把逃難氣氛沖淡了許多。

經過地震、岩漿與滾燙水災的衝擊，飛人村幾乎面目全非，大地隆起，河流乾涸，山丘下陷，而且亂石與岩漿還不斷的從地面噴出、落下。阿布他們跟許多學生一起被安置在球形運動場旁邊的餐廳裡，等待下一批大翅車把

他們載到圓船裡。

看著大人們緊張的神情，阿布他們也很想幫忙，在一點點殘餘笑笑果的成分影響下，他們三個人大膽的走到隊伍最前面去找毛毛老師。

毛毛老師和布妮老師正在安撫過度激動的飛人們，許多人不停的發問，毛毛老師只能請他們先冷靜，等一切明朗後自然會把情況轉告他們。但飛人們還是無法安靜下來，有人邊說話邊哭、有人緊張得說不出話來，還有人明明自己都已經受傷了，但仍然很激動的喊著說家裡還有親人，請救難人員一定要先過去救他們。

看著這一幕，阿布他們的心裡都好難過。

「老師，我們也要出去幫忙！」阿布率先開口。

「不行，現在的狀況太危險了，」布妮老師大聲的吼著，「連專業的老師跟救難人員都沒辦法掌控了，你們還那麼小……」

「可是，我們坐在這裡也不是辦法呀，好多人的家人都需要救助。」巴蘇亞擔心的說。

「我說不行就是不行！」平常愛笑的布妮老師突然板起臉來，把阿布他們嚇了一大跳。

「阿布，你們乖，幫忙老師安撫年紀比較小的學弟學妹們好嗎？」毛毛老師緩和的說。

「……」阿布他們面面相覷，都沒有表示意見。

還沒等到他們回應，老師們又各自忙碌去了，每個人都想來詢問問題，餐廳裡鬧哄哄的亂成一團，比任何一天的中午吃飯時間還要吵，大概是五百顆吵紅蛋聚在一起的程度。

第八章
# 真是恐怖的一天

「這樣不行，我們一定要出去幫忙。」在走回隊伍的路上，阿布他們私底下有了決議。

決定之後，他們趁老師們忙著回答問題而無暇注意隊伍的時候，脫離隊伍跑掉了。他們刻意不飛行，從早上那個胖學生卡住的送餐口爬了出去，胖胖的達海還差點就卡住出不去了。好不容易偷跑出餐廳後，他們便快速的往村子的方向飛去，一路還得躲避噴發的岩漿石頭和認識他們的救難老師們。

除了岩漿石頭和被噴到天空的恐怖屍體以外，在空中飛來飛去的都是大翅車和快得像一道光一樣的鱗達魯鳥，食火蛙在地上搜尋著火苗，只要看到冒火的地方，他們便咯咯咯的衝過去把火吃掉。各處都有藍色跟綠色的火蛾，被標記在各個需要被尋獲的地點，火蛾們很害羞，一直想要隱藏自己的光芒，但越緊張身上的光芒就越顯眼，跟到處不斷噴發出來的紅色黃色岩漿，形成了強烈的對比。

離開避難處後，他們先往達海的家裡飛去，因為達海說，他的媽媽帶著他的弟弟在家，他想要回去看看。一飛到達海家上空，他們就看到房子半邊都毀了，整個房子被巨大的落石擠得歪一邊。達海緊張的衝進屋子裡，不停大叫著媽媽和弟弟，阿布和巴蘇亞看見也趕緊跟了進去，兩人才衝到門口，就看見達海又飛了出來。

他們劈頭就問：「怎麼了？」

「屋子裡沒有人。」達海失落又有點安心的回答。

「沒有人？怎麼會沒有人？」阿布的腦筋一時緊張得轉不過來，「該不會……被壓在石頭底下了吧。」

「沒有人，就表示他們已經離開屋子了，我猜他們不是被救了就是自行離開了。」巴蘇亞沈穩的安慰著達海，順便瞪了阿布一眼。

「對對，也許你媽跟你弟已經被帶到那個白色大便船上了，」阿布聽了巴蘇亞的話，安慰達海說，「達海，你先不要自己嚇自己。」

「……」達海已經說不出話來。

阿布跟巴蘇亞安慰了好久，他才終於有點放心。

接著，三個人又往巴蘇亞家飛去，一路躲躲藏藏。還沒靠近就遠遠看見巴蘇亞家的方向冒著巨大的黑煙，等飛到近處一看，好多救火員在那裡噴水。原來，巴蘇亞他家那座超大的房子已經被蔓延的火燒掉了，救難人員為了怕火勢蔓延，所以正在房子周圍滅火。

還好，巴蘇亞知道爸爸跟媽媽已經離開屋子，否則他一定比大條神經的達海更激動。

接下來，他們原本要往阿布家裡去，卻被一位救難人員叫住了。

「喂，小朋友，你們怎麼在這裡？」

阿布跟達海已經拔腿要往天上飛，巴蘇亞卻認出那位救難隊長是他爸爸的一位朋友。

「比沙魯叔叔。」巴蘇亞叫著。

「咦，巴蘇亞是你啊，你們怎麼現在還在這裡，不趕快到圓船上去。」

這位比沙魯叔叔身材高大，看起來有點凶，但不知為何，卻讓阿布覺得有種熟悉的親切感。

「災情這麼嚴重，我們也想幫……」巴蘇亞一句話都還沒講完，又是一陣強烈的地震，巴蘇亞他們家房子後面地上突然有一道裂縫快速的裂過來，裂縫裡火燙的岩漿與石頭以迅雷不及掩耳的速度噴了出來，大家趕緊閃避。

這時，空中傳出一個慘叫聲，隨後便看見一個人影墜落，不幸的是，正好還落在裂開的石縫中。

「阿樹浪！」比沙魯大喊著飛過去，落石已經很快的填滿了石縫，把那位叫做阿樹浪的救難人員活埋了，只露出一隻因為到處救難而弄得髒兮兮的手。現場所有的救難人員全都一擁而上，阿布他們則是站得遠遠的，被嚇得幾乎說不出話。

比沙魯第一個衝過去握著那隻手，激動的哭喊著，所有的救難人員也默默的站在旁邊流淚。剛剛還是一起拯救難民的夥伴，現在竟然也陷入災難中，失去了寶貴的生命。

太陽在遠處的高空看著，一張圓圓的臉慘白的亮著，好像也對這場災難感到震驚，但他卻什麼也沒辦法做。

而奇蹟，就像災難一樣突然。

比沙魯感覺到握著的手有點反應，他以為是自己的錯覺，他試著再用力的緊握，沒想到那手竟然更用力的回握他。

「還活著，」他的聲音像挖到寶藏般喜悅，「阿樹浪還活著，趕快。」

聽到比沙魯的喊叫，所有的救難人員很有效率的動員起來，紛紛把壓在阿樹浪身上的石頭搬開。阿布他們也靠近去看。

挖了好陣子，才發現阿樹浪身體被石縫中的石頭卡住，他身上有很嚴重的燒傷，而石頭卻又正好卡在他受傷的地方，所以不能輕易拖拉他的身體。

「必須要有人進到石縫裡，把卡住阿樹浪身體的石頭清開！」

但石縫經過剛剛的餘震，已經擠壓得非常狹窄，一般的飛人根本進不去，就算擠進去了，也沒有空間可以動作。

大夥正在傷腦筋，巴蘇亞自告奮勇說他的身體比較小，願意進去幫忙。

比沙魯原本是萬般不肯，但實在也想不出辦法了，只好答應巴蘇亞的提議。

眾人在巴蘇亞身上綁上繩索之後，巴蘇亞便著手爬進去。

但是，問題來了，雖然巴蘇亞的身體夠小進得去石縫中，但他的翅膀卻怎麼樣也擠不進去，他們試了好久，還是不行。

遠處，巨塔山又出現了一次大噴發，許多火石像煙火一樣飛出來，往飛人村各處墜落。

眼看阿樹浪的狀況愈來愈危急，突然有一個人發出聲音，「可以……讓我試試嗎？」

「阿布？」巴蘇亞回頭一看。

「因為，因為我沒有翅膀，應該是可以鑽進那個洞穴裡去。」

「對啊，」達海興奮得大叫起來，「都忘了你沒翅膀了。」阿布聽見，默默的低下頭。

幾個救難人員很快的討論之後，便將繩索從巴蘇亞身上解下來，綁在阿布身上，讓他從石縫孔裡爬進去，跟巴蘇亞體型差不多的阿布吃力的爬到了石縫深處。他看見阿樹浪的身體在滲血，血從他背後的翅膀一直流到腳上，卡住身體的石頭就在他的背上，翅膀已經被擠壓得變形。

阿布拿起比沙魯交給他的工具，依照指示輕輕的敲打著石頭，讓石頭碎裂。空間清開後阿樹浪的身體終於可以動了，兩個救難人員翅膀大張，一人拉著阿樹浪的一隻手，慢慢的將他拉出地縫，拉動的過程阿樹浪不斷發出悶哼的聲音，像是忍受著極大的痛苦，阿布在下面聽了很不忍。阿樹浪終於被拉出石縫的那一刻，現場響起了一陣歡呼聲。等到阿樹浪被救出後，阿布才從縫中飛出來，阿布一飛出來，現場的歡呼聲又更大聲了。

「阿布，你救了人耶！」達海跟巴蘇亞興奮的抱著阿布轉圈。

「謝……謝謝你。」阿樹浪雖然躺在擔架上，仍虛弱的向阿布道謝，阿布心裡有一股暖暖的感覺，他第一次用正面的態度看待自己沒有翅膀這件事。

完成了救援行動離開巴蘇亞家後，阿布沒有選擇回家，他們繼續四處去尋找救難隊，他們一開始先躲起來，如果有需要幫忙的時候他們便會出現。因為他們三個身體小小的，許多救難人員到不了的地方，他們都可以進去救人，尤其是阿布，沒有翅膀的身體讓他幾乎什麼地方都進得去，一路上他們拯救了好幾個人。

「我們是救～難～小～英～雄，深入地底～飛～向～宇～宙！」救了人，達海高興得連自己媽媽和弟弟生死未卜都忘記了，一路亂編亂唱起歌來。

經過了好長的時間，太陽的臉漸漸變成橘色，時間已經來到黃昏了，災情終於減緩，火山口只剩下零星的火焰，地震也不那麼頻繁了。原本在地面上滾動的岩漿慢慢凝結成石灰岩，只剩下依然洶湧的泥沙河流，淹蓋了好幾層樓高，飛人村低一點的地方幾乎都被淹沒在水裡了。隨著氣溫轉涼，空氣中開始滿布落塵，視線非常的差，阿布他們一路往學校的方向飛回去。三個人經過一下午的奔波都累了，歪七扭八的飛著，不時和呼嘯而過的大翅車交錯。

「真是恐怖的一天。」阿布說。

「……」達海跟巴蘇亞都沉默沒有回答。尤其是達海，一閒下來就又開始擔心起他的家人了。

回到學校上空後，他們看到圓船已經降落在校園禮堂前面的廣場上，夕陽在遠遠的雲上面打瞌睡，餘光照著圓船，把雪白的繭變成一顆金色的蛋，蛋的旁邊有些小小的黑影進進出出。大部分的飛人們還是躲在圓船裡，只有一些人在外面來回飛著。

阿布他們從圓船的另一面偷偷地降落地面，然後假裝若無其事的樣子混入人群中，快走到圓船入口的時候，他們三個互看一眼，都吐了一口大氣。

「達海！達海！」突然聽見有人在喊自己的名字，達海以為被老師發現，先是嚇了一跳，等意會過來時便焦急的四處張望，尋找聲音的來源，終於在圓船上的一個窗口裡看見了媽媽和弟弟，連在學校上課的哥哥和姊姊都在那裡。他興奮的衝進船艙，五個人激動的抱在一起，哭得滿臉都是眼淚鼻涕，好像分開了一輩子一樣。

阿布跟巴蘇亞看見這一幕也感動得流眼淚。

「你們幾個三年級的！」阿布他們還沉浸在重逢的喜悅中，背後突然有個人喊得有夠大聲，轉頭一看，一對綠色的翅膀幾乎把紅色天空遮住，原來是那個超嚴格的達給斯老師。

「你們為什麼脫離避難隊伍？」

「老師，我們下午救了……」

「我是問你們，為什麼脫離避難隊伍？」阿布一句話都還沒講完，達給斯老師就用幾乎是吼叫的聲音打斷他。

「我們……我們……」阿布被達給斯老師這麼一吼，嚇得不知該如何回答才好。

「老師，對不起，」巴蘇亞語氣嚴肅的開口回答，「因為我們也想幫忙救援，所以……」

「幫忙？」達給斯老師眼神銳利的瞪著巴蘇亞，「你們知道下午全校動員了多少人力去找你們嗎？你們知道達海的母親擔心得昏倒兩次嗎？你們知道一輛大翅車因為等待你們而被落石砸斷了翅膀嗎？你們這是幫忙嗎？」

「我……」面對達給斯老師連珠砲般的質問，巴蘇亞也無法回答。

「一個一個都給我回到圓船上去！」達給斯老師恐怖的嗓音使這個命令有不能違背的壓力。阿布他們飛得像有鬼在後面追一樣，很快的就進入了圓船。進了船艙，巴蘇亞說要先去找找他媽媽和姊姊，就飛走了。

剩下阿布，他找了一個空位坐下來休息。看著過道上人來人往，許多人的臉上都還有著驚恐，還有更多的是失去親人的傷心和難過。

爸爸現在一定還在外面奔波，阿布想。他並不擔心爸爸的安危，因為爸爸很厲害，他的飛行技巧與飛行速度都是飛人村最強的，這從他上次偷偷看到爸爸抽屜裡收藏的那一堆蛇鱗就可以知道了。阿布知道飛行比賽的冠軍可以得到一片蛇鱗，但他不知道要怎樣的才能擁有那「一大堆」的蛇鱗！

阿布想著想著，慢慢的閉上眼睛沉入了夢鄉。

他夢見平靜祥和的飛人村，陽光明媚氣候溫和，塔妮芙和他牽著手在空中漫步，兩個人都笑得好開心。飛著飛著，夢又變了，他夢見自己長出了翅膀，他高興得往天空飛去，翅膀不停拍動，身體就不斷的往高處飛去，直到終於到達了太陽的眼前，他感覺到翅膀熱熱的像是要融化了，但是並沒有。他和太陽打了一聲招呼，然後又繼續往上飛，終於飛到了一個什麼都沒有的地方，眼前出現一個比太陽還要亮的東西，耀眼的光芒讓他看不清那是什麼。當他想要伸手觸摸那東西時，他的身體劇烈的抖了一下，他再試了一次，終於碰到了，但身體卻震動得更厲害。他睜開眼睛一看，原來自己還在圓船裡，阿姆老師正拿著水燈花照他，並且用力的搖晃他，而他伸出去的一隻手正抓著阿姆老師唯一剩下的那撮頭髮。

「阿布同學，醒醒，阿布！」阿姆老師邊搖阿布邊焦急的叫著，頭上那幾根頭髮搖到都垂下來了。

「禿……呃，是阿姆老師，怎麼了嗎？」阿布還在恍神，差點把學生們私底下幫阿姆老師取的外號叫了出來。

「你趕快跟我來！」阿姆老師看阿布醒了，轉身就往出口處飛去，阿布只好一頭霧水的跟上去。

「尖齒穴你知道嗎？」阿布跟上後阿姆老師對他說。

「石頭鼻孔？」阿布脫口而出。他們當然知道，那可是所有孩子們都愛去的熱門景點。

尖齒穴是一個活的地洞，就在寧靜山坡左側的懸崖邊，從地面一直通往地底深處，深不見底，因為洞穴內壁布滿了無數像吸血鬼牙齒一樣的尖銳石頭，所以稱為尖齒穴。尖齒穴的洞口不是固定大小，它會忽大忽小，張大的時候差不多可以有兩對翅膀那麼大，縮小的時候卻只有大約半片笑笑牛的屁股寬，這時候裡頭的尖齒會使它看起來更窄。

雖然聽起來很恐怖，但那些尖齒其實無害，因為它碰到異物時會像含羞蟲一樣自動縮回去，並不會傷到人。只是因為洞口大小的限制，大人們不太容易進去，只有孩子們可以張開小小的翅膀在裡面鑽進鑽出的。平時，洞穴就像人的呼吸一樣，規律的變化著，學生們總戲稱那是飛人村的石頭鼻孔，而裡頭的尖石就像是鼻孔裡的粗鼻毛。因為很靠近長著許願花的寧靜山坡，加上只有孩子們才能玩的特性，尖齒穴就變成了一個很受歡迎的遊玩據點，許多學生都喜歡到那裡去玩。

「什麼石頭鼻孔？」阿姆老師不了解。

「沒……沒有啦，尖齒穴我知道啊，怎麼了嗎？」

「你先跟我走，我等等再解釋給你聽……」

「阿布，你們要去哪裡啊？」阿姆老師跟阿布剛要飛出圓船，達海就跟了上來，眼睛看起來還紅紅的，但是一臉就是放心之後的輕鬆模樣。

「我們要去石頭鼻孔！」阿布放慢了速度等候達海，在他耳朵旁邊說。

「為什麼要去那裡？」

「我也不知道，他叫我去的。」阿布用下巴比了比前面的阿姆老師，小聲的跟達海講。

「你爸還好吧？」邊飛行，阿布邊跟達海聊起天來。

「還好，他已經去幫忙阿並醫生了，」達海回答，「還好我曾曾曾曾祖母的喪禮那時候摘的笑笑果還剩不少，現在都派上用場了。」達海就是這樣樂天，沒吃笑笑果也一樣。

阿布也跟著微笑。

第九章

# 尖齒穴救援任務

終於到了尖齒穴。天色早就黑得看不見了，但附近竟然亮得像白天一樣，四周都架起了探照燈與臂力架。

原來，有人被困在尖齒穴裡了。

「怎麼可能？」阿布跟達海聽到這個原因，同時發出了疑問，石頭鼻孔根本就困不住人啊。

「也許是災害的緣故，尖齒穴將自己縮到很小的狀態並將尖齒全部伸出，傷者被困在裡面完全無法動彈。」阿姆老師的頭髮明明都快禿光了，還是很愛耍帥，看他邊說話邊撩一撩頭上稀疏頭髮的樣子，阿布他們看得實在很想笑，憋氣憋得臉紅紅的。

「飛不上來就爬上來啊！」阿布深呼吸一口氣之後說，「那些尖齒又不會刺人。」

「……」阿姆老師沒有回答，只是把阿布帶到洞穴邊緣，阿布往洞穴裡一看，原來被困住的不是飛人，而是一棵小三腳樹，掛在深處的一根大尖石上，其餘尖石就像即將咬合的牙齒一樣，幾乎要咬上他的身體，而三腳樹卻一動也不動。

「那些尖石……他們沒有……沒有縮回去？」阿布看得都結巴了。

「如你們所見，應該是一種自我防衛，尖齒穴裡的無數尖銳石頭伸出後不再內縮，變成了真正的尖齒，」阿姆老師繼續解釋，「我在空中看到那三腳樹為了避難，想跑到寧靜山坡上去，但在經過崖邊時被噴發的石頭擊傷，原本就要滾落懸崖了，還好其中一隻腳鉤住了尖齒穴口，順勢跌落，洞穴原本也許已經處於緊繃狀態，遇到外物侵入竟自動縮小洞口，而且……」

「把尖齒變成一種防衛武器！」

接著阿姆老師說話的人，是下午遇見的救難隊長比沙魯，他大張的翅膀正要收起來，阿布才發現他跟爸爸一樣，是純黑色的翅膀。難怪下午看到這個叔叔的時候，會覺得有種莫名的親切感。除了爸爸，阿布從來沒看過其他有黑色翅膀的飛人，因此他心裡覺得很新鮮，也有點好奇。

「所以……」阿布有點知道自己被叫來的原因了。

「以尖齒穴現在的狀態，沒有一個飛人進得去，只有，」比沙魯低沈嚴肅的說著，「沒有翅膀的飛人——阿布你。」

是救難隊長比沙魯請阿姆老師去找阿布來的，今天下午阿布拯救阿樹浪的過程，讓比沙魯隊長印象深刻，當他發現這棵三腳樹困在這種險境的時候，腦海裡第一個浮現的救援人選就是阿布。

又來了一次餘震，尖齒穴又把自己縮得更小了，三腳樹幾乎就被尖石扎到了，卻仍一動也不動。

「阿布同學，」阿姆老師蹲下來對阿布說，「這個任務非常的艱鉅，發現那棵三腳樹的時候他還活著，但是現在我們並不確定，你可以自己決定要不要接下這個任務。」

這次的情況比下午救阿樹浪還要危險，阿布看了看四周殷切的眼神，又望向那個縮得大約只有送餐口大小的洞穴，他陷入了沈思，站在阿姆老師後面的達海像是想開口說些什麼又不敢說的樣子，緊張得滿頭汗。

「我願意。」思考了好久，阿布終於點頭答應。

「阿布，你要不要再考慮一下。」聽見阿布回答，達海擔憂的對他說。

「除了我，沒有人可以救他了。」

「可是，要是你也被困住了，那才真的是沒有人可以救你耶！」

「我會小心的啦！」阿布裝出一副笑臉給達海看。

等救難人員把繩索綁好後，阿布就輕飄飄的往下飛進尖齒穴裡去。沒有翅膀真的差很多，阿布邊閃避突出的尖石還能飛得挺快，看得上面的救難人員一陣叫好。很快的，阿布就到達了那棵三腳樹所在的尖石，正要伸手，突然感覺到背後有一陣拉力，他回頭一看，原來繩子纏住其中一根尖石了，尖石受到刺激，又往內縮了一些，那棵樹的身體已經被幾根尖石刺到了。

阿布飛上去輕柔迅速的移動繩索，好不容易解開了糾纏，他趕緊下去察看三腳樹的狀況。雖然還有呼吸和輕微的顫抖，但阿布怎麼樣就是叫不醒他。仔細觀察，阿布才發現這下面的空氣聞起來有點不一樣，又濃又臭，好像會讓人陷入昏迷。

發現這一點，阿布緊張起來，趕緊把身上的繩索解下來用力的捆綁在三腳樹身上，尤其是他岔開的那三隻腳，一定要綁得緊緊的，以免他突然醒來亂動。好不容易綁好了，阿布已經感覺有點頭暈，趕快用力拉了繩索兩下，上面便有許多隱隱約約的燈光閃來閃去，然後繩索就慢慢的被往上拉。

阿布跟在三腳樹的腳下往上飛，隨時控制樹的身體避免被尖石刮傷了，那棵三腳樹雖然瘦小，但因為視線不良再加上他那頭茂密的枝葉，他們幾乎無法不碰觸尖石就通過。

而為難的是，每碰到旁邊的尖石一下，它們就更往內縮，現在的狀況是連阿布的身體都不能輕易活動了。

汗水從阿布的額頭、背上和腳底冒出，才剛進入秋天而已，入夜後的氣溫卻突然降得很低。

「奇怪……往年的天氣不是這樣啊。」阿布邊想汗水邊流出來，汗水一冒出來就溼答答的黏在身上，阿布不知是因為冷還是因為害怕而顫抖著。

已經看到洞口的光了，就快要到了，阿布小小聲的告訴自己。

突然，又來了一陣地震，繩子劇烈的搖晃，從洞口掉落了許多碎石，阿布和樹都失去了平衡，被周圍的尖石割了好多傷口，三腳樹身上不停的冒著綠色樹血，滴在阿布的頭上身上，味道有點刺鼻。

三腳樹好像被痛醒了，身上的樹枝和樹葉開始扭動起來，那尖石受到枝葉的干擾刺激，一下子縮得好小，把阿布跟樹緊緊的咬住，而且還不停的往中心縮小。

好像同時被好幾把小刀攻擊，阿布被刺得好痛，眼淚不停的流，上面的繩索一直不停試探性的輕輕拉，但怎麼樣都拉不動阿布他們兩個。

阿布想要掙扎卻動彈不得，那些尖石刺入體內的感覺好清楚，好恐怖。

阿布不知道死是怎麼回事，但他知道痛，他現在好痛，又痛又難受，而且無法逃離。

他隱約聽見上面有人在吶喊著，有些像是他的名字，有些他聽不懂，尖石不停的往他身體裡面扎，他完全沒有辦法可想，只有想起之前夢裡那道光，又耀眼又朦朧，好像有一個發著強光的身影，張開翅膀往他飛過來。他想看清楚，但是始終看不清楚，而那道光影就這樣慢慢的來到眼前……

就在阿布快要失去知覺的同時，他突然感覺到體內那些尖石有些輕微的震動，而且意外的開始往後退去。尖石退開的時候比扎進來的時候痛多了，阿布又提起了一些精神。

突然，一陣比較明顯的震動出現，那些尖石竟快速的抽離，阿布他們的身體失去支撐往下墜了一些，但隨即被繩索拉住。幾乎就在同時，那些張開的尖石卻又迅速的往中心縮進來，就像是野獸要咬死獵物時先張大嘴巴再一口咬下的樣子。

阿布察覺的瞬間，也不管繩索有沒有在拉，抱住樹一口氣就往上飛衝，樹葉紛紛飛落。尖石合攏的速度非常快，繩索拖拉的速度根本就來不及，阿布只能用盡全力衝刺。

就在小腿感覺到尖石碰觸的同時，阿布看見了達海滿是鼻涕的臉，然後就看見月亮了，又圓又大又美。

夜空是罕見的寶藍色，星星點綴著寶藍色的夜晚，把夜空變成一顆全世界最大的寶石，閃閃發光。是光，一道光線在眼前閃起，像流星，卻不是往其他方向飛走，而是直直的往眼裡飛進來，當光線亮得眼睛睜不開，阿布的身體就開始墜落了。

原本應該墜落在地上的身體，被人溫柔的承接住了，渾身是血的阿布來不及看看是誰接住了他，就昏過去了。

阿布醒來已經過了四個太陽時，他發現自己泡在復原室的藥池子裡，空氣中瀰漫著溫熱而濃厚的藥味，他不自覺的伸手撫摸著自己眼睛上方。

阿布想起小時候，有一次在河邊找無毛蟲愛吃的清涼草，卻被埋伏在水面下釣人魚的魚鉤勾到額頭，硬不肯被勾下水的結果，就是額頭靠近眼睛的地方被魚鉤畫出一道紅紅的傷口，血流滿面。

當阿布哭著回家找爸爸，發現爸爸好像也在房間裡哭，聲音聽起來比阿布還悲傷。聽到阿布的哭聲，爸爸一下子就從房間裡飛出來，邊飛還邊擦眼睛，看見兒子滿臉是血，也沒問為什麼，就抱著他往達海他們家飛。

在巫馬斯醫生幫阿布擦藥的時候，爸爸一直緊張的在旁邊問會不會痛。

爸爸的眼睛紅紅腫腫的，但眼神裡透露的都是對阿布的關心與不捨，那時阿布看著爸爸關愛的臉，鼻子裡聞到的就全都是現在這種藥味。

阿布泡著熱熱的藥水，在瀰漫的蒸汽裡回憶小時候，那時候自己只顧著痛，現在回想起來，倒是好像沒有問過爸爸那天為了什麼事在哭。

阿布身上的傷經過長時間的浸泡已經好得差不多了，他環顧四周，藥池裡的人來來去去，傷者不斷被送進來，復原的人便起身離開。只有一點奇怪的是，他覺得整個復原室的人好像都認識他，都偷偷地盯著他看，他覺得很不自在，便放棄享受舒適的藥浴，趕快爬出藥池，離開復原室。

阿布沒想到，他逃出被人家盯著看的復原室，門外等待他的卻是更多熱切的眼光。就在復原室大門開啟的同時，圓船上響起爆炸般的掌聲與歡呼聲。

看到這樣的陣仗，阿布有點被嚇到，還以為地震災難又開始了。

第十章
# 阿布睡著了

也難怪阿布會被嚇到。

復原室外擠滿了人，有的站在地上，有的飛在空中，五顏六色的翅膀此起彼落揮舞著，好像來到了火蛾的洞穴。而且每個人都使勁的鼓掌歡呼著，聲音大到幾乎要把大廳從船艙裡給炸到天上去。

「大概所有的飛人全都來了吧！」阿布被這一幕嚇得說不出話來，忍不住在心裡想著。

簡直就像是開飛人大會似的。

「呵呵呵！」伐伐校長站在歡迎隊伍的第一排，開口大笑得白色大鬍子抖個不停。

大為老師和毛毛老師飛在空中用力的鼓掌，毛毛老師不愧是教飛行學的，在空中輕鬆的表演著旋轉、翻躍，還可以閉著眼，動作優雅得像跳舞一樣。大為老師雖然用力的在鼓掌，但眼神好像望著毛毛老師的時間比較多，他那對咖啡色的大翅膀讓旁邊毛毛老師的粉紅色翅膀顯得好小，阿布在兩個老師之間發現了一些什麼，他突然覺得他們兩個一定在談戀愛。

巴蘇亞的爸爸竟然也站在隊伍前面鼓掌，他的笑容有點疲憊，不像真的很開心的樣子，但阿布仍然對他微笑點點頭。另外，布袞老師、畢馬老師、布妮老師甚至連平常超級凶巴巴的達給斯老師都站在隊伍裡鼓掌，所有阿布認識的老師差不多都到齊了。

還有爸爸，爸爸也來了，就在伐伐校長的旁邊。

那熟悉的黑色大翅膀微微張開著，像一件黑色的大外套，跟伐伐校長的白色大鬍子真是強烈的對比。看到阿布走出來，爸爸讓翅膀輕輕的往下壓，身體緩緩的飛起，然後輕飄飄的往阿布這邊飛來。爸爸翅膀揮動的時候，阿布隱隱約約看到翅膀裡那根金色的羽毛，他覺得那羽毛今天看起來特別亮。

每個在場的人都帶著微笑看阿布，好像看到自己失蹤了很久的小孩突然出現，或是一大堆甜石皮自動剝好放在桌上一樣。

在環視現場的時候，阿布好像有看到上次在校門口碰到的那個神祕白袍飛人，那飛人看起來像在對他笑，阿布也對他回一個微笑，不知道為什麼，看到那人的笑容，阿布就覺得心裡好平靜。

但阿布眼睛一眨，那個人卻不見了，阿布東張西望還是找不到，只看到塔妮芙跟比勇站在隊伍的最後面，兩個人的表情都沒有很好看。阿布對著塔妮芙展開笑容，但遠遠的塔妮芙並沒有什麼反應。阿布覺得很奇怪，因為距離很遠，一下子也沒辦法問他們。

鼓掌歡呼還沒停，阿布覺得有點尷尬，剛想要往前，正舉起一隻腳像是要走路，也像是正要飛起來，達海突然就從人群裡出現，直直往阿布這個方向飛衝過來。

「阿布，你沒事啦！」達海邊飛邊大喊著。

看到好朋友，阿布露出笑容正要開口說沒事，沒想到，出乎意料的事情發生了。阿布像是突然腿軟了一樣，從復原室門口的階梯上跌了下來，把大家都嚇了一大跳。剛好飛到阿布眼前的爸爸趕緊衝上前來抱住他，達海煞車不及，硬生生撞在阿布爸爸的背上，反彈到地上去，痛得他流眼淚。

「我沒事。」爸爸剛把阿布扶起來，阿布就開口說。

「真的沒事？」背景聲音吵雜，爸爸靠在阿布耳邊低聲問。

「真的沒事啦，爸。」阿布抬頭笑著回答。

「阿布，有沒有怎樣？」達海從地上爬起來，巴蘇亞也從人群裡擠到阿布面前，兩個人四隻手在阿布身上摸來摸去，焦急的問著。

「沒有怎樣啦，我又不是傻海！」阿布扭著身體大聲回答，人群裡爆出一陣笑聲。

「我……我怎樣了？」達海自己對號入座。

「你弟弟說你上次在屋子裡飛，結果撞到天花板掉下來，還把燈撞壞了！」阿布說著。

「哪……哪有！那是不小心的啦！」達海回答得面紅耳赤，「我弟他……他亂講的啦！」

這下子，大家都轉頭取笑達海，只有細心的巴蘇亞跟阿布爸爸看到阿布的眼神閃爍了一下。

等這一陣熱鬧安靜下來之後，校長才慢慢的向阿布說明，為什麼大家會

聚集到這裡來歡迎他。原來是因為阿姆老師和救難隊長比沙魯的宣傳，大家都知道了阿布冒生命危險進到尖齒穴裡救三腳樹的英勇事蹟。聽到這件事之後，所有的人就全都自動自發來到這裡，想要看一看英勇的救難小英雄。

「你知道塔妮芙他們家發生什麼事了嗎？」趁著校長又在長篇大論，阿布偷偷地問達海，「為什麼我對她笑，她卻一臉難過的樣子。」

「咦？啊，對哦，你都在睡覺所以不知道。」達海說，「塔妮芙的爸爸不是救難隊員，但他卻很熱心，跟我們一樣四處跑出去救人，救了好多人，可是他在救災的時候因為沒有防護措施，被爆發的一顆石頭砸中，掉到河水裡淹死了。」

「因為河水太燙了，其他救難人員雖然發現了，但第一時間也沒辦法救人，等到工具送到終於把塔妮芙他爸爸救出來時，他已經死翹翹了。屍體送回來的時候，他媽媽哭得好可憐呢！」

「這樣啊……」聽達海說完，阿布內心很為塔妮芙的爸爸感到難過，也為比勇跟塔妮芙感到難過，對這場莫名其妙的天災就更討厭了。

又過了三十二個長笑聲的時間，校長才終於把阿布的英勇事蹟混合在學校的歷史中說完了。聽到校長的說明，阿布很靦腆的回答說沒有什麼，但心裡還真的覺得有點驕傲。

之後，現場所有人都要求跟阿布握手，還有許多人要他的簽名，阿布繼翅膀事件後又變成了全飛人村的大名人。

在阿布跟人握手的同時，巴蘇亞的爸爸、阿布的爸爸、畢馬老師跟伐伐校長四個人偷偷地跑到人群的邊緣去講話，因為現場的聲音實在太吵了，沒有人知道他們討論了什麼，只看見他們講完話後，伐伐校長和阿布的爸爸都跟巴蘇亞的爸爸還有畢馬老師握手，握完手，巴蘇亞的爸爸點一點頭，轉頭看向巴蘇亞的方向，隨即領著畢馬老師悄悄的飛出圓船了。

好不容易跟所有的人一一握過手後，阿布覺得好累好累，便跟爸爸說想要回家了。阿布從來沒有感覺這麼累過，累得都飛不起來，爸爸看阿布這麼累，就像小時候一樣把他背在身上，慢慢的從人群中飛出圓船，在大家的歡送聲中往回家的方向飛去。

飛出了圓船，外面是一片閃耀奪目的燦爛夜空，已經是半夜了，月亮爬到了天空最高的地方，月亮才剛減肥完好像又變胖了，臉圓嘟嘟的很可愛。星星跟在月亮旁邊像是也在跟他們說再見一樣，一閃一閃的搖晃著，最遠最遠的天空裡，還散發著淡淡的七彩光芒。

阿布和爸爸抬頭看到都輕輕的哇了一聲，因為即便是在距離天空這麼近的飛人村，這樣的星空依然很少見。

然而，夜空雖然很漂亮，災後的飛人村景象卻不堪入目。房屋倒塌、山丘和河流都移位了，岩漿凝固後改變了整個飛人村的外貌，植物倒的倒、枯的枯，許多動物不敢躲進洞裡，也不敢暴露在空曠的地方，害怕的四處亂竄，低聲呻吟著。雖然災情都在減退中，但不知是不是阿布的錯覺，水好像退得很慢，甚至還有一點點往上淹的感覺，月亮倒映在黑漆漆的水面上看起來特別明亮，但真正的月亮一定不會喜歡浸泡在黑漆漆的水裡，水裡那顆月亮真可憐、塔妮芙的爸爸真可憐、飛人村真可憐……。

經歷過緊張刺激的一天，阿布頭腦裡塞滿了許多畫面，想到許多的人事物，想著想著，他就快要睡著。

沿路依然有值大夜班的救難人員在巡視著災情，並且想辦法紓解水患，災後的夜晚，就像經過一場超大型的飛行比賽，阿布相信，就算真的飛行比賽也沒這麼累。

阿布瞇著快要閉上的眼睛往下看，父親的背好舒服，柔軟滑順的羽毛彷彿一隻一隻小手，輕輕捧住他身體的重量，他的下巴就靠在父親左肩上，在有點太冷的夜風吹拂下，阿布終於撐不住，慢慢的沉入了夢鄉。

事實上，阿布的睡眠裡沒有夢，他累得連夢都沒有做，只是落入深深的黑暗裡，沒有聲音，沒有時間，沒有重量，一點感覺也沒有，直到他的眼睛再度睜開。

醒來的時候，阿布以為自己還在夢裡……

國家圖書館出版品預行編目資料

飛人傳說.1,阿布的飛行測驗/謝文賢著. -- 初版.
-- 臺北市 : 幼獅文化事業股份有限公司, 2024.07
面； 公分. -- (小說館 ; 42)

ISBN 978-986-449-325-8(平裝)

863.59 113005537

・小說館042・

**飛人傳說1** 阿布的飛行測驗

作　　者=謝文賢
繪　　者=Aery橘子工廠
出 版 者=幼獅文化事業股份有限公司
發 行 人=葛永光
總 經 理=洪明輝
總 編 輯=楊惠晴
主　　編=白宜平
美術編輯=李祥銘
總 公 司=10045臺北市重慶南路1段66-1號3樓
電　　話=(02)2311-2832
傳　　真=(02)2311-5368
郵政劃撥=00033368

印　刷=崇寶彩藝印刷股份有限公司
定　價=320元
港　幣=100元
初　版=2024.07
書　號=987273

幼獅樂讀網
http://www.youth.com.tw
幼獅購物網
http://shopping.youth.com.tw
e-mail:customer@youth.com.tw

行政院新聞局核准登記證局版臺業字第0143號